《符号与传媒》2024 秋季号，总第 29 辑

编辑委员会

名誉主编：赵毅衡

主　编：胡易容　　　**副主编：**饶广祥

常务主编：赵星植　　　**常务副主编：**何一杰　薛　晨

编　务：张铁风　蒋嘉伊杨　乔雨萌　王建华　王银佳　魏文豪
　　　　　余欣怡　占林怡

网络宣发：赵禹平

中国知网（CNKI）来源集刊　中文科技期刊数据库来源集刊
超星数字图书馆来源集刊　万方数据库来源集刊

符号与传媒
Signs & Media

名誉主编　赵毅衡　　主编　胡易容
四川大学符号学-传媒学研究所 主办

总第29辑

29

四川大学出版社
SICHUAN UNIVERSITY PRESS

图书在版编目（CIP）数据

符号与传媒 . 29 / 胡易容主编 . -- 成都 ：四川大
学出版社，2024. 8. -- ISBN 978-7-5690-7250-1

Ⅰ . H0-53

中国国家版本馆 CIP 数据核字第 2024B91J95 号

书　　　名：符号与传媒（29）

　　　　　　Fuhao yu Chuanmei (29)

主　　编：胡易容

选题策划：黄蕴婷

责任编辑：黄蕴婷

责任校对：张伊伊

装帧设计：墨创文化

责任印制：李金兰

出版发行：四川大学出版社有限责任公司

　　　　　　地址：成都市一环路南一段 24 号（610065）

　　　　　　电话：（028）85408311（发行部）、85400276（总编室）

　　　　　　电子邮箱：scupress@vip.163.com

　　　　　　网址：https://press.scu.edu.cn

印前制作：四川胜翔数码印务设计有限公司

印刷装订：四川五洲彩印有限责任公司

成品尺寸：170 mm×240 mm

印　　张：16

插　　页：2

字　　数：303 千字

版　　次：2024 年 9 月 第 1 版

印　　次：2024 年 9 月 第 1 次印刷

定　　价：72.00 元

扫码获取数字资源

四川大学出版社
微信公众号

目 录

马克思主义符号学

哲学符号学

符号美学

传播符号学

理论与应用

书 评

Contents

Marxist Semiotics

Philosophical Semiotics

Semiotic Aesthetics

Semiotics of Communication

Theory and Application

Book Review

马克思主义符号学　● ● ● ● ●

从形式到征兆

——商品拜物教的符号学分析

毕芙蓉

摘　要： 马克思对于商品拜物教的论述内涵丰富。本文基于马克思的文本，结合结构主义语言学、解构理论、精神分析学等，从符号学角度对商品拜物教进行了分析。商品拜物教的秘密在于商品形式。形式即形式辩证法，它是一种运动。与梦的运作类似，商品形式也是一种运作，它的运作肯定了商品价值的优先地位，以货币形式，把社会关系刻写在金属物上。货币形式占据了主导地位，作为空能指拥有了不朽之身。马克思对商品拜物教的揭示，表明了"以物的关系掩盖社会关系"的资本主义社会的崩溃点，即征兆。马克思的商品拜物教理论丰富了意识形态理论，也表明了马克思主义对意识形态理论的重要意义。

关键词： 商品拜物教，形式，符号，征兆

From Form to Sign: Semiotic Analysis of Commodity Fetishism

Bi Furong

Abstract: Marx's discourse on commodity fetishism is rich in connotation. Grounded in Marx's original texts, this paper draws upon structuralist linguistics, deconstruction theory and psychoanalysis to conduct a semiotic analysis of commodity fetishism. The essence of commodity fetishism is embedded in the form of a commodity. Form, in formal dialectics, represents a dynamic process. Similar to the operation of dreams, the commodity form operates by affirming the primacy of commodity values, inscribing social relations on metal objects in the form of money. Thus, the money form assumes a dominant role, becoming an empty signifier with an immortal essence. Marx's revelation of commodity fetishism indicates the point of collapse of capitalist society. That is, it is a symptom of "the relations of things covering up social relations". Marx's theory of commodity fetishism enriches the theory of ideology and demonstrates the important contribution of Marxism to the theory of ideology.

Keywords: commodity fetishism, forms, semiotic, signs

DOI: 10. 13760/b. cnki. sam. 202402001

在《资本论》中，马克思关于商品拜物教的论述所占篇幅并不长，却成为人们极为关注的一个研究主题，围绕它的讨论经久不息。商品拜物教作为马克思对资本主义社会意识形态的一个经典描述，反映了他对于资本主义社会的理解与批判，同时也是马克思主义意识形态观的一个体现。因此，从符号学角度对商品拜物教进行更为深入的分析，也是对马克思主义意识形态观丰富内涵的一种发掘。

一、商品拜物教的秘密在于商品形式

马克思关于资本主义的整个政治经济学分析都建立在商品这一概念之上，对于他来说，资本主义社会的秘密就在于商品形式。

商品，是用于交换的劳动产品。作为用于交换的劳动产品，它不仅具有具体劳动所赋予的产品有用性，即使用价值；还必须具有服务于交换的抽象的劳动的量。也就是说，对应于具体劳动与抽象劳动、个人劳动与社会劳动的劳动二重性，商品具有使用价值和交换价值的二重性。这样的二重性并不能够天然地统一在一起，当具有使用价值的产品无法顺利交换出去的时候，这一产品作为商品的价值就无法实现，具体劳动、个人劳动就无法顺利实现向抽象劳动、社会劳动的转化。在马克思看来，正是商品形式的二重性导致了它的神秘性质。他说，"劳动产品一旦采取商品形式就具有的谜一般的性质究竟是从哪里来的呢？显然是从这种形式本身来的"（中共中央编译局，2009，p. 89）。这就是说，从使用价值的角度来看，作为人自身劳动产品的商品本来毫无秘密可言，但它只有经过交换才能实现自身价值，而商品交换这一经济活动的顺利实现最终要由生产关系对于生产力的适应来保证。如果看不到生产关系的作用，就会把交换能否顺利完成、商品能否实现自身价值看成是商品自身的原因。实际上，商品反而决定着个人在社会关系中的位置，决定着人的社会关系。所以说：

> 商品形式的奥秘不过在于：商品形式在人们面前把人们本身劳动的社会性质反映成劳动产品本身的物的性质，反映成这些物的天然的社会属性，从而把生产者同总劳动的社会关系反映成存在于生产者之外的物与物之间的社会关系。由于这种转换，劳动产品成了商品，成了可感觉而又超感觉的物或社会的物。……这只是人们自己的一定的社会关系，但它在人们面前采取了物与物的关系的虚幻形式。因此，要找一个比喻，我们就得逃到宗教世界的幻境中去。在那里，人脑的产物表现为赋有生命的、彼此发生关系并同人发生关系的独立存在的东西。在商品世界里，人手的产物也是这样。我把这叫做拜物教。（中共中央编译局，2009，pp. 89 - 90）

那么，为什么商品形式能够具有如此大的威力呢？为什么它能够使得劳动产品"成了可感觉而又超感觉的物或社会的物"？

形式，作为辩证法的一个环节，与内容相联系，组成一对具有辩证关系的范畴。内容是事物一切内在要素的总和，形式是这些内在要素的结构和组织方式。然而，正因为内容与形式是具有辩证关系的，或者说，形式本身是辩证法中的范畴，所以只有在辩证关系中才能正确理解形式。形式，是范畴，更是运动，或者说，形式就是形式辩证法。在《逻辑学》本质论部分谈到"形式"概念时，黑格尔（1982，p. 85）指出："形式首先与本质对立；所以它是一般根据关系，并且它的规定是根据和有根据的东西。然后它与质料对立；这样，它就是进行规定的反思，它的规定就是反思规定及其长在。最后，它与内容对立：这样，它的规定又是它本身和质料。那以前与自身同一的东西，最初是根据，然后是一般长在，最后是质料在形式的支配之下，并且又是形式的规定之一。"可见，本质论中的"形式"概念有三个层次，分别与"本质""质料"和"内容"相对。这就是说，在第一个层面上，形式作为本质的展现，是对本质的抽象性的否定，是规定性的总和；在第二个层面上，形式对某物即"无形式的同一"的本质的否定，使得形式具有了独立性和能动性。因此，形式与质料的对立，要求形式否定质料的抽象性并赋予其规定。黑格尔（p. 82）指出："质料被形式的能动性所规定，这种能动性在于形式否定地对待自身。但反过来，它因此也否定地对待质料；然而质料之被这样规定，也同样是形式自己本身的运动。"在第三个层面上，形式化的质料即内容，一方面具有本质所要求的自身同一，另一方面又具有来自根据的自己的自身同一。形式的直接性受到关于整体性的内容的制约，第二个层面上的形式的主动性就消失了。因此，能够给予规定性的形式，使得本质成为有感性存在的内容。

由此可见，商品形式作为一种形式，使得劳动产品具有了感性存在与规定性，具有了使用价值与价值的二重性，"成了可感觉而又超感觉的物或社会的物"。试问，如果没有感性存在的使用价值，没有存在于商品中无差别人类劳动的价值量的规定，商品交换如何得以进行？商品形式作为一种运动，一种运作，就是商品交换。而在商品交换过程中，最重要的是交换中介，即一般等价物的存在。

二、作为商品交换符号的货币

货币，被看作商品交换的产物；但其实，商品的等价物性质早已存在于商品交换之中。尽管在商品交换之初，商品交换采用实物交换的形式，两种不同的使用价值进行交换，似乎并不涉及一般等价物，但是，在这里，两种不同的商品是互为等价物的。正如马克思在《资本论》中所说："更仔细地考察一下商品 A 同商品 B 的价值关系中所包含的商品 A 的价值表现，就会知道，在这一关系中商品 A 的自然形式只是充当使用价值的形态，而商品 B 的自然形式只是充当价值形式或价值形态……在这个关系中，价值要被表现的商品只是直接当做使用价值，而另一个表现价值的商品只是直接当做交换价值"（中共中央编译局，2009，pp. 76 - 77）；尽管这只是一种简单的价值形式，一种商品的交换价值也必须通过另一种商品得以表现。随着商品交换的扩大，出现了相对固定的一般等价物，所有商品都以一般等价物作为交换中介来实现自己的交换价值。商品的二重性，即使用价值与交换价值的分裂，在一般等价物的中介下得到统一。当一般等价物固定在金银等贵金属上，货币就产生了。马克思指出："只有商品价格的分析才导致价值量的决定，只有商品共同的货币表现才导致商品价值性质的确定。但是，正是商品世界的这个完全的形式——货币形式，用物的形式掩盖了私人劳动的社会性质以及私人劳动的社会关系，而不是把它们揭示出来。"（p. 93）由此可见，商品交换的本质就体现在等价物上，体现在货币形式中。货币，以物的形式，掩盖了它的社会关系本质。这种掩盖，在于形式的运动，或者说运作。

正如我们在前面谈到的，形式是一种运动，梦的形式也是如此。弗洛伊德提出了梦的两种工作机制：移置与凝缩。他说，"我们可以假定，在梦的工作中有一种精神力量在发生作用，它一方面消除具有高度精神作用的那些元素的强度，另一方面则利用多重决定作用，从具有低度精神价值的各元素中创造出新的价值，然后各自寻找途径进入梦的内容。这种精神力量就是移置"（2002，p. 308）。这就是说，这样一种精神力量在元素之间流动，通过这种流动，本来所强调的元素被削弱，变得不显眼，而本来较弱的元素得到增强，但它的出现却另有原因。一个元素的力度被转移到另外一个元素上，是为了这前一个元素悄悄出场。那么，要想揭示真相，就必须能够从被加强的元素推出被削弱的元素，二者之间的联系是关键。凝缩则是，一个元素中凝聚了几个元素的意义。在梦中，一个元素的出现并不是只有它自身的单独含义，而是作为其他几个元素的含义的交叉点代表了那几个元素。只有通过自由联想，把这个元素所代表的所有元素都揭示出来，才能察知它在梦中出现的真正动机。这就是说，在梦的表面意义背后潜藏着梦的真实意图，显梦与潜梦是不一致的。

在弗洛伊德看来，做梦是因为人的某些本能欲望趁着睡眠时自我检查机制松懈，改头换面要显示出来；做梦，是对现实中无法满足的欲望的实现，是对现实的一种补充。与现实相比，人们更愿意停留在梦中。但在拉康（2001，p. 417）看来，"无意识是大写他者的话语"，话语是围绕着大他者的虚空能指建构起来的，而大他者也正是主体欲望的建构者，主体所欲望的正是大他者的欲望。因此在梦中，人们更容易遭遇到自己欲望的实在界。而"'现实'是一个幻象建构（fantasy-construction），它可以帮助我们掩藏我们欲望的实在界"（齐泽克，2002，p. 64）。梦比现实更真实，人们为了不直面自己的欲望，更愿意逃进幻象建构的现实。但无论如何，弗洛伊德与拉康都认为，梦的形式即梦的工作机制，是在显梦与潜梦之间进行转换、连接的方式。商品形式也是如此，它在使用价值与价值之间运作。具体到货币形式，则是把社会关系（潜梦）刻写在了金属物（显梦）之中。

马克思指出："桌子一旦作为商品出现，就转化为一个可感觉而又超感觉的物。它不仅用它的脚站在地上，而且在对其他一切商品的关系上用头倒立着，从它的木脑袋里生出比它自动跳舞还奇怪得多的狂想。"（中共中央编译局，2009，p. 88）这就是说，作为商品的桌子除了可以被当作桌子使用而具有使用价值以外，它的交换价值使得它能够在市场上进行交换；这种交换的前提是，它也是作为其他商品的交换价值的表现而具有价值；作为交换价值（不再立足于使用价值而头足倒立）的桌子，在市场上具有了与任何商品进行交换的可能（化身任何商品的狂想）。这就意味着，在交换中，"商品所缺乏的这种感知商品体的具体属性的能力，由商品占有者用他自己的五种和五种以上的感官补足了。商品占有者的商品对他没有直接的使用价值……一切商品对它们的占有者是非使用价值，对它们的非占有者是使用价值。……商品在能够作为使用价值实现以前，必须先作为价值来实现"（p. 104）。在货币这里，价值对于使用价值的优先性有过之而无不及。货币作为物（金属），自然有可感觉的一面，但人们不再把它作为物（金属）来使用，它的使用价值，只是标示其他物的价值。这就是说，货币作为物的使用价值不再重要（当今时代，数字货币的出现是对这一论断的证明）。这是因为："商品交换包含了双重的抽象：其一是来自商品的可变品性的抽象，它发生在商品交换的行为中；其二是来自商品具体的、经验的、感性的、特殊的品性。在交换行为中，对商品发挥特殊的、具体的、质的决定性作用的因素，不在我们的考虑范围之内；商品被化约为抽象的实体，不论它的特殊本性及其'使用价值'如何，该实体与它交换的商品具有'同等价值'。"（齐泽克，2002，p. 23）这一抽象实体，就是货币，就是符号。

齐泽克在《意识形态的崇高客体》（2002，p. 24）中指出："在交换行为中，人们买卖商品，好像商品并不从属于物理性和物质性的交换；好像它被排除在了诞生与腐坏的循环之外；尽管在其'意识'层面上，他们'很清楚'情形并非如此。"货币尤其如此。我们知道，在流通过程中，作为贵金属的货币难免会有损耗，但一定程度上的损耗，并不影响它的流通。人们还是认同的它所标示、代表的价值。纸币，则更是突出了货币的符号性质。纸币的成本与它所代表的价值根本不成比例，却依然可以有效流通，更不用说数字货币了。齐泽克引用索恩·雷特尔的话指出了这一点："钱币使其身上印花纹，以便其用作交换的工具，而不是用作使用的客体。它的重量和金属纯度是由发行的权威部门保证的。因此，如果在流通中因为磨损和破裂而失去了分量，以旧换新是有保障的。钱币的物理材料仅仅成了发挥社会功能的载体。"（pp. 25－26）之所以如此，是因为"货币不是由经验的、物质的材料制成的，而是由崇高的物质制成的，是由其他'不可毁灭和不可改变的'、能够超越物理客体腐坏的形体制成的。这种货币形体……这种'躯体之内的躯体'（body-within-the-body）的非物质的肉体性，为我们提供了崇高客体的精确定义……这个崇高客体的假想性的存在是如何地依赖符号秩序（symbolic order）：不可毁灭的、免于磨损和毁坏的'躯体之内的躯体'，总是由某种程度的符号权威的保证来支撑的"（p. 25）。

齐泽克这里的"符号权威"是指符号秩序，即能指链。索绪尔的结构主义语言学指出，符号由能指与所指构成。能指是狭义的符号，即用以指示符号观念含义的音响、图像等；而所指则是指被指示的观念和意义。能指、所指具有一种约定俗成的对应关系，而不具有内在的——对应关系。更为重要的是，所指是观念之物，而不是客观事物，这就拒绝了实在论。德里达的解构策略表明，能指与所指之间的裂隙导致了延异，即能指与所指的不一致导致意义的散播、衍生现象，呈现出能指链条的滑动。进一步的考察表明，能指与所指的关系中，就所指永远无法完满呈现能指而言，能指与所指的关系可以以能指之间的关系来替代，即一个能指向另一个能指的不断滑动。我们可以想象，任何一个词总是需要其他的词进行阐释。因此，如果能指链条一直处于滑动之中，关于它就不会有固定的总体意义出现。

为了让能指链具有固定的总体意义，必须缝合、钉住能指链，让它闭合。如果出现这样一个能指，它的存在标志着其他能指的不存在，换句话说，它是没有任何所指的能指，即纯粹能指，那么，它就是能指链的缝合点，或者说是结构性空位。这就像语言学中的隐喻。语言学中，有一系列可以在功能上相互替代的词语，即词语的纵聚合关系。例如，"我在开车"这句话中，"我"可以被"你""他""她"等词语替换，"车"可以被"船""飞机"等替换，都不影响这句话的成立。但是"我"这个词的存在，就排斥了"你""他""她"的出现。这个"我"，就是缝合点，从这个词与其他词的关系中给予其他词以固定的意义。例如，你就是我面对的说话对象，他就是没有在场的第三者，如此等等。起到缝合作用的空能指，特点是没有具体所指，又吸纳一切所指；围绕诸如"上帝""理念""物质"等能指符号，就能建构起一个不再滑动的能指链，因为上帝可以对一切能指做出解释，却不能解释自身。商品交换中的货币也是如此，它作为一般等价物，是一切商品的等价物、价值表现，但无法表现自身价值，也没有一个特定商品与它对应。

货币形式所表明的是，商品交换中的商品、货币乃至资本都是由能指链建构的社会关系决定的，而能指链是围绕结构性空位，即空能指建立起来的；

结构性空位是无意识之所在，人们作为"实用的唯我主义者"进行商品交换，是建立在"非知"基础上的。非知，就是对商品运作形式的一无所知，"'对现实的这一非知（non-knowledge）正是其本质的一部分。'交换过程的社会有效性是这样一种现实，它只有在这样的前提下才是可能的：参与其中的个人并没有意识到它的正确逻辑；就是说，它是这样一种现实，它的本体一致性暗示出参与者的某些非知。如果我们'知道得太多'，洞悉了社会现实的运作机制，这种现实就会自行消解"（齐泽克，2002，p. 28）。这就是拜物教颠倒的根本原因。

三、马克思对征兆的诠释

拉康指出，马克思发明了"征兆"。那么，在何种意义上可以这么说呢？

被缝合的能指链所具有的本体的一致性，表现为一种具有普遍性的逻辑。那么，征兆恰恰是其中的例外，是对普遍性逻辑的突破，是它内在的不一致和崩溃点。可以说，征兆是一种病症，是一种创伤，是无意识的无意识显现。

阿尔都塞的症候阅读法把一个文本中的空白、断裂看作症候。他认为，马克思之所以能够揭示资本家剥削的秘密，建立剩余价值学说，在于马克思发现了古典政治经济学文本的空白之处。马克思对古典政治经济学的命题"劳动的价值等于维持再生产劳动所必需的生活资料的价值"提出了质疑：劳动怎么能再生产呢？只有劳动力才可以再生产。如果把劳动改为劳动力，这个命题就会变为："劳动的价值等于维持和再生产劳动力所必需的生活资料的价值。"这样一改，后面的"劳动力"概念就与前面的"劳动"概念发生了矛盾，出现了逻辑上的不一致。把前面的"劳动"也改为"劳动力"，则出现了这样的结果："劳动力的价值等于生产和再生产劳动力所必需的生活资料的价值。"这样一来，不仅这个命题所表述的内容完全不同，而且所回答的问题也完全不同了，一个新的问题就会浮出水面："什么是劳动力的价值？"因此，就马克思的认识而言，资产阶级经济学家的回答是这样的："劳动力的价值等于维持和再生产劳动力所必需的生活资料的价值。"这里有两处空白。正是这两处空白，掩盖了"什么是劳动力的价值？"这个新问题。这个问题一旦提出，劳动力的价值与劳动的价值两者之间的区别昭然若揭，剩余价值的来源也就清晰可见，资本家剥削的秘密也就揭示出来了。

因此，空白、断裂或者说遗漏就是某一意识形态的盲点。正因为古典政治经济学家所秉持的是资本主义意识形态这样一种观念体系，他们才会发现不了他们文本中的空白、断裂和遗漏，也就提不出针对这一套意识形态的新问题。这样一来，问题就不是从内部提出来的，意识形态更替的动力也就只能来自它的外部；不仅意识形态如何内化于主体的问题无法解决，意识形态的更替也无法由自身实现。与此不同，拉康、齐泽克所谓的征兆，恰恰是存在于意识形态体系的内部，是"关于社会关系之真理的'浮现点'"（齐泽克，2002，p. 36）；内在的，同时也是颠覆性的。

就上述关于劳动价值与劳动力价值的区别而言，涉及的其实是劳动力成为商品这一问题。资本主义社会标榜等价交换，等价交换是市场经济的基础。劳动力的买卖也要遵循这一规则，因此，劳动力的价值由生产和再生产劳动力这一商品的全部价值构成。然而，劳动力是一种特殊商品，它能够生产大于自身价值的价值。这样一来，表面看上去是等价交换的劳动力买卖就不是等价交换，而成为一种占有和剥削。劳动力成为商品这一事实在遵从资本主义等价交换的前提下颠覆了这一社会经济原则，表现出它的征兆性质。

那么，这一征兆是如何构建的？齐泽克指出，在封建社会中，人与人的统治与被统治关系其实是拜物教化的。就像在中国古代，人们往往把皇帝看作真龙天子，认为他们的权力是上天授予的，而不明白这种统治权力之所以能够具有效力，完全是因为他们服从于皇帝的统治。"王侯将相，宁有种乎？""窃钩者诛，窃国者侯"这些口号，是真正具有启蒙作用的。当人们不把社会关系看作构成因素的地位的来源，而把构成因素自身看作一种本体、本质，即把皇帝看作天然的皇帝，这时候，就会发生皇权崇拜的拜物教。正如拉康所断言的，"一个疯子把自己看作皇帝，一个国王也相信自己天生就是国王，疯子与国王相比较，疯子并不比国王更疯"（2001，p. 34）。但到了资本主义社会，随着市场经济的发展、以个体为基础的市民社会的建立、自由与平等原则的确立，人与人的关系不再是拜物教式的了。但人与人的统治与奴役关系并没有根除，而是转移到了物与物的领域，即经济领域。"被压抑的真理——统治和奴役的持续，以征兆的形式浮出水面，这个征兆会颠覆平等、自由等意识形态表象。这一征兆，即关于社会关系之真理的'浮现点'，恰恰就是'物与物之间的关系'。"（齐泽克，2002，p. 36）

征兆，是一种不得不，是一种关于不可能性的创伤性内核的显现。而人类，总是明知其不可为而为之，围绕着这种不可能性，产生了一系列替代，这一系列的替代是一种符号性替代，即符号能指。被替代的总是不能够完全被替代。对象 a 作为剩余物成为剩余快感，这种剩余快感割裂主体又构建主体，主体将围绕不可能性建立起来的能指链体验为完美的幻象。主体的这种移情，造成了对真理的误认，即把自身建构的替代物误认为真理；与此同时，社会这一不可能的整体也作为幻象被建构为一个整体，这一整体作为现实恰恰就是意识形态幻象。

从形式到征兆，建立于符号学基础上的对马克思所谓商品拜物教的分析，表明的是商品拜物教不可忽视的符号学意义，以及商品拜物教作为符号运作的社会建构作用。意识形态幻象作为社会现实，要求马克思主义的实践批判，这正是马克思主义对于意识形态批判的革命意义。

引用文献：

弗洛伊德（2002）. 释梦（孙名之，译）. 北京：商务印书馆.

黑格尔（1982）. 逻辑学（下卷）. 北京：商务印书馆.

拉康，雅克（2001）. 拉康选集（褚孝泉，译）. 上海：上海三联出版社.

齐泽克，斯拉沃热（2002）. 意识形态的崇高客体（季广茂，译）. 北京：中央编译出版社.

中共中央编译局（2009）. 马克思恩格斯文集（第5卷）. 北京：人民出版社.

作者简介：

毕芙蓉，中国社会科学院大学哲学院马克思主义哲学教研室主任、教授、博导，中国社会科学院哲学研究所马克思主义哲学原理研究室主任、研究员，主要研究马克思主义哲学、国外马克思主义与马克思主义符号学。

Author:

Bi Furong, Director and professor of the Department of Marxist Philosophy, Ph. D. supervisor, University of CASS; Director and researcher of the Department of Marxist Philosophy, Institute of Philosophy, CASS. Her main research fields include Marxist philosophy and Marxist semiotics.

Email: bifr@ cass. org. cn

实践与符号：马克思与卡西尔的比较与融合*

——兼论数字时代人的生存与发展

赵士发　张　昊

摘　要：对于人的存在与本质问题的研究，卡西尔试图解决方法论危机，转向功能性路径，超越了传统形而上学与经验主义。卡西尔将人的活动视为符号活动，将人的本质视为劳作，将人的存在场域视为符号宇宙，虽然超越了传统哲学，揭示了人的感性活动的根本中介——符号，但是他局限于对人的精神生活的阐释，割裂了符号与现实的关系。马克思主义哲学将人的活动理解为实践，将人的本质理解为一切社会关系的总和，将人的存在场域理解为感性世界。主张从社会关系出发将人作为现实的具体的个人进行考察，是马克思与卡西尔人学的根本区别。随着数字时代的到来，作为符号存在的人发展到数字生存的新阶段。中国马克思主义符号学整合了马克思和卡西尔的理论，对数字时代人的生存发展问题进行了全新考察。

关键词：存在，人的本质，实践，符号，数字生存

Practice and Symbol: A Comparison and Integration of Marx and Cassirer on Human Survival and Development in the Digital Age

Zhao Shifa　Zhang Hao

Abstract: In the study of human existence and essence, Cassirer attempts to

---

* 本文为国家社科基金重大项目"中国共产党对马克思主义哲学的原创性贡献研究"（21&ZD046）阶段性成果。

resolve the methodological crisis and take a functional approach, surpassing traditional metaphysics and empiricism. Cassirer regards human activities as symbolic, human essence as labour, and human existence as a symbolic universe. Although he transcends traditional philosophy and reveals symbols to be the fundamental intermediary of human perceptual activities, he limits his interpretation to human spiritual life and disconnects the relationship between symbols and reality. Marxist philosophy interprets human activities as practice, human essence as the sum of all social relations, and human existence as the perceptual world. It is a fundamental difference between Marx's and Cassirer's approaches to human studies that Marxism advocates for the investigation of individuals as real and concrete entities from the perspective of social relations. With the advent of the digital age, people who exist as symbols have evolved into a new stage of digital existence. Chinese Marxist semiotics integrates the theories of Marx and Cassirer and makes a novel investigation of the survival and development of humans in the digital age.

Keywords: existence, human essence, practice, symbol, digital survival

DOI: 10. 13760/b. cnki. sam. 202402002

随着数字时代人的生存和发展方式发生转型，马克思与卡西尔的有关思想和方法重新进入学界研究的视野。卡西尔在《人论》开篇指出"认识自我乃是哲学探究的最高目标"，"它已被证明是阿基米德点，是一切思潮的牢固而不可动摇的中心"。（2013，p. 3）同"认识自我"在哲学旨趣中的地位一样，本体论也被视为一切哲学思想的阿基米德点，决定了哲学思维的基本倾向，因而在哲学史上一般没有本体论就不被视为哲学。在传统哲学对本体论的研究中，有两种路径，一种是"生成论"，另一种是"存在论"。卡西尔旨在从存在论出发为文化哲学寻找本体论根基，他指出："哲学的思考是从'存在'开始的。就是由于存在这个概念的出现，人们的意识觉察到了与存在着的事物的多样性和差异性相对的存在的统一性时，这一面对世界的特殊的哲学方法就诞生了。"（Cassirer，1953，p. 73）在马克思主义哲学看来，人是在实践中不断生成的存在物，因而它倡导实践生成论的方法。在数字时代，人的生存转向数字生存，融合马克思与卡西尔的方法，联系当代实际考察人的存在问题，是当代中国马克思主义符号学的一项紧迫的理论任务。

一、人的实践与符号活动

人的实践活动是人的存在的体现，也是人的存在方式。哲学家们在讨论人的存在时都无法回避人的活动这一问题。卡西尔在应对人类认识自我这一危机的基础上，拓展了新康德主义的理论视野，发展出了新的文化哲学。在《人论》中，卡西尔认为，每个哲学家在阐述人的问题时，都是彻底的经验主义者，"他们总是告诉我们事实而且仅仅限于事实"（2013，p. 37），经验主义并不能得出本质，而只能得到部分事实。卡西尔认为马克思推崇人的经济本能，这意味着，在卡西尔看来，马克思作为经验主义者，其对人的认识建立在对人的活动围绕着经济活动这一认识的基础上。将马克思主义界定为经济决定论，是对马克思主义最大的误解。在此问题上，卡西尔从新康德主义出发，虽然一定程度上实现了超越，但是仍然带有马堡学派的理论指向。

马克思与卡西尔在讨论人的活动时，都曾将人与动物进行对比以阐释人的活动的独特性，但是二人的研究路径却根本不同。马克思从现实生活出发讨论人的活动，卡西尔则从精神生活出发讨论人的活动。马克思反复强调"我们的出发点是从事实际活动的人"（中共中央编译局，2009a，p. 525），这种实际的人的活动作为人的存在方式，要在"现实的个人"（p. 524）的生活中进行把握，而不是在抽象概念中进行把握。而卡西尔则认为，不能以任何形而上学或者物理学的方式定义人，必须抛弃实体路径，转向功能路径，否则就是靠经验的观察来定义人。由此可见，在卡西尔那里，仿佛一切关于人的问题的非功能性的研究得出的知识都是经验主义的。

马克思认为人的活动是感性活动，是实践即自由的有意识的活动。马克思的感性活动概念是对费尔巴哈"感性直观"概念的扬弃。在费尔巴哈看来，感性直观是直接性的、确定性的，这是不同于传统哲学的。这种感性直观是理论上的直观，而实践中的直观被费尔巴哈当作自私的个人利益的满足，被置于理论活动之下。费尔巴哈将感性这一长期被理性主义人学贬低甚至拒斥的东西提升到了本体论地位，但是，通过感性直观把握到的人依然是"抽象人"，而非"现实的个人"。在《1844 年经济学哲学手稿》中，马克思指出："动物和自己的生命活动是直接同一的。动物不把自己同自己的生命活动区别开来。它就是自己的生命活动。人则使自己的生命活动本身变成自己意志的和自己意识的对象。"（2009a，p. 162）人通过对象性的活动，即实践，使自身成为自己意志和意识的对象。实践作为人的活动，是人的存在方式，人的感性、理性、情感、直觉等都在其中共同构成有机的总体，每个方面都缠绕其中。马克思并未像传统哲学那样，从实体路径对人进行定义。人并非只是"理性动物""社会动物""政治动物"，抑或是感性、理性、情感、直觉的某个方面的动物，而是以人特有的活动形式，即实践的方式存在着。马克思指出："动物只是按照它所属的那个种的尺度和需要来构造，而人却懂得按照任何一个种的尺度来进行生产，并且懂得处处都把固有的尺度运用于对象；因此，人也按照美的规律来构造。"（中共中央编译局，2009a，p. 163）这种"懂得按照任何一个种的尺度"和"把固有的尺度运用于对象"的对象化能力是人的活动的独特性，是人的超越性的体现，是自由的有意识的活动的展现。人的活动在理性与感性、人与自然之间搭起了桥梁，使人能够打破规定性，实现人的超越性，使人不同于动物。而动物的生命活动就是它本身，其自身并不能超越生命活动，只是被盲目必然性即本能规定着的存在。

卡西尔在人的活动的研究上，实现了方法论意义的转向，即功能路径的转向。卡西尔在《人论》中指出，近代以来人是什么这个问题遭遇了方法论危机，马克斯·舍勒（Max Scheler）最早意识到了这一危机。在哲学的发展史上，在苏格拉底那里，哲学的思考从天上回到人间，从对宇宙本原的求索向内转向为对人自身的认识，认识人自身这个问题自此开始在哲学上占有重要地位。在卡西尔看来，以往的哲学并未发生对人的认识的方法论危机，是因为总有一种方法在此问题上承担起了领导权并规定了此问题的研究路径，从形而上学到神学，到数学再到生物学。苏格拉底通过对话式的辩证法得出"人是理性动物"的结论，人的活动则是理性活动。中世纪哲学时期，神学在此问题的研究上占据了领导地位，人的理性由最高力量被贬低成"使他人误入歧途的诱惑物"和"最深的耻辱"（卡西尔，2013，pp. 18 – 19）。人被规定为神秘的混合物，只有通过宗教才能把握人的本质，这种本质就是神秘和含混。"人类生存的基本要素正是矛盾。人根本没有'本性'——没有单一的或同质的存在。人是存在于非存在的奇怪混合物，他的位置是在这对立的两极之间。"（卡西尔，2013，p. 21）近代哲学从笛卡尔开始试图将数学思维作为真正理解宇宙秩序和道德秩序的钥匙，以数学理性作为人和宇宙的纽带。在达尔文的《物种起源》一书出版后，生物学继数学之后占据了分析人的问题的研究方式的领导地位。进化论消除了在有机生命的不同类型中的界限，一切生命都可以还原至最简单的初始的种，其间的区别再也不是质的鸿沟，而只在于时间的推移。但是，这种生物学的方法是无法用于分析人类文化的。当一切方法不再占据领导权时，对人的问题的研究就陷入了一种"无政府状态"。卡西尔从这一危机开始，拒斥对人的问题的实体路径研究，试图以功能路径进行方法论意义上的变革。

卡西尔认为，人的活动是符号活动，是人的符号功能的体现。卡西尔同马克思一样，以人和动物的区别阐述人的活动。他认为，将人概括成"理性动物"，是"以偏概全（pars pro toto）；是以一个部分代替了全体"（2013，p. 44）。理性只是人的特征之一，但是人并不是全然理性的动物。卡西尔肯定了将人定义为理性动物的思想家们，在此他否认他们是经验主义者，认为他们并不打算做出经验陈述，而是做出一个根本的道德律令。这同他将一切非功能性路径的研究都视为经验主义是相互矛盾的。卡西尔认为，识别人与动物的活动不同，只能从两者的功能圈（Funktionskreis）不同入手，而不能以某一种特性加以概括。他认为，人的功能圈不仅在量上与动物不同，在质上也有所变化。动物只能对信号做出反应，而人能够应对符号，人的活动本质上是一种符号活动。二者的区别在于应对符号所做出的符号活动，带有一种延迟，因为符号是"指称者"（designators），总是指称着某个名词或具体概念，带有功能性的价值。信号则不同，信号只是"操作者"（operators），直接对应着某种物理的或实体性的存在。因此，卡西尔反对以任何一种特征概括人的活动，而主张必须抓住人与动物的根本不同，即人的一切活动都是符号活动，是人对符号的应对活动，并且只有人才具有符号化的抽象能力。

从本质来看，卡西尔所提出的功能路径的转向是对人的活动中介的概括，而马克思将人的活动阐释为实践则是以现实的个人为出发点，且并非经验主义的。马克思本人就曾明确指出，从处于现实的、发展过程中的人出发，"只要描绘出这个能动的生活过程，历史就不再像那些本身还是抽象的经验主义者所认为的那样，是一些僵死的事实的汇集"（中共中央编译局，2009a，pp. 525 – 526）。卡西尔虽然也强调，不能以经验观察得出抽象概念，并以此概括人，但是他所概括的符号活动是人的感性活动的中间环节，即人依靠什么实现感性活动，尤其是实现精神活动。这种概括方式就好比对人类文明形态的概括，石器文明、电子文明，乃至当今的数字文明，都是从人的活动的中介变迁的角度予以说明，卡西尔则是抓住了人的精神活动的根本中介，无论是语言、电子还是数字，都是符号的一种，都是人的符号活动的体现。正是因为人具有符号功能，抽象才得以可能，人才拥有一种虚拟能力，能够创生出语言。但是，正是这种对功能路径的过分强调，使卡西尔对人的存在问题的把握逐渐远离客观的物质世界，远离了马克思所强调的"现实的个人"，最终走向"抽象人"。

二、人的"社会关系"本质与"劳作"

人的本质在人的活动之中展现，是人区别于他物的根本特征，也是人的存在不同于他物存在的根本特征。对自身本质的反思和探寻是人的一种高度自觉意识。"本质"是相关性概念，人的本质总是在与亲缘关系最近的动物本质的比较之间得到诠释的。人的本质作为哲学上的一个热点问题被许多哲学家长久地讨论着。唯心主义与宗教神学试图将人贬低以留出位置给上帝或者造物主，使人处于一种被更高级的存在支配的地位。旧唯物主义则将人视为自然界的产物，且认为人完全受制于自然界。张奎良（2014）认为，马克思在1843年末到1845年初的一年半时间里，先后提出了六种对人的本质的定义：人是人的最高本质、人的类本质、人的发展本质、人的共同体本质、人的社会联系本质和一切社会关系总和的本质。在对人的本质的探讨上，马克思与卡西尔的共同之处在于，他们都试图走出人的本质外在化的理论困境，使人的本质回到人自身。

马克思由费尔巴哈出发，超越了将人的本质外在化的传统哲学。费尔巴哈提出人的本质就在人自己，"借助人，把一切超自然的东西归结为自然，又借助自然把一切超人的东西归结为人"（1984，p. 249）。人的本质不在别处，就在人自身之中。马克思从费尔巴哈出发，使人的本质回归到人自身，提出人是人的最高本质。但费尔巴哈将上帝从更高级的存在的地位赶走时，又将人置于上帝的位置，他认为人的上帝其实就是人自己。马克思扬弃了费尔巴哈的人的本质的观念，实现了超越，开创了新唯物主义。但人是人的最高本质，只指出了人的本质应该向人探求，而非向上帝探求，这只是人的本质的来源，而并非人的本质的内涵。因此，马克思又提出人的类本质。费尔巴哈认为人的类本质，也就是人区别于其他类的根本所在，并将它归结为人的意识，也就是人的理性、爱、感情等。虽然人具有动物没有的意识，但是意识又从何处产生呢？费尔巴哈在对人的本质的探求上是不彻底的。对于马克思来说，人与动物的区别在于人的类本质，但是这个类本质并非费尔巴哈所概括的"意识"，而是人的"感性活动"。

马克思扬弃了费尔巴哈人的类本质概念，将人的本质视为动态发展的，而非静止固定的。马克思并未止步于费尔巴哈的类概念，类本质虽然为人和动物划分了界限，但是也将人的本质划定在了静态范围内。马克思认为，人类的历史是运动着的，是不断发展的，因此，他提出了人的发展本质。由人的需要出发，人需要满足自身的生存条件，完成自身生产。在需要的无限与实现需要手段的有限中，人不断超越，突破规定性，这是人的发展本质。

马克思并不满足于在概念上辨析人的本质，他对人的本质的实现也颇为重视。马克思认为，人的全部本质只能在社会中外化和实现。从人生产生活资料和生产自身开始，人就在社会中实现自身本质的对象化，人的一切活动都具有社会性。"自然界的人的本质只有对社会的人来说才是存在的；因为只有在社会中，自然界对人来说才是人与人联系的纽带，才是他为别人的存在和别人为他的存在，只有在社会中，自然界才是人自己的合乎人性的存在的基础，才是人的现实的生活要素。"（中共中央编译局，2009a，p. 187）在此意义上，马克思提出人的共同体本质、人的社会联系本质，意在说明人的社会性本质，人实现本质的过程是人的存在的基本方式。

马克思刻画了较为完整的人的本质图景，由人类的本质发展出人的个体本质。从人的本质与其他类的区别出发，得出的结论只能呈现人与动物的不同，无法呈现人与人的不同即单个人的本质。马克思在探索个人的本质上，并未落入经验主义或传统形而上学之中。马克思没有将个人的本质视为静止不变的或是抽象的，在《关于费尔巴哈的提纲》中，马克思指出："人的本质不是单个人所固有的抽象物，在其现实性上，它是一切社会关系的总和。"（2009a，p. 505）由此看来，"一切社会关系的总和"在马克思那里是发展完成了的人的本质概念。马克思将人的本质从被上帝和神支配的位置中拯救出来，使之回到人本身，从人与动物的区别入手进行对人的类本质的概括，这都只是马克思对人的本质的探讨的发展阶段，"一切社会关系的总和"是马克思对抽象的类中的具体的、现实的、个人的本质的概括，是对人的本质的探讨的完成形态。

卡西尔也试图使人的本质回到人自身，但他将人的本质限定在人的精神活动之内。卡西尔并未对"人性"或"人的本质"的不同加以关注，这并非他所讨论的重点。他所关注的是研究人的本质问题的方法论："如果有什么关于人的本性或'本质'的定义的话，那么这种定义只能被理解为一种功能性的定义，而不能是一种实体性的定义。"（2013，p. 115）功能路径的转向使卡西尔对人的本质认识有了一定突破，他并不把人的本质视为静止不变的，而是运动的与发展的。卡西尔认为："人的突出特征，人与众不同的标志，既不是他的形而上学本性也不是他的物理本性，而是人的劳作（work）。正是这种劳作，正是这种人类活动的体系，规定和划定了'人性'的圆周。语言、神话、宗教、艺术、科学、历史，都是这个圆的组成部分和各个扇面。"（p. 115）卡西尔的"劳作"概念并不同于马克思的"劳动"或"实践"概念。"劳作"所强调的是人的精神活动，卡西尔虽未言明，但仍暗示了只有人的精神活动才被视为人的本质的决定因素，人的精神活动使人与动物拥有了不同的本质，且规定了"人性的圆周"。

卡西尔虽然试图将人的本质问题推向更加具体的功能性路径，但是忽略了人的物质生产的方面。卡西尔与马克思的共同之处在于，二者都试图使人的本质问题超出形而上学，拒斥将人的本质放置在一个静止封闭的盒子当中。马克思将人的本质概括为"一切社会关系的总和"，将人的全部感性活动作为人的本质的决定因素，这并非功能路径，而是将人作为具体的现实的个人。卡西尔虽然试图把握具体的人，但是显然具体的人所从事的活动并非只是精神活动。人将自然界对象化的过程，进行物质生产的过程，同样是感性活动的一部分，是人的本质的一个方面。人的精神活动，即卡西尔所说的"劳作"确实是人与动物的区别之一，但是精神活动显然不是最根本的因素，而是取决于马克思所说的"一切社会关系的总和"。

三、人的感性世界与符号宇宙

人的存在场域是人的活动的场所，是人实现本质的场所，是现实的个人展现不同于他物特征的空间。马克思与卡西尔虽然并未直接对人的存在场域进行讨论，但是在各自的阐述中都对此有所涉及。在马克思那里，人的存在场域问题体现在他对人与自然界关系的分析中。在卡西尔那里，他对人的生活场所做出了概括。两者的共同之处在于并未将人视为感性直观，而是具有超越性本质的存在。但是，卡西尔将"人"完全放置在其自身生产的精神产物之中，割裂了人与自然的联系。

马克思将人的存在场域视为感性世界，也就是人化自然。马克思指出："自然界，就它自身不是人的身体而言，是人的无机的身体。人靠自然界生活。这就是说，自然界是人为了不致死亡而必须与之处于持续不断的交互作用过程的、人的身体。"（中共中央编译局，2009a，p. 161）人与自然界在人的感性活动的过程之中不断进行交互作用，人将自然界中的物对象化，也利用自然界中的物使自己生存。"人类社会在直观上体现为一个'物'的感性世界，而其深层的内涵却是一个处处渗透和体现着人的特性、人的活动和人的意义的世界，是一个'物性'和'人性'的统一体。"（欧阳康，张明仓，

2002) 人类所存在、生活的场域是一个感性世界，人在感性世界中活动，在这个感性世界中，人展现本质，建构意义，进行人的活动，也通过感性活动不断形成和发展这一存在世界。在马克思看来，感性世界是与自然界紧密联系的，是通过人对自然界的对象化形成的，而不是人脱离自然界构建的，也不是人头脑中的想象世界。

卡西尔将人的存在场域视为符号宇宙，指出人已经逐渐远离物理实在。卡西尔认为，由于人具有符号活动能力（symbolic activity），"人不再生活在一个物理宇宙之中，而是生活在一个符号宇宙之中"（2013，p. 43）。人生活在"新的实在之维"中。人通过创造符号，建构意义，得以不再面对物理实在，而是面对着自己创造的符号，也就是存在于人类自我建构的符号宇宙中。并且，由于符号宇宙的存在，人不是同事物本身打交道，而是同符号打交道，从根本上来说，人是在不断同人自身打交道。在这里，卡西尔不仅提到了人在理论领域中的存在，也提到了人在实践领域中的存在。但是，在卡西尔看来，人在实践领域中也并不是生活在事实之中，而是生活在"想象的激情之中"，生活在"希望与恐惧、幻觉与醒悟、空想与梦境"之中。（p. 44）由此可见，卡西尔将人置于人的精神产物中，而忽略了人进行符号活动的物理实在。

在当今人类数字化生存的语境下，卡西尔的符号宇宙概念具有一定的借鉴意义，而马克思主义哲学在人的存在问题上更突显出重要的方法论意义。卡西尔由新康德学派出发，功能路径的转向可以使他被称为 20 世纪的现代哲学家。在人的数字化生存下，正如卡西尔的符号宇宙概念一样，人仿佛生存在意义世界和符号世界之中。由于符号活动能力，人能够不断创造新的符号，人生活在符号充斥的世界之中，人自身也成为符号，以至于迷失自身。在虚拟技术所创造的虚拟空间出现前，人的虚拟活动仅限于人运用符号进行想象、幻想，在符号学的意义上，利用符号进行"筹划"，即行为前的构思。但是，随着数字技术的发展与虚拟空间的开拓，人们有了新的实践形式即虚拟实践。虚拟实践，就如同卡西尔所说的那样，逐渐远离物理实在，人所面对的不再是物，而是自己创造的符号、产物。

然而，在方法论意义上，马克思虽然并未在同一种意义上使用"符号"一词，但是早在对商品拜物教的分析中，他就已经打破了这种符号宇宙使人与物理实在截然割裂的认识。马克思揭示了商品既可感觉又超感觉的奥秘之所在，他指出："商品形式的奥秘不过在于：商品形式在人们面前把人们本身劳动的社会性质反映成劳动产品本身的物的性质，反映成这些物的天然的社会属性，从而把生产者同总劳动的社会关系反映成存在于生产者之外的物与物之间的社会关系。"（中共中央编译局，2009c，p. 89）人与人之间的社会关系被商品呈现出的物与物之间的关系遮蔽，就形成了商品拜物教。符号也是一样，当人与人之间的社会关系被符号遮蔽时，符号拜物教就产生了。因此，要想揭开符号宇宙的神秘面纱，就必须在一切社会关系的总和之中，在人与人之间的社会关系中寻找立足点，这也是马克思主义哲学的基本原则。同时，虚拟实践虽然在实践空间中进行，但依然是现实的个人所进行的感性活动，承担实践代价的仍然是现实的具体的个人。在此意义上，现实的个人的精神活动虽然被符号宇宙包裹着，但是其存在场域仍然是感性世界，马克思主义哲学仍然具有极其重要的现实意义，其方法论仍然具有指导意义。

四、马克思主义符号学视域内数字时代人的生存与发展

在比较马克思与卡西尔对人的存在与本质问题观点的基础上，需要将二者的方法进行综合，丰富和发展中国马克思主义符号学理论。从马克思主义符号学出发，考察当今数字时代人的生存问题，会得到一些新的理解和观点。

只有将卡西尔的符号学思想纳入马克思主义哲学视域下进行改造，将符号与现实统一起来，才能丰富和发展马克思主义符号学。在马克思主义哲学来看，卡西尔的符号概念是人的对象化活动的根本中介，但是卡西尔对人的存在问题的研究视野局限于精神活动，他在试图使人的存在由抽象走向具体的过程中，并未彻底完成这一目的，而仍然走向了"抽象人"。卡西尔的《人论》试图开辟功能性路径，研究人的存在问题，以解决方法论危机。卡西尔将符号活动作为人的活动，将"劳作"视为人的本质，将人的存在场域视为符号宇宙，拒斥了形而上学与经验主义，超越了以往传统哲学对人的本质等问题的理解。但是，卡西尔的文化哲学割裂了符号与现实，消解了对现实世界的批判性。这是卡西尔并未理解马克思主义哲学的关键所在，也正是马克思主义哲学对现实的指导意义所在。马克思主义符号学一方面重视符号概念的中介作用与抽象性，另一方面重视符号与人的关系，注重对符号意义社会性的观照，在人与符号关系问题上形成了符号人格化的观点。符号人格化思想即坚持符号的意义是属人的，符号是人的社会关系的反映。

从马克思主义符号学的角度看，语言是思想的物质外壳，符号是意义的物质载体，符号离不开人及其社会关系。从人的社会关系角度来看，符号反映了人与自然、人与社会、人与自身等层面的关系，人始终是社会关系的主

体与核心。数字时代是世界符号化发展的新阶段，人与世界的关系全面数字化，人的存在和本质必然会发生新的变化。

数字时代人的存在与本质发生了新变化。从马克思主义符号学的角度看，数字时代人的存在与本质体现为数字人格化与人的数字化。所谓数字人格化，即在数字时代，数字普遍渗透于人的活动过程始终，数字内化为人的活动方式，数字劳动成为主要的劳动形式，数字成为人的社会关系的代码。所谓人的数字化即人的活动高度依赖数字，特别是人工智能与脑机接口技术的发展，人在本质上逐渐演变成所谓的数字人。人的存在和本质与以往相比，无疑更加丰富了。人不仅具有物质存在形态与精神存在形态，现在又产生了数字存在形态。在本质上，人在具有自然生命与社会生命的同时，又具有了符号生命与数字生命。也就是说，人在本质上不仅是有生命的自然存在物，也是社会关系性的社会存在物，还是有意义的符号存在物。在人现有的三重生命存在形式中，作为自然存在物与社会存在物的人，会随着生命的终结而消失。但作为有意义的符号存在物，人的意义不会消失，而是在符号世界得到永生。随着数字技术与脑机接口技术的进一步发展，符号的复制、编码与传播越来越便利，每个人的意义都会随着符号编码而被继承下去。甚至一个人的意识可以通过脑机接口导出，再导入他人的大脑，个人的意义与符号生命由此得到延续。

数字时代人的类存在与类本质将会成为可能。在哲学史上，思想家们关于类本质与类意识的论述很多，但在数字时代来临之前，都只是抽象的议论与理论上的可能。随着数字时代的到来，人类的类意识正逐步形成，人成为真正意义上的类存在物，人的类本质得到确证。一方面，随着计算机算力、大数据、互联网络、云数据平台、脑机接口等先进技术的发展，每个人大脑中的意识通过符号同云数据平台链接并融为一体，形成真正的人类意识。人类因而成为一个有机的整体，人类成为一种主体性的存在，人类主体得以生成。另一方面，数字的普遍性与抽象性将消解私有财产的特殊性与具体性，使人类共同利益成为现实。虽然数字与资本一样具有人格化的特征，但二者具有极为根本的区别：资本具有天生的私有性，而数字具有天生的公共性。数字技术将极大促进生产力发展，人类劳动力将获得解放；数字化新产品共享更为方便，数字经济是一种共享经济；数字化技术与专利技术是矛盾的，它排除专利制度；数字化将促进政治民主，使一切权力运行都置于网络民主的监督之下，甚至让个人的一些不合理的隐私也无处可藏。但物质财富私有制的消亡是一个漫长而复杂的过程，数字化技术的发展将首先让人类精神的共同富裕成为可能，然后反过来促进人类物质上实现共同富裕，从而加速私有制的消亡。那时，马克思一生致力研究的个体与类的矛盾将得到解决，"每个人的自由发展是一切人的自由发展的条件"（中共中央编译局，2009b，p.53），个人的自由全面发展与人类的解放将得到真正实现。

当然，数字时代也会给人类的生存和发展带来各种各样的挑战，需要引起人们的关注与研究。一是数字异化问题。由于数字技术与人工智能的发展十分迅速，有可能形成数字拜物教，反过来支配与制约人的生存与发展。二是数字安全问题。数字总是以一定的物质条件为载体，如计算机、储存技术等，且依赖电力作为运作基础。这些条件发生故障或产生数字病毒，就可能导致数据损失。三是数字伦理问题。数字技术的发展带来了一系列伦理问题，如个人合理的隐私权、数字增强技术与脑机接口技术对人的生存与发展的改变等。四是数字犯罪问题。由于私有制和私有观念的影响，一些人为了自己的私利运用数字技术进行各种犯罪活动。五是数字鸿沟问题。由于人与社会发展的不平衡，不同人、地区、国家之间会产生数字鸿沟，即数字不平等，导致数字上的两极分化，等等。这些问题无疑会直接或间接地影响人的生存和发展，进而改变人的存在与本质。虽然学界对这些问题的研究也没有达成统一的意见，但总的看来，盲目乐观与悲观都是无济于事的，数字时代的问题还需要通过数字时代实践与理论的发展来解决。当务之急是直面问题，联合多学科进行共同研究，为解决数字时代的问题与促进数字时代人类的生存与发展贡献力量。

引文文献：

卡西尔（2013）．人论（甘阳，译）．上海：上海译文出版社．

欧阳康，张明仓（2002）．马克思本体论批判的价值取向及其当代意义．中国社会科学，6，47－57＋205．

费尔巴哈（1984）．费尔巴哈哲学著作选集（上）．北京：商务印书馆．

张奎良（2014）．马克思人的本质概念的演绎程序．马克思主义研究，11，68－76＋159．

中共中央编译局（2009a）．马克思恩格斯文集（第1卷）．北京：人民出版社．

中共中央编译局（2009b）．马克思恩格斯文集（第2卷）．北京：人民出版社．

中共中央编译局（2009c）．马克思恩格斯文集（第5卷）．北京：人民出版社．

Cassirer, E. (1953). *The Philosophy of Symbolic Forms*, Vol. One. *Language*. New Haven: Yale University Press.

作者简介：

赵士发，武汉大学珞珈特聘教授、哲学学院教授，主要研究马克思主义哲学、毛泽东哲学思想与马克思主义符号学。

张昊，武汉大学马克思主义学院弘毅博士后，主要研究马克思主义哲学与马克思主义符号学。

Author:

Zhao Shifa, specially appointed professor at the School of Philosophy at Wuhan University. His main research focuses on Marxist philosophy, Mao Zedong's philosophical thoughts, and Marxist semiotics.

Zhang Hao, postdocrate researcher at the School of Marxism, Wuhan University, mainly studies Marxist philosophy and Marxist semiotics.

Email: sfzhaodh@ whu. edu. cn

马克思主义视域内数字传播的挑战与创新*

李 燕

摘 要： 从马克思主义的角度看，数字传播的变革与创新主要取决于信息技术的发展，但其背后隐藏着意识形态主体的作用，特别是资本逻辑主导下的符号剥削。数字传播的中介变革体现着主体本质力量的进步与发展，但同时也伴随着符号异化现象加剧等各种挑战和问题。只有不断推进媒介融合与创新，才能走出数字传播过程中遇到的困境。

关键词： 马克思主义，数字传播，媒介融合，媒介创新

The Challenge and Innovation of Digital Communication from the Perspective of Marxism

Li Yan

Abstract: From the perspective of Marxism, the transformation and innovation of digital communication mainly depend on the development of information technology. However, underlying this development is the influence of ideological subjects, especially the exploitation of signs driven by the logic of capital. The reform of media in digital communication reflects the progress and development of the subject's essential power. At the same time, this reform is accompanied by challenges and problems such as the intensification of the alienation of signs. Only by continuously promoting the integration and innovation of media under Socialism with Chinese characteristics for a new era

* 本文为武汉理工大学 2023 年度教学改革研究项目"中国式现代化融入思政课程教学的多重进路"（W2023146）中期成果。

can we escape the dilemma encountered in the process of digital communication in contemporary China.

Keywords: Marxism, digital communication, media convergence, media innovation

DOI: 10. 13760/b. cnki. sam. 202402003

信息科技革命是导致传统信息传播颠覆性变局的核心因素。我们经常以媒介的不同形态来讲述"传播",比如报纸传播、网络传播等,实际上是默认了"中介"在信息传播中的重要地位。数字时代,"技术决定论""技术意识形态论"和"技术工具论"等论调复现,凸显了"中介-数字"在信息传播中的载体和渠道功能已经扩张到深刻影响信息的具体内容和社会功能,"中介"越来越具有本体论的意义。由大数据驱动的人工智能在信息传播领域中的广泛运用,愈益引发人们的焦虑:数字传播主体在未来是否依然由人类主宰?数字传播是否威胁到人类自身的发展方向?数字传播领域的结构性失业在何种程度上威胁个体的生存?回答这些问题,我们需要回到马克思,既追本溯源又考察信息科技革命和数字传播最新样态,坚持运用辩证唯物主义方法展望未来。

一、多维视野中的信息科技革命和数字传播

信息科技革命是关于信息的技术革命,即信息中介革命,其引发了翻天覆地的社会变化。信息科技革命是导致传统大众话语传播颠覆性变局的重要因素,由此信息传播进入数字传播时代。围绕信息技术与话语主体、信息技术与话语接受以及信息技术与话语表现形式和话语传播渠道,学界众说纷纭,业界也在不断探索。大体来说,人们关于数字传播发展前景的看法主要有以下几种:

第一,技术决定论者认为信息科技革命是信息传播革命性变革的决定性因素,未来数字传播的深度、广度和效度主要取决于信息科技的进步。信息科技革命仍然在更新迭代,潜藏着巨大的能量。很多学者认定信息科技革命是现在和未来数字传播的决定性因素。实质上,这种看法是历史上"技术决定论"在信息科技革命浪潮中的时代翻版。较为极端的代表人物是麦克卢汉,麦氏关于媒介即信息的论断非局限于传播事业,他还重点论述了媒介技术进步对于社会发展的决定性作用,甚至提出要按照媒介形态来划分社会形

态。数字时代，很多专家学者认为基于大数据的算法推荐、智能分发等，使信息传播发生了史无前例、令人瞠目结舌的重大变化，虚拟仿真将消除物理意义的空间、时间，不同时空维度的人们甚至可以获得超越真实的交流体验，媒介融合和媒介创新将构筑一个外在于自然世界的虚拟世界"元宇宙"。以上，引发人们对未来科技发展的两种态度：技术统治人类，技术使人类完全解放。悲观论者认为"元宇宙"对于人类具有很大的本体论意义。国外有学者指出，"生物技术革命与信息技术革命融合之后，大数据算法有可能比我更能监测和理解我的感受，而掌控一切的权威也可能从人类手中转移到计算机手中"（赫拉利，2017，p. 45）。由此，"人们失去了自由意志，失去了自由选择生活的权力"（迈尔－舍恩伯格，库克耶，2013，p. 206）。乐观论者则相反，认为每个人会获得最适合个人发展和最符合个人兴趣的信息或知识服务，传播进入理想状态。百度李彦宏（2017，pp. 35－37）的态度颇有意味，"智能革命是对生产、生活方式的良性革命，也是对我们思维方式的革命"，"人工智能的历史使命：让人类知道更多，做到更多，体验更多"。这种观点跨界代表了行业和学界的一种态度。需要指出，技术决定论者往往搁置意识形态，崇尚科学。

第二，从技术意识形态批判视角来看，信息科技革命隐藏着意识形态，人们被深度操控。马克思关于现代技术造成主体性丧失的批判理论，启发了法兰克福学派及其当代追随者的技术意识形态批判。如英国哲学家罗斯·阿比奈特（2011，p. 24）所述，"在这个工具理性的概念中，没有什么东西是与马克思对资本和技术之间关系的理解不一致的"。霍克海默、阿多诺的"文化工业论"看到了现代技术齐一化、同质化对主体个性的压制。马尔库塞则直接提出科学技术是意识形态，技术趋向于变成极权主义的工具，具有隐形的奴役、操纵和政治控制功能，主要通过以下两种途径实现：一是刺激消费和满足消费欲望，以此实现人们对现存社会制度的认同，消解批判和反抗；二是科学技术全面渗透、介入社会生活各个领域，工具理性的外在尺度被普遍认可，社会生活世俗化、物质化。"在技术面纱的背后，在民主政治面纱的背后，显现出了现实：全面的奴役，人的尊严在作预先规定的自由选择时的沦丧。"（马尔库塞等，1982，p. 90）哈贝马斯指出科学与技术结合为第一生产力，成为资本主义国家的隐形意识形态统治工具，使"生活世界殖民化"，人的主体的交往理性屈服于冷冰冰的工具理性。罗伯特·W. 麦克切斯尼（2004，p. 8）尖锐地批判了美国等资本主义国家"富媒体，穷民主"的悖论，揭穿了美国宣称大众传媒"第四权力"的虚妄，揭露出媒体运用巨大财力影响了政治决策，资本、技术与政治高度合谋，特别是在"新科技光芒夺目、电子术语晦涩难懂的背后，媒介体系已经逐渐集中到少数联合公司手中"，信息技术沦落为资本极权政治工具。信息技术背后隐藏的资本逻辑造成网络文化的碎片化、肤浅化和批量复制，人工智能传播造成个人隐私数据泄露、个体被监控，从而深度陷入不自由、不自主状态，日常生活、工作和学习等都被纳入信息技术管理之中，并且"千人千面"的智能传播威胁到公共话语的传播，社会有极化、原子化的危险。技术意识形态论者对当代资本主义做了深刻的批判，但其片面性在于只是从抽象的人性和工具理性的对立展开批判，认为资本主义理性统治具有科学的调适能力，还提出了"play-work"等概念，美化、幻化"数字劳工"和普罗大众的生存和生活状态。

第三，传媒政治经济学派揭示了信息资本的当代剥削实质，指出西方自由主义运用财力操控信息科技进而操控政治。与西方马克思主义从技术意识形态切入的视角不同，传媒政治经济学派则承袭了马克思关于机器大生产和分工如何剥削工人以及技术与资本、政权如何关联的理论，揭示了现代媒介技术的资本异化和表面的民主、富足生活背后隐藏着的与媒介技术紧密相关的新型阶级剥削和奴役，深刻地揭示了当代信息资本主义社会的实质。美国批判传播学者丹·席勒援引马克思《资本论》等经典，阐述了资本化的网络技术在当代重组劳动过程与内容，并且在已经重建了的商品链中寻求更新更适合的工业管理、空间布置以及生产管理程序；达拉斯·斯麦兹的受众商品论发展了马克思的剩余价值理论：受众使用是传媒实现自身资本复制的关键，不仅是劳动，而且受众的注意力和闲暇时间也被转化为商品。罗伯特·普雷援引空间批判理论，认为媒体/网络资本家创造了媒体/网络空间，然后出租给广告商，以租金形式占有了部分剩余价值。"受众商品""非物质劳动"和"知识劳工"等一系列新概念，显示出学者们对围绕新媒介技术座驾而形成的对新的生产关系的思考。传媒政治经济学派还指出，媒介化社会中经济基础和上层建筑之间的边界已经不再分明，媒介技术既是生产力发展的重要推动力，也是上层建筑的重要构成因素（赵月枝，2018）。赫伯特·席勒和丹·席勒父子、C. 赖特·米尔斯以及罗伯特·W. 麦克切斯尼等几位美国学者，把数字网络置于漫长且复杂的资本主义全球化过程中进行考察，他们深刻指出，自由市场和商业化决定了媒介技术只可能代表少数人的经济利益和政治权益，甚至加剧了经济危机和政治不平等以及军事上扩军备战的危险。

这些学者大胆地触及私有财产制和国家制度本身，并且在不触动社会制度的前提下，小心谨慎地提出要有公共资金以保留一部分公共媒介。但即使这样，他们也被长期边缘化。相较于技术决定论和技术意识形态批判，传媒政治经济学派展示了世界政治经济的残酷真相，但遗憾的是，其批判的作用远远大于建设性，影响的范围还很有限。总体而言，上述批判都为我们审视新时代中国特色社会主义信息技术和信息传播的发展提供了有益借鉴。

二、马克思主义视域内的媒介话语传播技术中介变革与挑战

马克思认为，科技革命是人的本质力量的展现，是人们经由异化走向人类社会解放的历史必然。信息科技革命推动了信息传播的历史进程，促进了人类发展和社会进步。马克思非常鲜明地指出，技术发展与人的本质力量展现是同一有机体的同一发展过程，技术以及与之连成一体的工业历史和工业所带来的存在物"是一本打开了的关于人的本质力量的书……人们至今还没有从它同人的本质的联系上，而总是仅仅从有用性这种外在关系来理解"（中共中央编译局，2009a，p. 192）。马克思拒绝从外在有用性关系来看待技术，他认为技术是人的对象性活动，是人本质力量的展现；劳动（技术）创造了人，人和人类社会在劳动（技术）中不断丰富和发展。人的精神观念也在技术的发展进程中形成和不断丰富，"工艺学会揭示出人对自然的能动关系，人的生活的直接生产过程，以及人的社会生活条件和由此产生的精神观念的直接生产过程"（中共中央编译局，2012，p. 423）。马克思同时认为，技术是历史向世界历史发展的动力，机器大生产和分工使全世界卷入到资本主义大生产中，从而引起生产力和人们交往方式、交往范围的变化，推动了世界历史的发展。

数字传播技术融合印刷、音频和视频等多种手段为一体，丰富了人类的表达能力，增强了人类的感知能力，促进了人类思维和认识能力的发展，其进步性主要体现在四个方面。（1）交往实现了真正意义的全球化。VR、AR等模拟现实和生物仿真技术制造的"元宇宙"，最大限度地消除了交往的时空障碍，使所有场景如置眼前，如同"回归"村落的交往和传播——地球村落内"面对面"的人际传播和人际交往。（2）网络促使"群众传播"真正实现，推动政治文明。用户自主传播和互动传播使人类进入真正的"群众传播"时代，传播主体、客体之间关系趋于平等，传媒机制发生深刻变化；网络舆论监督推动各级政府高度重视民声、民情，政务公开、透明，加速了政治文明的发展进程。（3）网络传播推动文化创新。无数用户相互联结、沟通和交流，自主学习自主创新生产内容，必将使人的本质力量空前展现，社会

主义精神文明必将迎来高度繁荣。（4）新数字传播技术使传媒事业更加显示出经济基础和意识形态的双重属性。新数字传播技术蕴藏着无限的传媒产能，带来影视行业巨大变动，网络传播无远弗届、随时随地，必将凝聚起强大的精神力量，推动社会主义物质文明建设。

然而，信息科技革命也带来新的异化，引发人们关于信息科技革命和数字传播发展前景的种种焦虑担忧。这些焦虑担忧普遍表现为人们只是从话语传播的工具性方面去做出理解。之所以产生技术外在于人、控制和危害人类的感觉，是因为异化劳动普遍存在，异化劳动使人的对象性活动转化成对主体的压制，反过来，人对于本来应该是主体本质力量展现的劳动（技术）只能从工具性来认识。异化劳动形成了一种悖论：不断发展的自然科学不断扩大人化的自然，使自然处处打上人的烙印，但"哲学对自然科学始终是疏远的，正像自然科学对哲学也始终是疏远的一样"。马克思看到了劳动（技术），哪怕是异化劳动（技术），与人和社会的关系：自然科学和工业构成"真正人的生活基础"和解放基础，尽管是以异化的形式存在，并且使人的非人化充分发展；人类以科学和工业为媒介，使自然界成为真正的、人本学的自然界。海德格尔（1996，p.885）用"座驾"打比方，"我在技术之中，也即在其本质之中，发现人处于某种势力支配下，迫使人应对它的挑战，面对这种势力，人并不自由"。他直白地讲述了现代技术对置身于技术座驾中的人和自然的破坏式奴役与掠夺，这其实就是资本化的技术对人和自然造成的深度异化。信息科技革命使公司重组打破了工厂与产地、办公室与实验室之间正常的合作生产流程，实现了生产力的空前增长，并且迅速地将人与人之间的交往关系也纳入互联网视野，互联网成为崭新的资本角逐场。从2020年起，以雅尼斯·瓦鲁法基斯、塞德里克·杜朗、约迪·迪恩等人为代表的技术封建主义思潮，指出资本主义正在消亡，被一个政治上相对退步的形态取代——技术封建主义。技术封建主义是基于云平台的崭新资本主义形态，它在传统的商品二重性和劳动的二重性基础上，提出了资本的三重性，认为资本的占有代表一种合法的剥削权力以及在云资本下矫正和引导用户行为的权力。

因此，为合理推进信息科技革命和数字传播的发展，必须先要认识清楚资本逻辑下信息科技革命造成的受众商品、文化阉割和数字劳工劳动以各种形式被占有、剥削等最新异化处境。首先，数字传播操控受众，使受众成为数字产品运营商的销售对象。网络游戏、短视频等是最为普及、最为典型的数字市场高利润产品，也最能展示人的异化处境。各种仿真技术和数字编码打造出仿真、玄幻、震撼的虚拟景观，新、异、奇、快，召唤出虚拟的价值欲望，以瞬间满足感替代现实生活中的庸常和忍耐，替代现实生活中长期、系统、艰苦、复杂的脑力劳动，使人掉入动物本能的冲动和欲望陷阱中，甚至成瘾，形成精神疾患。

其次，数字传播技术创新直接服务商品广告和商品销售。平台资本以技术垄断强制占有和窃取用户隐私数据，违背市场自由、平等原则，损害消费者权益。智能终端分析受众的文化倾向、性格特征、商品偏好、购买能力、日常起居等，据此生成商品智能推送，量身打造商品广告。实际上，所谓分众传播、差异化传播，"个人日报""千人千面"等，其目的是流量和商品销售，而不是用信息科技和数字传播为用户的自我成长赋能。另外，各种搜索引擎竞价排名、出售搜索词、定点商家导向等，使资本利益最大化，却严重损害了公民知情权和市场选择权，损害了市场的健康发展，最终危害到技术自身的合理存在。

再次，数字传播技术为服从大众市场，往往阉割文化创新，狙击文化经典，"信息茧房""信息囚徒"等也阻碍了文化多元交流。网络产品看似丰富多样，实质都内含着短视频的传播逻辑。有趣简短、触屏刷新、洗脑神曲、特效滤镜等，不停歇的新鲜刺激迎合大众市场，碎片化、肤浅化和病毒式复制传播，以最短路径实现商业利益最大，这就难免会牺牲文化创新的丰富性、多样性。而算法推荐一方面倾向大众、流行、娱乐，另一方面造成数字传播内容单一、信息渠道窄化等"信息茧房""信息囚徒"现象，这些都深度阻碍了文化创新。在被算法控制的世界中，人们日益失去了自主自觉的活动能力，"算法变成了黑箱，世界迷失在神经网络的深层层面中，而人无法进入这些层面"（韩炳哲，2023，p. 10）。

最后，各大媒介平台企图以非雇佣的形式占有用户劳动并控制用户，打造数字时代的资本帝国。资本逻辑企图凭借数字技术和人工智能打造"人类超越生物学"的数字世界，脑机接口等技术被用于以数据营造精神王国。（库兹韦尔，2011）这种对未来社会的数字想象，从语言的幻术层面来说，营造了人类不灭的神话，实质是资本解构虚拟世界的贪婪野心。回观当下，触目惊心的是平台正在以各种策略增强用户黏性，占有用户时间和用户劳动，潜藏着数字资本企图征服整个世界的危机，正如有的学者指出："数字——流量成为新的生产要素，而数字劳动也导致了生产关系的变革，即从产业生产关系下的资本家－工人的雇佣劳动关系变成平台－用户的不稳定的赢者通吃型的生产关系……"（蓝江，2024）

概而言之，信息科技革命对传媒事业、社会生产力有巨大促进作用，但也潜藏着很大的破坏作用。目前，这场技术革命还在人们的巨大憧憬和各种意图的努力探索中，向着谁也无法清晰预知的方向前进，由此引发人们的担心：人工智能是否会超出人类的控制？人类是否会因为技术的智能化而退化？全世界范围普遍存在的人类鸿沟会造成什么样的动荡？问题是时代的声音，问题导向就是要聚焦信息科技革命中出现的一系列事关生产力发展和民生福祉的重大问题。

三、数字传媒时代的媒介融合与媒介创新

辩证唯物主义视域内，"媒介融合"（media convergence）这一概念充分体现了科学技术自身的发展规律和发展目标，实质是生产力（科技）和生产关系的全面创新发展，也是人的本质力量在信息科技革命中的全新发展。媒介融合本质上要求调动一切力量，推动信息科技革命高速发展，使以大数据为根基的新质生产力在国民经济中占据支配地位，实现社会交往突破物理时空局限，实现人与人、人与自然以及人与社会的和谐发展。

媒介融合有一个历史过程，并有自身的逻辑。媒介融合最初是在技术语境中展开的。20 世纪 70 年代中叶，计算机和网络技术相继发展，有专家尝试提出二者的聚合。1978 年，麻省理工学院尼古拉·尼葛洛庞帝用图例展示了融合的思想：三个交叉的圆环趋于重合，三个圆环分别代表计算机工业、出版印刷业和广播电影工业。这种技术融合的思想展现了未来技术的发展愿景，资本很快从中嗅到了商业气息，为其提供了大量赞助。传播学者伊契尔·索勒·普尔于 1983 年提出了"传播形态融合"（the convergence of modes），指出数码电子科技的发展导致了传播形态的聚合。到世纪之交，媒介融合已经成为业界的一个重要投资方向和学界研究热点，推动了生产力巨大发展和社会深刻变化。媒介融合涉及媒介传播、出版印刷、信息通信和电子制造等多个产业，这提出了新的人才需求，波及教育理念和教育实践的改革调整，同时，生产组织结构也需要相应发生分化、重组，打破传统的产业、行业之间的壁垒。媒介融合促使各国纷纷制定、出台或修改媒介传播、印刷出版及电信等相关法规政策。媒介融合还对原有的商业体系和服务产业结构等都提出了要求，"协商模式""合作分类""联合操作"等作为生产实践要求和社会理念，深刻影响了社会发展，创新性思维成为技术大变革时代的普遍要求。

从媒介融合的发展历程来看，其内涵和外延已经扩大：媒介融合是多学科多领域的科技融合创新，是信息科技革命与人类社会的高度融合，是人的思维和认知习惯的创新。首先，媒介融合是技术层面的融合创新。媒介融合既指综合使用不同媒介、多功能一体化的发展趋势，又指多媒介融合发生新的质变，形成全新的媒介形态，后者的意义更为重要。媒介融合是遵循技术发展趋势和社会发展规律的长期动态过程，是不间断的探索和创新。简而言之，媒介融合必须着眼于未来，其底层逻辑不是新技术和旧产业的生硬嫁接，而是要创造新质生产力和新时代。就像蒸汽机推动产生工业时代，大数据、人工智能和自动化等推动产生了又一个新的时代——数字时代，人们的话语体系、社会生活和物质生产等都被"数字结构化"。

其次，媒介融合是主体和价值层面的创新。媒介融合是技术与主体、与社会的深度融合。技术创新构成社会有机体发展的一部分，体现不同主体的意识形态，影响到组织架构和人际交往性质。数字传播技术创新理念必然地包含对媒介融合价值归宿的思考，即"为了谁"。习近平总书记（2023a，p. 86）指出"媒体融合是一场自我革命"，"要扎实抓好县级融媒体中心建设，更好引导群众、服务群众"。不同于为了资本增殖的媒介融合，新时代中国特色社会主义数字传播为克服技术的资本化，就要确保信息科技掌握在人民群众手中；必须科学认识网络新技术，提高用网、治网水平，使互联网这个变量成为社会主义传媒事业发展的最大增量；还要做好顶层设计，从政策、资金、人才等方面加大支持力度，打造新型传播平台，建成新型主流媒体。

再次，媒介融合是人的思维和认知习惯的创新，是数字时代的数字传播。计算机和互联网技术带来的是语言习惯、语言表达、认知心理和接受方式等各方面的变革。在媒介融合的多年实践中，人们战胜的第一个典型思维误区是新媒介占据技术优势，传统媒体恪守"内容为王"，技术和内容简单相加。实质上，数字传播既不是技术和内容的相加，也不是看似更进步的"相融"。数字时代的内容体现着崭新的时代，时代是新时代，内容是新内容，新内容蕴含着新科技和新科技背景中的新的社会。"生产的不断变革，一切社会状况不停的动荡，永远的不安定和变动……一切固定的僵化的关系以及与之相适应的素被尊崇的观念和见解都被消除了，一切新形成的关系等不到固定下来就陈旧了。"（中共中央编译局，2009b，p. 34）《共产党宣言》里的这段话不断被征引，这警醒人们，抱残守缺必然被淘汰，好的内容需要有创新思维和新时代的认知习惯，数字传播是数字时代的全面反映，旧时代的传承必须经历新时代的创化。

最后，媒介融合必然包含平台、渠道、体制、机制等各方面的创新，是每个人和社会整体的全部进步。媒介融合改变了内容的生产模式与传播模式，原来不同类型媒介的独立经营模式转向多媒介联合经营，形成了崭新的融合传播，构建多媒体、多渠道立体传播媒介话语。传媒业态的颠覆性变局暴露出传统媒体对新媒体传播事业的隔阂，职业媒体人的部分角色正在被各行各业的自媒体人取代。结构性失业加速迭代，必然引起人们对新技术的恐慌，这种"本领恐慌"就像工业革命初期工人捣毁机器一样，没有认识到机器（技术）背后的落后生产方式才是人的发展的最大威胁。媒介融合要求改革创新管理机制，不同传媒组织之间需要协同合作，或解体分化与组合创新，打破原有的行业、职业分工体系，逐渐形成职业化、专业化和社会化联合写作的全民传播模式。人工智能传播正全面体现着这种发展趋势，一方面人们被信息裹挟异化，另一方面人类解放的进程又高度推进。

结　语

在马克思主义看来，世界历史变革的根本动力是现实中生产方式的变革，信息科技革命引发生产力和生产关系在全球范围内发生变化，开辟了数字传播时代。习近平总书记（2023b，p. 68）指出，要"通过流程优化、平台再造，实现各种媒介资源、生产要素有效整合，实现信息内容、技术应用、平台终端、管理手段共融互通，催化融合质变，放大一体效能，打造一批具有强大影响力、竞争力的新型主流媒体"；充分审视信息科技革命和数字传播在中国话语体系建设以及在国家政治经济和社会生活中的地位，着眼宏观战略部署，积极落实微观建设，从新时代中国特色社会主义事业建设和社会主义公民建设的高度，努力推进信息科技革命。马克思（2009c，p. 338）曾对报纸的技术基础即印刷术做过评价："印刷术则变成新教的工具，总的来说变成科学复兴的手段，变成对精神发展创造必要前提的最强大的杠杆。"国家正在推动互联网、大数据、人工智能和各项产业深度融合形成新质生产力，推动信息技术的人文主义发展倾向，保障传播话语权真正掌握在人民大众手中，全面丰富人们的精神文化生活，深入推进每个人自由而全面的发展和解放。

引用文献：

阿比奈特，罗斯（2011）．现代性之后的马克思主义——政治、技术与社会变革（王维先 等，译）．南京：江苏人民出版社．

海德格尔（1996）．海德格尔选集（下卷）（孙周兴，译）．上海：上海三联出版社．

韩炳哲（2023）．非物：生活世界的变革（谢晓川，译）．上海：东方出版中心．

赫拉利，尤瓦尔（2017）．今日简史：人类命运大议题（林俊宏，译）．北京：中信出版 集团．

库兹韦尔，雷（2011）．奇点临近（董振华，李庆诚，译）．北京：机械工业出版社．

蓝江（2024）．如何思考全球数字资本主义．上海：上海人民出版社．

李彦宏（2017）．智能革命．北京：中信出版集团．

马尔库塞，赫伯特等（1982）．工业社会和新左派（任立，译）．北京：商务印书馆．

迈尔－舍恩伯格，维克托＆库克耶，肯尼思（2013）．大数据时代：生活、工作与思维的 大变革（盛杨燕，周涛，译）．杭州：浙江人民出版社．

麦克切斯尼，罗伯特（2004）．富媒体 穷民主——不确定时代的传播政治（谢岳，译）． 北京：新华出版社．

习近平（2023a）．习近平关于社会主义精神文明建设论述摘编．北京：人民出版社．

习近平（2023b）．习近平总书记关于网络强国的重要思想概论．北京：人民出版社．

赵月枝（2018）．马克思归来：网络社会的马克思主义与传播研究．清华大学学报（哲学 社会科学版），3，11－13．

中共中央编译局（2009a）．马克思恩格斯文集（第1卷）．北京：人民出版社．

中共中央编译局（2009b）．马克思恩格斯文集（第2卷）．北京：人民出版社．

中共中央编译局（2009c）．马克思恩格斯文集（第8卷）．北京：人民出版社．

中共中央编译局（2012）．列宁选集（第2卷）．北京：人民出版社．

作者简介：

李燕，武汉理工大学马克思主义学院副教授，主要从事马克思主义原理与马克思主义符号学研究。

Author:

Li Yan, associate professor of College of Marxism, Wuhan University of Technology. Her main research fields include Marxist principles and Marxist semiotics.

Email: hwyfe@163.com

马克思主义符号学的批评范式与当代价值[*]

陈文斌

摘　要： "马克思主义符号学"并非马克思主义与符号学的肆意拼贴，更不是符号学对马克思主义的简单嫁接。事实上，马克思主义内含着符号学思想，符号学在研究对象上与马克思主义至为契合。历史唯物主义与形式文化理论在政治经济学研究、文化批判上虽然范式不同，却能相互补充与彼此支撑。厘定"马克思主义符号学"的概念争议与内部构成，廓清其批评范式与理论诉求，可以不断激活马克思主义理论的当代价值。

关键词： 马克思主义符号学，形式文化论，马克思主义政治经济学，文化批判

The Critical Paradigm and Contemporary Value of Marxist Semiotics

Chen Wenbin

Abstract: Marxist semiotics is not an arbitrary collage of Marxism and semiotics, nor is it a simple grafting of semiotics onto Marxism. Rather, Marxism contains semiotic ideas, and semiotics is very much in line with Marxism in terms of research objects. Historical materialism and formal cultural theory can complement and support each other in the study of political economy and the critique of culture, even though their paradigms are different. By clarifying the

　*　本文为教育部人文社会科学研究青年基金项目"马克思主义符号学的思想谱系及当代价值研究"（23YJCZH021）阶段性成果。

conceptual controversy and internal composition of Marxist semiotics, and by clarifying its critical paradigm and theoretical demands, the contemporary value of Marxist theory can be continuously activated.

Keywords: Marxist semiotics, formal culture theory, Marxist political economy, cultural criticism

DOI: 10. 13760/ b. cnki. sam. 202402004

"马克思主义符号学"究竟是什么？对这一问题的解答尚未达成共识。究其原因，概念定名、学科属性、历史语境都作用其间。就概念定名而言，"马克思主义符号学"（Marxist Semiotics）与"符号学马克思主义"（Semiotic Marxism）这两个概念是否同一存在争议。就学科属性而言，符号学与马克思主义面临着"科学性"与"意识形态性"的刻板评价。就历史语境而言，兴起于 20 世纪 60 年代的结构主义在 70 年代被"后结构主义"冲击，与此同时，符号学反而还被等同于结构主义①，这使得语境与理论事实相割裂。"中国学界在 80 年代基本上把结构主义当做符号学的同义词。此种混淆妨碍了符号学在中国的展开，到后来变成符号学界不得不花力气摆脱的一个纠缠。"（赵毅衡，2018，p. 148）由此，"马克思主义符号学"在意义指涉、研究范式、适用语境等问题上亟待澄清。

21 世纪以来，中国符号学研究进入加速期，学术产量激增的背后，不仅是符号学范式的跨学科能力及文本阐释效力的彰显，更重要的是，历史语境变动催生了更多的符号问题，如符号生产的泛滥、符号交换的加速、符号消费的异化等，迫使研究者需要连通符号学与马克思主义的研究视域。数字化技术强化了符号的支配性地位，人工智能又挑战了人与符号之间的主客体关系，如此，马克思主义所直面的社会现实被符号强势裹挟，符号编织的意义之网不得不作为当代马克思主义剖析的对象。基于此，马克思主义与符号学的结合顺应了现实变动与理论对话的趋势，进而，厘定马克思主义符号学的批判范式与理论效用就显得更为紧迫。

---

① 特伦斯·霍克斯在《结构主义和符号学》（1977）一书中，将符号学与结构主义等同，认为"很难把符号学和结构主义区别开来"，"两个学科的兴趣基本上是相同的"。而西比奥克在《国际符号学系列》1984 年第 2 期撰文批评"这种对事实真相的误解大错特错"。事实上，将符号学等同于结构主义制约了符号学的发展，找出两者的区别则是在为符号学的独特性辩护。

一、何种意义的"马克思主义符号学"?

"马克思主义符号学"与"符号学马克思主义"在具体使用上可以是无差别的，但如果一定要严苛划分，这两个概念因论者或语境不同而在意义指涉上又有差异。"符号学马克思主义"被视为"20世纪马克思主义理论出现的一种新方向"，这里面包括了一系列理论，这些理论的总体倾向是"力图颠覆经济基础/上层建筑模式，还进一步认为，上层建筑（如意识形态和语言逻辑）是整个社会构成的逻辑"（Bergesen，1993，p.1）。这一逻辑翻转的肇始者是葛兰西，集大成者则是以拉克劳、墨菲为代表的后马克思主义。究其实质，"符号学马克思主义"与"文化主义马克思主义"相接近，是马克思主义发展的一种变体。

"马克思主义符号学"则是要将马克思主义包含在符号学范式内，即认为"马克思主义批判属于符号学分析"（Pertrilli，Ponzio，2012，p.154）。具体而言，马克思主义政治经济学有关商品、货币的分析，有关意识形态的阐释，有关社会关系的剖析，在其底层逻辑上都暗合着符号学分析思路。当然，这种包含关系也设置了两个前提。第一个前提是从广义范畴理解符号学，它指认"'符号学'这一术语不仅是一般符号科学的名称，它还指人类为了对符号进行反省并采取相应行动而使用符号的特异性倾向"（Trifonas，2015，p.716）。换言之，整个意义世界中的符号主体、符号对象、符号活动及符号关系都统摄在符号学之内。第二个前提是保留马克思主义与符号学各自的独立性，"检测符号学理论能够在何种程度上承受马克思主义的批判，反之亦然，检测面对符号科学各种发展，马克思主义系统的弹性会达到何种程度"（张碧，唐小林，2016，p.227）。在这两个前提下，马克思主义与符号学之间就形成了相互补充、相互支撑的关系。总结来看，马克思主义符号学是在并置马克思主义与符号学的基础上，从广义的符号学视域吸纳马克思主义的论域。

理清"符号学马克思主义"与"马克思主义符号学"的指向差别并没有完全解决问题，反而引出了两者纠缠的问题根源。马克思主义与符号学都自成体系，也都在发展过程中不断演变与更新。经典马克思主义在诞生之初就遭遇简化与误读，随着资本主义经济制度调整、革命语境变化、阶级斗争弱化，西方马克思主义关注的问题也发生转移，即"主题变换（从经济基础向上层建筑和意识形态）和形式转移（从政治经济学到哲学和文化批判）"（张一兵，胡大平，张亮，2004，p. 67）。再之后，后马克思主义浪潮也在不断挑战与修改经典马克思主义的论断（西姆，2011，pp. 256－267）。在这个过程中，马克思主义的固有范式经受着质疑、挑战、补充与再阐释。这样的理论状貌使得我们在何种意义上谈论以及谈论何种前缀的马克思主义，成为一个复杂的问题。

在马克思主义之后成形的符号学也面临着相似的境遇。自20世纪初索绪尔二元范式带来的"语言学转向"始，人文社科领域掀起了结构主义浪潮，列维－斯特劳斯的"结构人类学"、罗兰·巴尔特的"神话学"、让·皮亚杰的"结构主义心理学"、路易·阿尔都塞的"结构主义马克思主义"、雅各布森的"结构主义语言学"、雅克·拉康的"精神分析学"等都借鉴并改造了索绪尔的二元范式。到70年代，随着结构主义浪潮的消退，皮尔斯三元范式与后结构主义浪潮契合，原有的二元封闭性被三元开放性冲击，"能指－所指"的意义绑定被"符号－对象－解释项"带向了无限衍义，由此契合了后现代主义消解宏大叙事的理论诉求。

从马克思主义与符号学各自的发展历程看，两者在发展中都有变化，因此，何种语境下的马克思主义与何种范式的符号学结合，又成了更为困扰人的难题。为了缓解这一困境，"何种"的问题在实际操作层面被搁置。不论是马克思主义中的符号学思想，还是符号学视域下的马克思主义思想，抑或是马克思主义与符号学的综合思想，都被纳入"马克思主义符号学"这一范畴。好处在于，论者不需要耗费太多精力去澄清对象边界；弊端在于，"马克思主义符号学"可能陷入各种修饰、调和与泛化之中。

二、进入中国语境的马克思主义符号学

进入中国语境，马克思主义符号学成为万金油式的黏合剂。一者，马克思主义符号学囊括了西方马克思主义、东欧马克思主义的代表人物及其观点。不可否认，这其中有诸多典型的马克思主义与符号学的结合范例，如齐美尔的"货币符号学"、鲍德里亚的"符号政治经济学"。但无所不包的吸纳掩盖了马克思主义符号学的特性，如将布拉格学派、巴赫金小组、法兰克福学派、阿尔都塞学派、沃尔佩学派、伯明翰学派等都作为研究马克思主义符号学的理论流派就显得过于粗泛。

二者，"马克思主义＋形式主义"被等同为马克思主义符号学的成果，围绕马克思主义与形式主义的关系辨析都被扩大化为马克思主义符号学的论

域。这带来的结果就是"语言学转向后的文论大都可以纳入符号学文论的范围讨论，而文论与文化批评的界限也越来越模糊，马克思主义符号学文论就不能不是一个宽泛的概念"（唐小林，2020，p. 8）。但事实上，"文学性""陌生化"等概念与"马克思主义符号学"关联不大。

三者，将马克思主义等同于资本主义社会批判，符号学又被视为社会批判的有效范式，因此一旦涉及社会批判都被泛化为马克思主义符号学。按照这一思路判定，"马克思主义的符号学批评往往通过对社会文化文本的深入剖析，发掘其中所具有的隐喻含义"（张碧，2022，pp. 135 – 136）。而事实上，"批判资本主义并不一定就是马克思主义"（张一兵，2009，p. 28）。对社会文化文本的深层意义开掘也并不是马克思主义符号学的专利。马克思主义符号学的确要贯彻马克思主义的社会批判，"但不仅方法是符号学式的分析，其批评对象也从资本主义的经济霸权、文化霸权，转入符号霸权"（赵毅衡，2012，p. 16）。这意味着，在指导精神、分析范式之外，还必须得有研究对象的聚焦，即马克思主义符号学的研究对象是资本主义社会生成的符号问题，而非广义上的全部社会文化现象。

概念意义泛化的结果就是，马克思主义符号学在表面上声势浩大，其内核却模糊不清且交叠混杂。"80 年代以来符号学进入中国学术领域之后几乎成为纯粹形式结构的符号学，无视了马克思主义维度，这无疑延缓了中国马克思主义符号学的思考。"（傅其林，2015，p. 20）21 世纪以来，符号学的应用从文学艺术文本扩展到社会文化全域，符号学诸门类的繁荣强化了符号学作为"人文社会科学公分母"（赵毅衡，2009，p. 169）的认知。该认知的强化与普及，又加速了符号学的跨学科融合，如哲学、人类学、美学、传播学等都在与符号学的结合中壮大了声势。由此可见，马克思主义符号学的勃兴正是符号学总体繁荣趋势的产物，但是，符号学在与马克思主义结合的过程中尚未廓清对象及论域，这就使得马克思主义维度的欠缺翻转为泛化。因此，要澄清"何为马克思主义符号学？"就必须确定其批评范式与理论诉求，继而凸显形式分析与马克思主义相互补充与彼此支撑的路径。

三、基于形式分析的政治经济学批判

马克思主义不乏有关符号的论述，马克思在《资本论》第一卷第一篇就指出："由于货币在某些职能上可以用它本身单纯的符号来代替，又产生了另一种误解，以为货币是一种单纯符号。但另一方面，在这种误解里面包含了一种预感：物的货币形式是物本身以外的东西，它只是隐藏在物背后的人的关系的表现形式。从这个意义上说，每个商品都是一个符号，因为它作为价值只是耗费在它上面的人类劳动的物质外壳。"（2004，p. 110）从这一段分析可以得出：其一，商品，以及作为一般商品的货币都是符号；其二，商品及货币既具有物性，也具有符号性；其三，商品与货币作为符号，其意义是人赋予的，它们所反映出来的是人与人之间的意义关系。

马克思有关商品、货币的判定已然是符号学式的，他还进一步指出："货币作为价格的转瞬即逝的客观反映，只是当做它自己的符号来执行职能，因此也能够由符号来代替。"（p. 152）换言之，货币即元符号，是关于符号的符号。货币的元符号本质决定了货币的流通并不束缚于某一种固定形式，它可以是贝壳、纸币、金银，甚至也可以是数字，这也预示了虚拟货币取代实体货币的历史趋势。由此可以看出，马克思主义本身确实内含着符号学思想，且这些思想可以应对当代数字社会的新趋势与新问题。

马克思主义政治经济学研究的起点——商品，其本质就是交换符号。也正是在这个意义上，欧洲学派（European School）将"商品即符号"作为建构马克思主义符号学的理论基础。奥古斯托·庞齐奥（Augusto Ponzio）认为："马克思主义批判是一种有效的符号学分析，它将商品作为信息，从交换和生产两个层面对其结构加以研究。产品的生产或者其使用价值的消费，并非商品的奥秘所在。只有在其作为交换价值，作为信息，被生产和消费时，商品才成为商品。所有这些，让经济学成了符号学的一部分。"（Ponzio，2014，p. 214）这一观点成为欧洲学派讨论商品生产－交换－消费的符号过程、社会再生产、符号拜物教等的前提。

肇始于商品符号分析的马克思主义符号学，其马克思主义底色恰在于"经济基础/上层建筑"的社会批判范式，这意味着，马克思主义符号学需要基于符号学范式去阐释经济基础、上层建筑的关系。无论是经由商品符号分析切入政治经济领域，还是经由符号系统阐释意识形态与文化诸问题，相关理论都被吸纳到马克思主义符号学的思想谱系中。

自马克思主义之后，西方马克思主义者围绕商品分析持续展开讨论：他们一方面着力凸显商品分析之于马克思主义的核心地位，另一方面又将商品落实到文学、艺术、文化等具体对象上并展开形式分析。卢卡奇认为，只有商品问题"表现为资本主义社会生活各个方面的核心的、结构的问题时，它才可能达到这样的普遍性。因为只有在这种情况下，才能在商品关系的结构中发现资本主义社会一切对象性形式和与此相适应的一切主体性形式的原形"（1999，p. 148）。由此，商品的形式分析成为透视资本主义社会问题的切入口。按此逻辑，詹姆逊将商品分析落实到艺术作品上，并强化了形式分析之于社会问题研究的意义，即"艺术作品的形式——包括大众文化产品的形式——是人们可以观察社会制约的地方，因此也是可以观察社会境遇的地方。有时候形式也是人们可以观察具体社会语境的地方，甚至比通过流动的日常生活事件和直接的历史事件的观察更为充分"（Jameson，1998，p. 360）。詹姆逊总是能够从文学、电影、艺术品中生发出其有关资本主义社会的深层思考，例如通过分析美国社会学家戴维·里斯曼（David Riesman）的《孤独的人群》（*The Lonely Crowd*）来揭示新教伦理与资本主义发展之间的关系；又如从对毕加索《格尔尼卡》画法的分析，去揭露这一画作"要打破的，正是西方视角中最重要的一个方面，那就是传统的定点画法和透视。……透视其实不是人类的观察方法，我们人类的视角从来就是移动的，因此可以说透视是不真实的，只是一种幻觉，是一种意识形态"（杰姆逊，1997，pp. 154–155）。这些研究实现了从艺术形式分析导向社会批判的有效路径。

形式分析与马克思主义政治经济学在批判路径上至为契合。皮尔斯将符号学视为"关于符号的形式学说"（2014，p. 143），这里面有着明显的形式科学的诉求，即寻求一种明晰的意义分析范式。依此特性，形式分析对普遍性的归纳，符合马克思主义政治经济学的总体视野。变动不居的经济活动，潜移默化的政治症候，恰需要形式分析作为抓手，以此将资本主义社会问题的诸多特殊性纳入形式共性之中加以研究。

四、基于形式分析的意识形态批判

马克思主义符号学不仅能以形式分析为抓手切入政治经济学批判，还能以形式分析为手段导向意识形态批判。在此基础上，马克思主义对形式本身的意识形态分析又构成"元批判"。因此，形式分析不仅是方法论，对形式本身的意识形态批判也凸显了形式的本体论。符号学的形式分析与马克思主义的意识形态批判有共同的意义旨归——真实。真实是贯穿意义活动的底线要求，人对于意义的获取、事物呈现的状态、人与意义世界的联系都建基于真实。"意义探究如果完全不考虑真知，或认为这个问题无法讨论，真假本质上难辨，就是取消了意义的最基本立足点，切断了主观与客观的联系。"（赵毅衡，2016，p. 78）符号学作为意义学，立足于对真实的形式分析；马克思主义对于意识形态的分析，也正是通过对虚假的祛魅，揭露了资本主义发展的历史真相。

马克思主义的意识形态理论就是将意识形态视为虚假的观念，"首要内涵就是证明剥削阶级的意识形态总是由一系列抽象的语词、观念和教义构成"（钟户东，2023，p. 9）。在《德意志意识形态》的序言中，马克思指认："人们迄今总是为自己造出关于自己本身、关于自己是何物或应当成为何物的种种虚假观念。他们按照自己关于神、关于模范人等等观念来建立自己的关系。他们头脑的产物就统治他们。他们这些创造者就屈从于自己的创造物。"（中共中央编译局，1960，p. 15）这些观念的创造物，即"神""模范人"都是意义不在场的产物。神本身并不存在，人自己虚构了神的样子供奉，在这里"神"只是一个符号，指向人超越自身的观念。人自己创造的符号反过来支配人，人膜拜自己的创造物，这是马克思有关意识形态的批判，即将意识形态视为"种种虚假观念"。

在 1893 年 7 月 14 日致弗兰茨·梅林的信中，恩格斯延续了这一说法："意识形态是由所谓的思想家通过意识、但是通过虚假的意识完成的过程。……他想象出虚假的或表面的动力。因为这是思维的过程，所以它的内容和形式都是他从纯粹的思维中——或者从他自己的思维中，或者从他的先辈的思维中引出的"（中共中央编译局，2012，p. 642）。这一系列对于意识形态虚假性的认定，肇始于意识形态与现实真理的脱节，马克思主义政治经济学所做的工作，恰是剖析观念产生的现实基础，尤其是经济事实这一决定性基础的作用。

当然，恩格斯也反思了马克思主义在意识形态批判上的不足，即"只是一点还没有谈到，这一点在马克思和我的著作中通常也强调得不够，在这方面我们大家都有相同的过错。这就是说，我们大家首先是把重点放在从基本经济事实中引出政治的、法的和其他意识形态的观念以及以这些观念为中介的行动，而且必须这样做。但是我们这样做的时候为了内容方面而忽视了形式方面，即这些观念等等是由什么样的方式和方法产生的"（2012，p. 642）。这一反思恰突出了马克思主义意识形态批判在形式分析上的欠缺，因此，将意识形态的生成纳入符号过程（semiosis）可以弥补政治经济学在文化分析上的疏漏，而填补这一疏漏恰是马克思主义符号学的任务，即经由形式分析意识形态的产生、传播与解释机制。

事实上，符号始终与意识形态相关联。"一切意识形态的东西都有意义：它代表、表现、替代着在它之外存在着的某个东西，也就是说，它是一个符号。哪里没有符号，哪里就没有意识形态。"（巴赫金，1998，p. 341）在巴赫金看来，意识形态必须要符号来承载，所有符号必然渗透着意识形态。"意识形态领域与符号领域相一致。哪里有符号，哪里就有意识形态。符号的意义属于整个意识形态。"（p. 343）这样就将符号分析纳入整个意识形态批判的论域。符号即意识形态，意识形态即符号，由此延伸出意识形态符号的阶级性问题，这就需要考量使用符号的主体及符号所处的语境。

在巴赫金看来，"符号中反映的存在，不是简单的反映，而是符号的折射"（p. 357）。符号反映存在有一个变形的过程，这一变形不仅反映了符号本体的特征，也引出了符号背后的主体，即谁生产符号、谁传播符号、谁解释符号。巴赫金认为是阶级斗争决定了"符号的折射"，这意味着符号背后的主体决定了符号的意识形态。意识形态由不同的符号构成，代表了不同阶级的"声音"，这些"声音"交杂在一起形成了"社会的多重音性"。

如此，一个清晰的逻辑展现出来：符号领域等于意识形态领域，符号被不同阶级使用，意识形态领域弥漫着阶级斗争。这里廓清了意识形态符号的差异性，也理清了符号与意识形态的关联性。也正是这种关联性与差异性，使得意识形态问题不能简单地用"虚假"来概括。正如马克思主义符号学家G. 克劳斯所总结的，"在阶级社会中意识形态是一个确定阶级的社会观念的总体，意识形态所表达的是这一阶级的历史 – 社会状况和利益"（俞吾金，2009，p. 130），在意识形态领域存在不同阶级，马克思主义所批判的虚假意识形态指的是资产阶级意识形态，而非所有意识形态。

总结来看，马克思主义符号学的建构立足于两种批评范式，即基于符号形式分析展开的马克思主义政治经济学，以及基于符号形式分析展开的意识形态批判。虽然马克思主义符号学这一定名为欧洲学派所倡导，但实质上，自马克思主义思想诞生起，在马克思主义著作内，以及其后的继承思想中，只要是触及以上两种批判范式，并将批判范式应用于由资本主义制度衍生的符号问题研究，都可以统摄在马克思主义符号学的思想谱系中。

结　语

马克思主义符号学不只是文本形式分析的方法论（傅其林，2018，p. 34），更重要的是，它同样立足总体性视域关注人的主体性、人与人的关系，以及人的未来命运。马克思主义指出："一切所有制关系都经历了经常的历史更替、经常的历史变更。"（马克思、恩格斯，2014，p. 42）这意味着，人与物的关系始终处于动态历史中，"资本不是一种个人力量，而是一种社会力量"（p.43）。换言之，对资本的反思需要放置在人与人的关系中考量，"人们的意识，随着人们的生活条件、人们的社会关系、人们的社会存在的改变而改变"（p.48）。由此可知，人的主体性正是在主体间性与社会语境中生成与变化的。

与之相较，符号学与马克思主义在精神上至为契合。符号学从形式意义角度指出："每个思想必须与其他思想对话……思想永远以对话的形式展开——自我的不同阶段之间的对话——这样，对话性本质上就是由符号组成。"（Peirce，1931—1958，p.253）如此，人的主体性本质上是符号性的，主体间性也是基于符号展开的。"社群也不可能有限，它必须延伸至人类的所有种族，而我们与他们形成直接或间接的知性关系。"（p.654）意义世界将人类全部关联其中，每个主体的利益与全部人类命运相关。

马克思主义与符号学从不同角度出发达成了视域融合，形式意义论与历史唯物主义一道，真正实现了相互补充与共同支撑的理论效用。符号泛滥的文化现实，符号增殖的经济状况，符号真实的视觉混淆，符号人工智能的技术潜能，种种当代现实，都有待马克思主义符号学予以阐释与回应，从而继续激活马克思主义理论的生命力。

引用文献：

巴赫金（1998）. 巴赫金全集（第二卷）（钱中文等，译）. 石家庄：河北教育出版社.

傅其林（2015）. 中国马克思主义文学理论的符号学维度审思. 南京社会科学，8，16-21.

傅其林（2018）. 东欧马克思主义美学的理论形态及其启示. 文学评论，1，30-36.

杰姆逊（1997）. 后现代主义与文化理论（唐小兵，译）. 北京：北京大学出版社.

卢卡奇（1999）. 历史与阶级意识——关于马克思主义辩证法的研究（杜章智、任立、燕宏远，译）. 北京：商务印书馆.

马克思，卡尔（2004）. 资本论（第一卷）（中共中央编译局，译）. 北京：人民出版社.

马克思，恩格斯（2014）. 共产党宣言（中共中央编译局，译）. 北京：人民出版社.

皮尔斯，C. S.（2014）. 皮尔斯：论符号（赵星植，译）. 成都：四川大学出版社.

唐小林（2020）. 创新文论话语体系——构建当代中国的马克思主义符号学文论. 天津外国语大学学报，2，1-12.

西姆，斯图亚特（2011）. 后马克思主义思想史（吕增奎，陈红，译）. 南京：江苏人民出版社.

俞吾金（2009）. 意识形态论. 北京：人民出版社.

赵毅衡（2009）. 符号学文化研究：现状与未来趋势. 西南民族大学学报（人文社科版），

12，169－172.

赵毅衡（2012）. 符号学. 南京：南京大学出版社.

赵毅衡（2016）. 真知与符号现象学. 华中师范大学学报（人文社会科学版），2，78－84.

赵毅衡（2018）. 符号学作为一种形式文化理论：四十年发展回顾. 文学评论，2018，6，
146－155.

张碧（2022）. 社会实践活动中的符号属性——洛塞－郎蒂的马克思主义符号学思想及方
法. 西北大学学报（哲学社会科学版），1，130－136.

张碧，唐小林（编）.（2016）. 欧洲马克思主义符号学派. 成都：四川大学出版社.

张一兵（2009）. 反鲍德里亚———一个后现代学术神话的去魅. 学术月刊，4，27－33.

张一兵，胡大平，张亮（2004）. 中国西方马克思主义哲学研究的逻辑转换. 中国社会科
学，6，64－70.

中共中央编译局（1960）. 马克思恩格斯全集（第三卷）. 北京：人民出版社.

中共中央编译局（2012）. 马克思恩格斯选集（第四卷）. 北京：人民出版社.

钟启东（2023）.《1844 年经济学哲学手稿》的意识形态思想. 福建师范大学学报（哲学
社会科学版），3，1－10.

Bergesen, A.（1993）. The Rise of Semiotic Marxism, *Sociological Perspectives*, 36(1)，1－22.

Jameson, F.（1998）. Marxism and the Historicity of Theory：An Interview with Fredric Jameson,
New Literary History, 29(3)，353－383.

Peirce, C. S.（1931－1958）. *Collected Papers*. Cambridge, Mass：Harvard University Press.

Pertrilli, S. , & Ponzio, A.（2012）. Semantics and Critique of Political Economy in Adam Shaff,
Semiotica,189(9)，133－168.

Ponzio, A.（2014）. The Semiotics of Karl Marx, *Chinese Semiotic Studies*,10(2)，195－214.

Trifonas, P. P.（Ed.）（2015）. *International Handbook of Semiotics*. Dordrecht：Springer.

作者简介：

陈文斌，电子科技大学外国语学院副教授，研究方向为马克思主义符号学。

Author:

Chen Wenbin, associate professor, College of Foreign Languages, University of Electronic
Science and Technology. His research field is Marxist Semiotics.

Email: dgsycwb@163.com

哲学符号学 ● ● ● ● ●

"道"与"在"：关于海德格尔语言本体论的符号学反思

张 杰 余红兵

摘 要：海德格尔的语言本体论从真理存在的方式切入，通过语言表征的"遮蔽"与"去蔽"的关系，力求让真理在语言的表述中"敞开"。然而，他的语言本体论依然沿着探索真理的传统路径，试图解决无法解决的问题，没能让语言脱离表征危机。如果从老庄的道家学说出发，与通常的真理探索之路相反，返回自然，打破固有体系和现存观念的束缚，也许能够更接近包含所谓真理在内的"道"，让语言的本质和真理能够更加自由地"在"。本文从对真理存在的质疑、意义的自反生成和言说的间离作用三个方面，来反思海德格尔的语言本体论，以期把语言存在研究引向深入。

关键词：海德格尔，语言本体论，道言观，精神文化符号学

"Dao" and "Being": A Semiotic Reflection on Martin Heidegger's Linguistic Ontology

Zhang Jie Yu Hongbing

Abstract: Martin Heidegger's linguistic ontology starts with an exploration of the manner in which truth exists, aiming to reveal the truth in linguistic representation through the relationship between "concealment" and "unconcealment". However, his linguistic ontology continues to follow the conventional path of exploring truth and attempts to solve unsolvable problems without liberating language from the crisis of representation. Departing from the Daoist philosophy of Laozi, in contrast to the conventional path of exploring truth, the return to nature, which breaks free from the constraints of inherent systems and existing concepts, may bring us closer to the "Dao", encompassing what has often been referred to as truth. This approach might allow the essence of language and truth to manifest more freely. The present paper critically reflects on Heidegger's linguistic ontology from three perspectives: the questionable existence of absolute truth, the paradoxical nature of meaning generation, and the distancing effect of discourse. The aim is to lead research on the being of language towards a deeper understanding.

Keywords: Heidegger, linguistic ontology, views of Dao and language, cultural semiotics of *Jingshen*

DOI: 10. 13760/ b. cnki. sam. 202402005

对知识乃至真理的求索，可谓人类文明发展的基础，而科学研究似乎也就是在这个求索的道路上不断前行。然而，当代符号学告诉我们：任何知识都取决于它们的符号媒介种类，即"知识与其表征方式不可区分"（Sebeok & Danesi，2000，p. 11），这注定了人类对于所谓真理只可能无限接近，而无法最终企及。在科学与人文的研究中，一个结论得出之后可能会遮蔽其他的意义生成，直到被新的认识否定，继而再开始新的遮蔽，难以尽之。两千多年前，庄子就曾指出这个困境："吾生也有涯，而知也无涯。以有涯随无涯，殆已。"（王先谦，楼宇烈，2013，p. 36）因此，我们不禁要问：人类的探索之路是否还存在着其他方向的可能性？在不断积累知识和求索真理的同时，我们是否可以改变路径，反其道而行之，打破现存知识、伦理和思维模式的限制，重新思考真理存在的问题？

"破"比"立"的道路要更加坎坷曲折，但在这方面，古今中外不乏其人。本文选择谈其中一个特别的代表人物，那就是德国哲学家马丁·海德格尔（Martin Heidegger，1889—1976）。这位思想家之所以特别，主要在于他所主张的一种特殊的语言本体论。海德格尔从真理存在的方式切入，通过语言表征的"遮蔽"与"去蔽"的关系，力求让真理在语言符号的表述中"敞开"，因为"语言是一种敞开，特别是诗性语言"（希尔贝克，2016，p. 638）。这也就是海德格尔语言本体论的核心思想。相较于其他的语言观，海德格尔的语言观是了不起的，他在语言表征功能之外，试图诗意地传达根本的东西，即本真（希尔贝克，2016，p. 639）。然而，这位诗性哲学家的语言本体论，并没有让语言脱离表征危机，因为他在根本上所因循的仍是"主体认识客体"的老路。

在我们看来，一切被认知的客体对象也是具有生命力的主体，甚至能够先于作为主体的人发出信息（张杰，余红兵，2021，p. 10）。认知客体与认知主体之间的关系是互动的，难以用简单的肯定句来表述。真理也很难是独立于人、恒久不变的实体。也许从老庄的道家学说出发，与通常的真理探索之路相反，而返回自然本身，打破固有体系和现存观念的束缚，才能够更接近包含变动不居的真理在内的"道"，让语言的特质和真理更加自由地"在"。基于这些考虑，本文将从对真理存在的质疑、意义的自反生成和言说的间离作用三个方面，来反思海德格尔的语言本体论，以期把语言存在的研究乃至真理的探索引向深入。

一、"道"与"问"：对"真理存在"的质疑

"真理"存在的方式问题，是海德格尔语言本体论主要探讨的问题。海德格尔一直视语言为一种"缘在"（Dasein）[①]。从1934年起，海德格尔把这种"缘在"更进一步阐释为一种自身缘构（Ereignis），"即一切真实的存在都是在相互引发中成为自身和保持住自身的。语言与在也是在这种缘构中获得自身的"（张祥龙，2001，p. 248）。有趣的是，海德格尔的语言观是在与道家思想的对话中不断完善的。他在《论真理的本性》的初稿（1943）中就引用过《道德经》第二十八章中的"知其白，守其黑"，也就是"真理永远离不开非真理，光亮永远以黑暗为前提和根源"。虽然在正式出版时，他因不能够用中文来阅读老子的论述而删去了这段话，但这种思想一直影响着他。这位德国哲学家正是在与老子道言观对话的基础上，把语言作为一种独立存在的本体、自身相互作用的关系网，而并非只是一种作为交流手段的符号系统。

---

① 关于 Dasein 的汉译，我们认为张祥龙（2002）的"缘在"较为精到。

海德格尔后来在《在通向语言的途中》一书中，就阐释了自己对"道"的理解："老子的诗意运思的引导词语叫做'道'（Tao），'根本上'就意味着道路。"（2020，p. 191）但如此理解，似乎并不适合"道"的内涵，并不令海德格尔满意。他又指出："因此，人们把'道'翻译为理性、精神、理由、意义、逻各斯等。"（p. 191）再经过概念上的调和，海德格尔得出："'道'或许就是为一切开辟道路的道路，由之而来，我们才能去思理性、精神、理由、意义、逻各斯等根本上也即凭它们的本质所要道说的东西。也许在'道路'、'道'这个词中隐藏着运思之道的一切神秘的神秘，如果我们让这一名称回复到它的未被说出状态之中而且能够这样做的话。"（p. 191）由此看来，海德格尔对"道"的理解至少有两层含义：一是道理，即构成真理的理性、精神、理由、意义、逻各斯等；二是通往真理之路的道路。他在《在通向语言的途中》一书中的相关论述，也正是从这两个维度展开的。前者决定了他的语言本体论必然从存在之维揭示语言的本质，而后者则使他经由"敞开"之视角，探索通往语言之径，且"永远在路上"。一言蔽之，就是"在语言与存在的联系中对语言作形而上学的思考"（p. 91）。

与中国古代哲学的深度渊源，可能是理解海德格尔语言本体论的关键。关于中国古代哲学传统中的"道"与真理，张祥龙（2022，p. 162）曾有精彩洞见："认识真理主要不是克服主客异质而达到普遍必然性的问题，而是一些动态的问题。也就是要在有无相交缠的生成之处来理解、对付、预知生成变化的结构、趋向、节奏和样式。"海德格尔与道家学说结缘数十载，在1946年夏甚至与中国翻译家萧师毅一起翻译《老子》，想必清楚这一点。他自己的语言本体论，无疑受到了老子道论的影响。老子名言："道可道，非常道。"（王弼，楼宇烈，2016，p. 1）"道"是说不明白的，因此海德格尔的语言本体论，可能并非要阐释语言的概念或定义，而是想让语言的本质呈现出来，即"在"，从而使"道"也"在"："我们必须倾听语言，这样，根本的东西就会对我们言说。"（希尔贝克，2016，p. 638）

在一定程度上，海德格尔是领会了老子的道论的，包括"人法地，地法天，天法道，道法自然"（王弼，楼宇烈，2016，p. 64）。虽然无法通过语言说明"道"，但"道"是依从自然的。因此，海德格尔以"去蔽"的方式，尝试消除言说的各种"遮蔽"的可能性，让所言说对象能够尽可能处于自然状态。然而，任何以"去蔽"的表达方式来消除语言的"遮蔽"现象的企图，都是难以真正实现的。对此，海德格尔本人也十分清楚："作为这样一种存在论意义上的构成域，语言无法再被还原到任何存在者，不管它是符号系统、观念表达，还是交流活动。"（张祥龙，2001，p. 249）更不用说，世界上任何关于语言的知识或规律，都不可能是永久恒定不变的，更不可能是超越时空变化的固定组合，只能是一种变动不居的意义衍生机制。换句话说，"语言"应作动词解，即"语言活动"或"语动"（languaging）（Cowley，2019），它更可能是主体选择意义，从而构建其直接经历的意义现实的构义仪式（余红兵，2024b）。

从方法论来看，海德格尔的语言本体论与传统的语言工具论的研究模式还是基本一致的，都是在揭示语言的本质，只不过前者是围绕"遮蔽"（黑暗，即非真理）与"去蔽"（去黑）的"敞开"（显白，即真理），尝试显示语言的存在本质，而后者一般则是把语言视为人类交流的工具。两者均是按照"获取"知识与真理的模式展开的，也是长期以来学界研究语言的主要思路。此外，海德格尔的"敞开"超过了一定的度，即没有还原语言的自然状态，而是采取了自然科学的研究方法，深入剖析语言的"自身缘构"。这样必然会导致语言丧失自己的形态，就如同一个人本来是一个独一无二、具有审美感的自然生命体，经过科学仪器拍了张 X 光片，反而丢失了自我，也就并非原本真实的存在了。海德格尔的初心是呈现语言的存在本质，却因此走向了反面。

应该充分肯定的是，海德格尔"并不想把语言之本质归结为某个概念，以便从这个概念中获得一个普遍有用的满足一切表象活动的语言观点"（2020，p. 2）。他认为："语言之为语言如何成其本质？我们答曰：语言说话。"（p. 2）"在这条通向说话意义上的语言的道路乃是作为道说（Sage）的语言。……道说即显示。"（pp. 256 – 257）显然，海德格尔突显了语言作为独立存在其自身的主体性，而并非人的心灵表达的工具。然而，这条语言存在本质的探讨之径或许值得重新思考，其通往语言"敞开"的道路可能还是产生了方向性的错误。既然绝对客观的真理无法企及，那么是否应该反其道而行之？放在精神文化符号学的视域，所谓"语言""真理""道"，其实都不是第一位的，处于第一位的是自然（张杰，余红兵，2023）。关于自然，应该采取尽可能维护其原样的方式来看待，也就是返回自然形态，而不只是用科学分析的透视方法来探究。然而，究竟应该如何返回自然呢？既然科学剖析不能够维护原样，肯定句式的语言表述又会导致"遮蔽"现象，那么是否应该用疑问的方式，通过不断的提问和对现存理论或曰"真理存在"的质疑，来推进包括语言研究在内的探索呢？

人类的认识是在不断更新所提出问题的基础之上前进的。比如，古希腊罗马哲学探讨的主要问题是"世界的本质是什么?"这个思路放在语言上,就变成了问"语言的本质是什么?"各个语言学流派几乎都围绕这一问题展开了讨论。始自笛卡尔经由康德的"认识论转向",又使得很多人认识到所谓"本质"是无法企及的,因此问题改为了"认识世界何以可能?"放在语言上,"如何认识语言?"就成为语言学研究的新重点,并由此引生了新的理论流派和研究方法。进入20世纪,人们又发现,任何认识无一例外,都是通过语言表述来实现的,因此发生了"语言学转向",问题又变成了"怎样用语言来表述我们对世界本质的认识?"到了20世纪后半期,人们又开始意识到,语言可以被视为文化实践。任何语言表述似乎都离不开文化权力场,因此出现了"文化哲学转向",问题又转变为"在怎样的文化语境下表述所知晓的世界本质?"对语言本质的探讨也是在这些转向中不断更新和前进的。任何以"语言的真理存在"为目标的探索,都是在对前人结论的质疑中不断发现问题,提出问题,得出新回答和新方案。解决问题不是为了终结探索,而是为了提出下一个问题,是新的探索的开始。换句话说,对语言之"道"的持续寻求,使语言之"问"不断出现,这是研究的必然(无论是所谓"科学"还是所谓"人文")。

二、"道"与"意":意义的自反生成

在当今主流语言学界,语言被广泛视为一种符号运作机制,或内在或外在,争议不休,但在一定程度上有一点是相通的,那就是语言是类似于棋类游戏的结构系统,而意义的生成就是这一系统运行的结果。在海德格尔那里,该系统不仅是人用以交流的工具和符号系统,更是一种"自身缘构",即"原本的、纯显现的存在论域或发生境域"(张祥龙,2001,p. 259)。这里至少存在两层含义:一是缘构之源,即信息本源的拥有者和发生者;二是两个对立面互动的内在机制。不妨认为,这是海德格尔的语言之"道"。张祥龙(p. 259)指出:"这道与最根本的实在('存在本身'、'至道')是一而二、二而一的相互引发的构成关系。海德格尔称之为'Ereignis'(自身缘构)。在道家则是通过'反者,道之动'的种种方式而显现,比如'阴阳相冲'、'有无相生'……"

诚然,海德格尔语言本体观的形成,明显受到了来自西方和东方两个不同文化领域思想的影响。但需要指出的是,他作为一个德国思想家,首先是生长在西方的知识话语语境中的,他的语言哲学思想不可避免地打上了西方

哲学传统的深刻烙印。可以说，海德格尔主要采取的是西方哲学的思维范式，试图通过语言言说的"敞开"来呈现意义。换句话说，就是以体系内部的"遮蔽"与"去蔽"的关系，来实现语言意义生成的多元。其语言本体论就建立在认识存在的基础之上，尝试构建以揭示真理为目标的知识体系。这一体系的基础，在很大程度上来自索绪尔的共时性语言学，即意义取决于语言体系内部的关系。

但正如爱沙尼亚哲学家列昂尼德·纳乌莫维奇·斯托罗维奇（Леонид Наумович Столович，1929—2013）在《俄罗斯哲学史》一书中所强调的，西方哲学的特征与东方（包括俄罗斯）哲学不同。前者是一种知识理论，以认识论为特征，后者则以艺术审美和宗教信仰为基础（Столович，2005）。著名哲学家索洛维约夫在《完整知识的哲学原理》（*Философские начала цельного знания*，1877）中也曾明确指出，西方哲学采取的是一分为二、二元对立的思维模式，在"理性与经验"的对峙中来认识世界，而且把人类的真理探索划分为哲学社会科学与自然科学。这肯定是明显不足的，甚至会导致西方哲学陷入科学实证主义的危机，根本无法触及"万物统一"的"完整知识"。"完整知识"应该是三位一体的，在哲学社会科学和自然科学之间应该加入"神学"，即研究精神的学科。"只有这样的综合，才能囊括知识的完整真理。舍此，则科学、哲学和神学只能是知识的个别部分，即被割下来的知识器官，因此和真正的完整真理毫无共同之处。"（索洛维约夫，2000，p. 195）当代俄罗斯知名学者伊·阿·叶萨乌洛夫在《俄罗斯经典：新理解》一书的序言中也指出："在当代人文学科中，对待研究客体的基本态度可以分为两种：针对研究对象的这种或那种的外部阐释，以及对于现象所需要的内部理解。'研究'绝对不是'理解'。如果说'研究'既存在于人文学科，也存在于非人文学科，那么理解就是'精神学科'所特有的"；"一般对待客体对象持两种态度：'物体''个性'。与此相对应的前者是'自然的科学属性'，主要是知识的独白形式，后者则是认识的对话积极性，前者是规律，后者是精神"。（Есаулов，2017，p. 7）从学科的方法论来看，海德格尔虽是诗性哲学家，但仍以"科学研究"的态度，把语言作为对象，而并非从"人类精神"的关键视角来理解语言。

涉及人类之精神，我们的研究对象便不再是"一个个没有生命力的'个体'，而是活生生的'个性'。任何试图给符号以确定意义的研究都是在约束作为'个性'的符号自由"（张杰，余红兵，2021，p. 10）。意义的生成除了体现为人类符号表征体系的运行，更主要的是来自自然，即源自自然的作用。

人作为认知主体，是本然的阐释性动物，但并非完全独立的认知行为发出者，而自然正是认知行为的始作俑者。如果没有南北极冰山的融化、臭氧空洞的形成等大自然发出的信息供人类作为阐释的对象，人类也许还不会主动去保护自然生态。而且，任何意义的产生，都会生成与自身意义相反的意义，即意义的"自反生成"。《道德经》曰："反者，道之动。"（王弼，楼宇烈，2016，p. 110）这里的"反"字体现的是一种逆向的因果结构，老子把它视为"道"的原动力以及运行的方式。

在海德格尔那里，意义的自反生成还只是在语言系统内部。受老子道言观的影响，海德格尔认为"语言之本质现身乃是作为道示的道说"（2020，p. 253）。在海德格尔看来，"道说（Sagen）与说话（Sprechen）不是一回事。某人能说话，滔滔不绝地说话，但概无道说。与之相反，某人沉默无语，他不说话，但却能在不说中道说许多。"（p. 251）这种道说是先于任何二元本体论和认识论的，也正因为如此，语言并非人的一种简单话语表达，而是一种先于人的表达的自我存在结构。"自身缘构"的提出，其实就是要避免概念表象或具体言语的"遮蔽"，从而达到至道的"敞开"境界。语言在缘构中摆动，以此形成动态的意义。不过，海德格尔所说的"自身缘构"还是在自我层面意义上的，即同一层次上的正反对话衍生意义，让对话来消解语言的"遮蔽"现象。换句话说，海德格尔是通过对话互动，在意义的不确定中，通过"去蔽"的方式，来避免可能出现的"误读"，从而尝试与道家的"道不可言"相通。

其实，"道不可言"即便在道家思想中也有不同理解。无论是老子还是庄子，均认为道是无限的、超越一切的，不能够用有限的语言去把握无限的"道"。但在庄子看来，"道不可言"并非"道"与"言"的绝对对立，更不只是语言体系内部语法、词汇和发音所形成的并由此可能导致的表意"遮蔽"现象。反而是在语言体系外部，使用语言交流之人的自负，才是造成"遮蔽"或"误读"的最大原因。颜世安在《游世与自然生活》（2022，p. 294）中指出："庄子其实并非真的认为道不可言，并非真的认为道与言绝对对立，道的特征像禁忌一样不可以用语言冒犯。庄子实际上是认为语言表述中通常会有的确定与自负的态度，才是要害。"

海德格尔的语言观主要是在与老子交流，而庄子最终提出的言道方式，是老子《道德经》并没有特别强调的。在老子那里，"道可道，非常道"还只是语言表达的问题，即语言观；在庄子这里，这已经是一种世界观的问题，关系到对待世界的态度。人类只有克服自身的自以为是，瓦解现存的知识体系和社会伦理观念，才能够真正做到"去蔽"和面向未来，实现语言言说的"敞开"。人类已经获得的知识虽然是通向真理的基础，但同时也会限制人的思维，捆绑人的手脚，只有不断突破这些理论、观念和实践的束缚，人类社会才可能进步。今天的社会无疑是新社会，相较过去的旧社会而言，肯定是发展了，但是对于明天的社会来说，它确实又是需要进一步创新和发展的。

这种克服自我①的"去蔽"实际上存在两条道路，一条是知识积累的真理探索之径，即在原有知识的基础上破旧立新；另一条则是逆向而行的返回自然之路，即摆脱现存社会伦理观念和研究束缚的羁绊。这两条路径都要尽量避免用肯定叙述的终极断定，而应主要采用不断提问的方式，来推进人类之文明。以知识和真理为目标的探求，也应该以克服人的自负和回归自然为目的，这样才能把语言言说由意义的确定和传输，转变为"意义的释放"。在这里，意义自反生成和"遮蔽"与"去蔽"的关系，已经不仅是一个语言的问题，也是研究立场和研究方法的问题，更是人类思维方式的关键转变。从这一点来看，海德格尔所提出的语言本体论的局限是明显的。不过，这位卓越的思想家并没有把自己的研究视为确定的真理。正如他的专著名称一样，海德格尔的语言本体论，也是一个永恒的探索过程，"在通向语言的途中"：永远在路上，而这条路是难有尽头的。

三、"道"与"言"：言说的间离作用

既然突破语言工具论的限制是一种可能，那么语言作为一个具有主体性的存在或曰"自身缘构"，其言说功能和本质特征当然值得人们的关注。海德格尔曾经在《关于人道主义的书信》中承认自己"曾经把语言命名为'存在之家'"（2020，p. 253）。后来他在论及语言的本质时指出："就其本质而言，语言既不是表达，也不是人的一种活动。语言说话。我们现在是在诗歌中寻找语言之说话。可见，我们所寻找的东西就在所说之话的诗意因素（das Dichterische）之中。"（p. 269）因此，学界通常把海德格尔对语言的认识归结为：语言的本质是"诗意的"和"存在之家"。

这种概括和归纳无疑是有依据的，因为能够用海德格尔本人的论述来加以佐证。然而，这里就出现了一个悖论：海德格尔本人为了让语言的意义"敞开"，避免可能出现的"遮蔽"现象，是反对给予任何概念和意义以确定

---

① 这与王阳明所言的"去人欲，存天理"也是高度相通的，参见邓艾民（2021，p. 32，p. 40）。

性表述的，他怎么会在语言本质的问题上自相矛盾呢？其实，学界对海德格尔语言观的定性，从来就没有得到过这位哲学家本人的认可，他使用"诗意因素"和"存在之家"的说法，恰恰是为了避免对语言的本质做出任何确定的评价。海德格尔在与一位日本采访者对话时，就明确解释道："不，我所指的绝不是这种概念化。哪怕是'存在之家'这个说法也没有提供出关于语言之本质的任何概念。"（2020，p. 109）

那么"诗意因素"和"存在之家"究竟是如何帮助海德格尔既避免了语言本质定义的"遮蔽"，又给出了对语言认知的意义表征呢？我们还是需要回到老子。《道德经》开宗明义："道可道，非常道。名可名，非常名。"海德格尔对此非常清楚，"道"和"名"都是无法定义的，甚至很难用语言表述，否则他就不会提出关于"遮蔽"与"去蔽"的语言表述问题了。

从发生学的角度来看，语言不可能产生于人类之前，而是伴随着人类自身的逐渐完善而形成的。然而，语言一旦形成，在任何一个人出生之前，无论是作为思维的方式，还是文明的载体，就都已经存在了。语言就如同一个牢笼，一张无形的大网，会牢牢地控制使用这一语言的每一个人。甚至当人还在母腹之中时，这种语言的影响就已经开始了，恐怕胎教就是基于这种认识吧。当一个人慢慢长大，能够自如地使用语言交际时，在现实生活中他往往是很难感受到语言存在的。因为语言的意义自动生成机制，让人可以直接知晓所表征对象的意义。只有在以诗性为主要特征的文学语言中，人们才能够感受到语言的言说功能。这样一来，语言的言说功能和语言本质的体现，并非突显在日常生活的语言之中，而只能是在以诗歌为代表的文学语言之中。"在诗歌中，我们所说的东西较不重要。关键是对一种特别的情绪的传达，作为对通向存在的某种在的方式的揭示。"（希尔贝克，2016，p. 638）

显然，诗的语言让语言表述与所描绘对象之间产生了审美感知的距离，可以避免语言自身具有的意义自动转换，也就在读者与事实之间生成了艺术的间离效果。这就是说，诗性语言的非功利性和艺术的间离作用，过滤了语言现实表征的实用性和利害关系，读者作为天然的阐释主体，也因此可以在这个"存在之家"中自主地各取所需。这里既不需要顾虑社会现存的伦理道德约束，也不必顾及意识形态权力话语的干涉，更不必把自我与作品中间的人物对位，文中的意义因此自由地释放出来。这时，语言的本质就易于感知，从而很难被"遮蔽"了。海德格尔的"诗意"和"存在之家"就是以"敞开"的方式，让语言的本质以可以感知的艺术方式，呈现在语言交流者面前，而并非是在阐释语言的定义。

海德格尔《在通向语言的途中》（2020，p.7）明确写道："如若我们一定要在所说之话中寻求语言之说，我最好是去寻找一种纯粹所说……纯粹所说乃是诗歌。"接着，他以特拉克尔的诗歌《冬夜》为例，阐明这首诗的标题"冬夜"并非特指某时某地的某个真实冬夜，而是以独特形象显示语言存在本质的特殊美。囿于篇幅，本文在这里仅引用海德格尔对该诗前四句的分析。

"雪花在窗外轻轻拂扬，晚祷的钟声悠悠鸣响，屋子已准备完好，餐桌上为众人摆下了盛筵。"在海德格尔看来，语言是存在之家，前两句诗所命名的"雪花、钟声、窗户、降落、鸣响等"，"并不是分贴标签，运用词语，而是召唤入词语之中。命名在召唤。这种召唤把所召唤的东西带到近旁"。"召唤入自身，而且因此总是往返不息——这边入于在场，那边入于不在场。""落雪把人带入暮色苍茫的天空下。晚祷钟声的鸣响把终有一死的人带到神面前。屋子和桌子把人与大地结合起来。这些被命名的物，也即被召唤的物，把天、地、人、神四方聚集于自身。""在命名中，获得命名的物被召唤入它们的物化之中了。物化之际，物展开着世界；物在世界中逗留，因而向来就是逗留之物。物由于物化而分解世界。""物化之际，物才是物。物化之际，物才实现世界。"（2020，pp.12-14）显然，海德格尔在这里说的"物化"就是语言言说的命名，也就是明确指出，在诗歌语言中才能够感觉到语言的存在。语言意义的释放似乎也只有在文学创作之中才能够高度实现。当一般的现实生活走到了尽头，文学就出现了。文学表征以其自身特有的超现实性的"召唤"，给予读者最大的自由，进入"存在之家"去自由驰骋，从而感受到文学语言对现实生活之"间离"，或曰构建符号性的现实维度（余红兵，2024a；Yu，2024）。语言的本质也由此显现出来，这也是海德格尔语言本体论反复强调的"语言说话"。

需要承认，海德格尔的语言本体论思想以揭示真理存在为目标，借鉴了道家学说的精髓，开辟了一条至今对语言学影响深刻的独特之径。从精神文化符号学来看，如果要进一步拓展海德格尔的相关理论，真正实现"道"（包括语言之"道"）的敞开，让语言切实地"在"，至少可以从三个方面加以深化。其一，从"道"与"问"的立场出发，质疑现存的语言学理论和定义，采取返回自然的探索之路，通过不断的提问及其更新来打破束缚、解放思想。其二，应该把语言言说的对象作为活生生的"个性"，即认知行为的发出者，从反向认知的角度，深挖"道"与"意"之间的联系，将语言学研究由确定意义的思维范式转向意义释放。其三，充分发掘"道"与"言"的互动意义生成机制，在文学语言的"间离"作用之中，探知语言作为独立存在的表达方式。

人类探索真理的道路多元复杂，难有止境，任何结论迟早都会被替代或更新。不仅海德格尔的语言本体论如此，本文观点论述展开之时，也是一种意义自反的开始。或许，学术研究的价值就不在于肯定，而在于不断否定。然而，自我否定应比"自以为是"要前进一步。这不仅和庄子的道言观相通，也应该和海德格尔关于"遮蔽"与"去蔽"之间博弈的"敞开"异曲同工吧？

引用文献：

邓艾民（注）（2021）. 传习录注疏. 上海：上海古籍出版社.

海德格尔（2020）. 在通向语言的途中（孙周兴，译）. 北京：商务印书馆.

索洛维约夫，弗·谢（2000）. 西方哲学的危机（李树柏，译）. 杭州：浙江人民出版社.

王弼（注），楼宇烈（校释）（2016）. 老子道德经注校释. 北京：中华书局.

王先谦（集解），方勇（校点）（2013）. 庄子. 上海：上海古籍出版社.

希尔贝克，吉列尔（2016）. 西方哲学史：从古希腊到当下（童世俊，郁振华，刘进，译）. 上海：上海译文出版社.

颜世安（2022）. 游世与自然生活：庄子评传. 长沙：湖南人民出版社.

余红兵（2024a）. 生命的悲剧意识：关于"苦"的符号学漫谈. 文化艺术研究，1，38－44.

余红兵（2024b）. 语言活动的仪式性：一次语言符号学的冒险. 英语研究，2，待刊.

张杰，余红兵（2021）. 反思与建构：关于精神文化符号学的几点设想. 符号与传媒，22，1－13.

张杰，余红兵（2023）. 反向认知：自然主体论的思维范式阐释. 外语与外语教学，3，43－52.

张祥龙（2001）. 从现象学到孔夫子. 北京：商务印书馆.

张祥龙（2002）. "Dasein"的含义与释名（"缘在"）——理解海德格尔《存在与时间》的线索. 普门学报，7，1－15.

张祥龙（2009）. 海德格尔与中国哲学：事实、评估和可能. 哲学研究，8，65－76.

张祥龙（2022）. 中西印哲学导论. 北京：北京大学出版社.

Столович, Л. Н. (2005). *История русской философии*. М.: Республика.

Есаулов, И. А. (2017). *Русская классика: новое понимание*. 3－е изд., испр. и доп. СПб.: Изд. РХГА.

Cowley, S. J. (2019). Languaging Evolved: A Distributed Perspective. *Chinese Semiotic Studies*, 15 (4), 461－482.

Sebeok，T. A. & Danesi，M.（2000）. *The Forms of Meaning: Modeling Systems Theory and Semiotic Analysis*. Berlin：Mouton de Gruyter.

Yu，H.（2024）. The Peculiar Case of Danger Modeling：Meaning-Generation，in Three Dimensions. In Alexei A. Sharov & George E. Mikhailovsky（Eds.），*Pathways to the Origin and Evolution of Meanings in the Universe*，363 – 376. Beverly：Scrivener Publishing LLC.

作者简介：

张杰，南京师范大学外国语学院二级教授，主要研究领域为符号学与外国文学。

余红兵（通讯作者），南京师范大学特聘研究员，多伦多都市大学人文学院副教授，主要研究领域为文化符号学、比较哲学与认知。

Authors:

Zhang Jie, senior professor in the School of Foreign Languages at Nanjing Normal University. His primary research areas include semiotics and foreign literatures.

Email: z-jie1016@ hotmail. com

Yu Hongbing（corresponding author），distinguished research fellow at Nanjing Normal University, associate professor in the Faculty of Arts at Toronto Metropolitan University. His main research areas include cultural semiotics, comparative philosophy, and cognition.

Email: hongbing@ torontomu. ca

"形式"与"内容"的符号学重审

——一种基于理据性的循环形式论*

马翾昂

摘 要：作为一对哲学范畴，"形式"与"内容"在文学与艺术研究中产生了巨大影响，但长期存在争议。本文从皮尔斯的深度－广度论出发，为该问题提供一种基于理据性的循环形式论方案。"形式"可理解为客体被对象化的方式，"内容"则是在意指链条中与形式相比理据性程度较低的另一形式，或所有前位形式的集合。内容之"深度"体现在对形式予以解释过程中的理据性回落，而形式之"广度"则体现在对内容不断对象化过程中的理据性提升。在此理解下，形式研究便成为一种符号理据研究，日常用语中由理据性错位导致的对形式的误解也能得到澄清。

关键词：形式，内容，理据性，符号学，循环形式论

The Semiotic Retrial of Form and Content: A Circular Formalism Based on Motivation

Ma Xuanang

Abstract: As a pair of philosophical categories, "form" and "content" have had a great impact on the study of literature and art, but they have long been controversial. Starting from Peirce's depth-breadth theory, this article proposes a circular formalism based on motivation. "Form" can

---

* 本文为国家社科基金重大招标项目"当代艺术提出的重要美学问题研究"（20ZD049）、国家社科基金重大招标项目"中华文化经典符号谱系整理与数字人文传播研究"（238ZD212）阶段性成果。

be understood as how an object is objectified, and "content" is another form with relatively weak motivation that is in the same chain of signifying, or the collection of all former forms. Thus, the "depth" of the content is reflected in the decrease of motivation in the process of interpreting the form, while the "breadth" of the form is reflected in the increase of motivation in the process of objectifying the content. Thus, the study of form becomes a study of semiotic motivation, and the stigmatisation of form caused by displacement motivation in everyday language can be clarified and renamed.

Keywords: form, content, motivation, semiotics, circular formalism

DOI: 10.13760/b.cnki.sam.202402006

"形式"（form）和"内容"（content）是一对源于黑格尔辩证法的重要哲学、文艺学和美学范畴。黑格尔在《美学》中，将美看作理性理念的感性显现，而内容正是其所说的理念。理念在逻辑上具有优先性，"它本身就已包含它采取什么显现方式所依据的原则，因此它本身就是使自己显现为自由形象的过程"（1979，pp.93-94）。因而，作为理念的内容对作为自由形象的形式起着决定作用。这对范畴的关系引发了旷日持久的争论。德国学者帕特的"内形式-外形式"说、俄国形式主义学者什克洛夫斯基的"材料-形式"说、美国新批评学派的"构架-肌质"说、苏联学者维戈茨基的"形式消灭内容"说等均从不同角度予以反驳。美术家吴冠中于1981年发表《内容决定形式?》一文，吸引了六七十位艺术家、美术理论家和美学家展开长达五年之久的争论（王晓玲，2006，p.61），此后国内学界在充分吸收西方理论的过程中，也催生出"形式内容相互征服"（童庆炳，1991，pp.12-20）等新观点。然而，诸多论述虽都对内容决定论有所反拨，但始终充满争议而无法达成共识。

纵观多年来对"形式""内容"范畴的讨论，其争议百出的原因，主要在于这两个概念的界定和分析对象本身就混乱不清。胡家祥、刘赞爱（1999，p.53）清晰地指出，在哲学用语中，"内容"通常指构成事物的各种要素，"形式"则指诸要素的组织结构，两者界限明确而容易把握。而在美学、艺术学等领域，"形式"的含义却相当复杂，并导致了这对范畴的关系复杂化。正是因为这对范畴广泛适用于文艺理论的探讨，不同论者往往依据自身的研究对象，对形式与内容的关系进行理解。然而不同的门类恰恰差别巨大，例如文学作为语言的艺术，指称性较为明显，因而部分文学研究者视主题、情节为内容，形式则是为内容服务的各种写作手段；部分造型艺术、音乐等门类的研究者，也从自身研究对象的特点出发，很自然地认为形式能够独立于内容。这种对象差异和概念界定模糊带来的混乱，始终存在于该问题的讨论中。要为此问题提供一个较为满意的解决方案，便需要跳脱于具体门类对象的综合性视角。而符号学被称为"人文社科的公分母"，是一门研究人类意义活动的学科（赵毅衡，2013，p. 8），也是一门最为典型的"形式学科"，是处理这一问题的最佳路径，无疑将被推至台前。

一、符号学：形式与内容问题的论域

从思想史来看，形式与内容的界分可以追溯到亚里士多德提出的"形式"和"质料"这对范畴。他认为一切事物都具有形式和质料两种要素，其中形式是事物的界限（罗素，2012，p. 255），"即表述出本质的定义，以及它们的'类'"（亚里士多德，2011，p. 37）。换言之，形式是决定事物"是什么"的本质属性，质料则是构成事物的材料、元素或基质，形式与质料都是事物的变化和运动的四大原因之一。亚里士多德的说法同时预设了形式的优先性和绝对性——既然要讨论事物，那么显然只有先划定事物的界限方可进行，因此形式便成了事物的某种先在的绝对属性。然而，事物的界限对于意识主体而言，实际上并不具有绝对的先在性和统一性。自康德开始系统考察人类的认识能力以来，意向性（intentionality）在认识中的不可或缺开始逐渐成为共识，盛极一时的现象学运动便强调把缺乏内省的自然态度还原为反思意向性的先验态度。现象学中的关键概念"本质直观"也被认为是对形式的把握（索科拉夫斯基，2021，p. 199），而正如胡塞尔（1992，p. 51）所认为，"'本质'一词表示在一个体最独特的存在中呈现为其'什么'（Was）的东西。然而任何这种'什么'都可'纳入观念'之中。经验的或个别的直观可被转化为本质看（观念化作用）……"在他看来，"本质看"是一种在"机体的自性"中把握本质的直观（p. 52）。换言之，脱离了意识主体意向性的绝对形式并不存在。

当今符号学作为一门综合、集大成地探讨意义问题的学科，秉持着与现象学一致的心物双源观念，同样把形式看作意识与事物作用的结果，并将其放置于研究的中心地位。皮尔斯直接将他的符号研究建立在现象学①的基础上，并解释道："就我所提出的'现象学'这门学科而言，它所研究的是现象的形式成分（formal element）。"（2014，p. 8）近几十年内兴起的生物学转向，则更是较为激进地将意义活动的主体从人拓展为所有生命体。生物符号学认为，有机体都是通过模型来交流的（又称环境界或自我世界，来自物种特定的感觉器官），从最简单的动作描述到最复杂的牛顿和爱因斯坦的宇宙理论都是如此（Sebeok，2001，pp. 21 - 22）。每一物种都生活在其特有的"环境界"（Umelt）之中，因此作为事物界限的形式对于不同的物种而言并不一致。即便将讨论范围局限在人类内部，不同的意识主体也有可能因意向性的差异而对事物的界限予以不同的认识，诸多人类学研究成果都可以成为例证。于是我们不难得出结论，对于形式/内容问题的探讨需要以对意识主体的确定为前提，即形式/内容并非独立于意识主体的科学范畴，而是被意识主体的感知和认知结构形塑、受到意向性或者语境影响的符号学范畴。赵毅衡（2015）在符号学的视野下将胡塞尔的"本质直观"改写为"形式直观"，并将形式直观看作意识在意向性的主导下获得意义的最基础活动，同时把形式提升到了获义的根本层次上。西比奥克（2016，p. 1）则指出："人类世界实际上是一个意义携带形式（meaning-bearing form）的世界。有关这些形式的系统性研究从属于符号学（semiotics），我们一般称之为'符号的科学'。"至此，符号学作为形式与内容关系问题当仁不让的根本论域，已然呼之欲出。

二、理据性：特殊形式的普遍化

"形式"与"内容"这对范畴与符号学理论传统中的许多思想关联密切，并有着诸多相似之处。皮尔斯（2014，pp. 111 - 112）曾对"内容"有过直接论述："一个符号所有谓项的总体，以及这个符号所意指之各种质量的总体，均被称作该符号的'逻辑深度'（logical depth）……约翰逊主义者所谓的'延扩'（comprehension），德语所谓的'内容'（content，德语Inhalt）……都是同义词。""所有主项的总体，以及一个符号之所有实在对象的总体，均被称作'逻辑广度'（logical breadth）……所谓的"延伸"

---

① 即 phaneroscopy 或 phenomenology，虽同样翻译为"现象学"，但皮尔斯的现象学是独立于胡塞尔提出的，二者的重大区别之一正在于对符号的观念差异。皮尔斯秉持泛符号论，认为所有的现象都以符号为存在形态，而胡塞尔现象学则仅仅将语词、图像等现象界定为符号。

（extension），德文翻译者所谓的'范围'（sphere，德语 Umfang）……都是同义词。"赵毅衡（2024，p. 16）就此总结道："形式就是一般项的品质，它具有'广度'（覆盖许多文本），而作为特殊项的内容具有'深度'，单个事物有无穷的内容细节。在形式研究中，内容特殊项被暂时悬置了。"换言之，形式是符号文本的普遍性，其往往是某种一般项；而内容则是符号文本的特殊性，依据理解达到进一步的意指。

但本文认为，就发生学意义而言，形式恰恰是特殊而非普遍的。亚里士多德将形式作为事物"是其所是"的基本属性，皮尔斯也同样将其定义为"任何事物如其所是的状态"（Fisch，1976，p. 307；转引自赵毅衡，2024，pp. 15 - 25），那么事物之形式显然是一种区别于其他的、是此而不是彼的特殊性。索绪尔没有直接讨论形式/内容的问题，但其能指/所指这对范畴却与之具有高度的相似性。他的语言符号学理论体系直接就建立在符号形式的特殊性之上——符号的意义并不源于能指与所指的自然联系，而是从差异性获得。能指与所指总是在同时进行着双重的分节，在差异性的能指与所指相匹配之前，思想总是一片混沌（1980，pp. 164 - 165）。正是形式本身的特殊性使得形式能够生发意义，因此索绪尔着重强调语言符号是形式而非实质，语言学是形式科学而非实质科学（Saussure，1969，p. 112）。但我们也必然会同意，"树"之符号（或"树"之某种形式）的确具有某种普遍性，而在形式这种从发生学上的特殊性到特征上的普遍性之间，有一个关键的转换过程——理据性和理据化。一言以蔽之，形式之所以获得普遍性，是因为其具有理据。

"理据性"（motivation）概念源于索绪尔，与"任意性"（arbitrary）相对立而提出。在索绪尔看来，符号的能指和所指之间的关系从根本上是任意的，即不可论证的。他的符号学建立在系统语言观的基础上，因此他将不属于语言系统、具有自然联系的象征和拟声词等排除出了他的符号范畴（1980，pp. 109 - 110）。真正的理据性是作为系统内部限制的、可论证的类比关系，而类比又是语言生成的基本原则，因此他提出"一切都是不能论证的语言是不存在的；一切都可以论证的语言，在定义上也是不能设想的。在最少的组织性和最少的任意性这两个极端之间，我们可以找到一切可能的差异。各种语言常包含两类要素——根本上任意的和相对地可以论证的——但是比例极不相同……"（p. 191）此后，语言学家乌尔曼在索绪尔的基础上更为系统地指出了语言中的三种理据性：语音理据性、词形理据性和语义理据性（Ullmann，1963，pp. 87 - 89）。这一观点将"理据性"概念从封闭的系统内部的类比关系中解放出来，开始涉及符号系统与其他系统间的关系。

与索绪尔的二元模式不同，皮尔斯建立的是由再现体－对象－解释项组成的三元符号学。皮尔斯并没有专门论述过理据性和任意性问题，但他根据再现体与对象的关系，将符号分为了像似符（icon）、指示符（index）和规约符（symbol）（2014，pp. 51 - 64）。其中他对规约符如此论述："规约符是由这样一种符号构成，这种符号之所以为符号，仅仅是（或主要是）因为它被这样使用或被这样理解，而不管我们的习惯是天生的还是规约的，也不用考虑决定原初选择这些符号的动机是什么。"（p. 60）这与索绪尔所论述的基于"约定俗成"的任意性原则非常类似。因而学界在谈到理据性问题时，常常将索绪尔与皮尔斯进行横向比较，援引皮尔斯提出的像似性、指示性来说明语言理据性的存在，而将规约性等同于任意性。但这显然是错误的。皮尔斯没有专门论述理据性，正是因为其全域符号学本身就建立在普遍理据性之上，即理据性是符号不言自明的基本特性。正如他自己所论述的那样，像似是最基本的第一性，"除非指示符包含了一个像似部分，否则它将非常缺乏其意指意义"（p. 57）；而规约符本身就是对过去观念的像似（p. 67）。因此，规约性并不是任意性，列维－斯特劳斯曾将任意性注解为"先验任意"和"后验非任意"（巴尔特，2008，p. 37）——能指与所指在结合之前是偶然性的，没有任何能指与所指不得不相连，但二者一旦因为各种因素结合，便具有了一定的必然性。有学者据此将像似性与指示性统称为自然理据，将规约性称为符用理据。若将其进一步推演，在当下生物符号学范式的自然－文化连续观中，所谓自然理据与符用理据其实并不存在根本的断裂。一旦不将人自外于包含所有生命和物的自然，那么"规约"本身作为一种人文事实，便与其他的自然事实没有本质区别。正如克里普克（2005，p. 125）用历史因果链条论来解释专名的理据，约定俗成何尝不是一种实在的具有"自然性"的因果？另一方面，像似和指示也必须包含一定的规约性，因为那些作为"符号－对象"连接基础的特征可以从多个维度中被选择（Deacon，2012，p. 11）。综上，符号的理据性应推向一种更为开放的理解：使得符号从先验偶然性过渡到经验必然性的所有因素集合。相应的，"理据化"描述的是受上述因素影响的这一过渡过程。从艾柯的观点来看，"社会规约"指向了存在符码的"表意"活动（埃科，2023，p. 9），区别于机器和动物也可以实现的"交流"活动（pp. 13 - 15）。在此意义上，规约符不仅不应被排除出理据性，反而是理据性程度更高的符号类型。

从符号建模论出发，我们更容易理解符号形式从特殊性到普遍性的理据化过程。西比奥克清晰地指出，形式依赖于产制形式的建模能力（2016，

p. 1），而建模正是在像似性、指示性和规约性的三个层级上展开的，其中像似（初级）和指示（二级）先于规约（三级），复杂（抽象）模型是简单（更具体）模型的衍生物（p. 9）。以树的形式化（也就是理据化）为例，处于前符号状态的原始人类在首次感知到某棵树时，最初级的形式是关于树的心理影像①（mental image，后文简称心像），这是一种先于外在形式、基于想象的内在形式（p. 1），由人的感官结构与作为物质性环境的树的观相呈现相结合产生。当此人经验到更多的树时，作为内在形式的心像不断得到修正以意指具有共同特征的树，从而进行自我记忆和经验积累。这一过程正如婴儿可以凭借由感官建模得到的内在模型（心理影像）认识相同的物体，而无需每次都从零开始用感官系统探究一遍（p. 5），可以看作内在形式的理据化过程。而当此原始人试图与他人分享、交流其经验时，便不得不超越心像，诉诸外在形式完成意指。如凭借空间邻接性直接指出（指示）树，或用简单图画描绘出（像似）树，乃至用共同约定的语音形式指称（规约）树。在此过程中，树之形式从最开始心像的特殊性不断被理据化，逐步获得了更加抽象、更具普遍性的形式。需要指出的是，上述理据化提升的过程不仅适用于"树"这类单个符号，西比奥克还提出了与三种理据性并行的四种建模形式：单性、复合、凝聚和连接（图1），它们均可以实现从低层次至高层级的理据化过程。

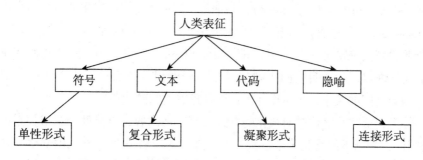

图1 人类表征的形式种类（西比奥克，2016，p. 4）

综上所述，形式可以理解为客体（Object，即对象，为区分而采用客体一译）被对象化的方式，这是在不同程度的理据性之下实现的，因而形式具有"广度"。且客体并不局限于物质性事物，任何形式的客体（如符号本身）均有可能被进一步理据化的形式再现。这为我们从理据性的角度重新审视形式和内容奠定了基础。

---

① 就理据性而言，心理影像是基于像似性的形式。

三、重审"形式"与"内容"：一种循环形式论

从符号学的角度理解了"形式"，那么"内容"又应何如？答案在本文的逻辑中已然浮现：内容无非是另一种形式。美国符号学家约翰·迪利（2011，p. 112）将符号定义为"客体所预先假设的东西"，这一晦涩的定义实际上是强调了他的符号实在论观点。简言之，任何人类环境界中的客体都必然是处于符号三元关系中的存在，作为物质性环境的事物本身细节无限，无法直接把握，必须经由人类的感官和认知结构的过滤和形塑，被对象化并存在于一种意指的三元关系之中，才能进入人类环境界。① 形式是客体被对象化的方式，也是人类把握任何客体的必然方式。因此，任何我们可把握的客体都预设了一种三元关系，即该客体处于被另一客体再现，并引发人心中另一个客体的关系之中。而客体世界也可以说就是一个形式世界，一个以片面化感知为基础，由意指关系维系的符号实在世界。既然如此，在"形式"与"内容"这对范畴中，内容作为某种我们能够把握的客体，也是某种处于三元关系之中的形式存在。结构主义思想家也清晰地意识到了这一点。叶姆斯列夫（2005，pp. 166 - 171）将索绪尔的能指和所指发展为表达面（expression）和内容面（content），并把每一层面再次二分为形式（form）和实质（substance），还直接提出了"内容形式"（content-form）的概念。换言之，在所谓"意义携带形式"（meaning-bearing form）的世界中，既然我们能够区分形式与内容，就说明它们实则依从于不同的形式。那么形式与（作为形式的）内容之间的关系，根本便在于这两种形式之间的关系。

综上，形式是客体被对象化的方式，而所谓内容，也是处于意指关系中的某种形式。"意指始终是一个过程——亦即：一个链条"，"在它的众多元素之中，没有任何一个元素是由意义或所指而'构成'的，相反，每个能指都'坚持'着一个意义，因为它一往无前地奔向了下一个能指"。（霍默，2014，p. 58）在拉康看来，没有任何意义是固定的，所指总是在能指下不断滑动，并在具体的意指过程中固着在某个锚定点上（p. 58）。皮尔斯的符号定义本身内在地说明了这种意指过程的无限性："（符号）是任何能使别的东西（它的解释项）指称一个对象，且它自己也以同样的方式去指称（它的对象）的东西；解

---

① 迪利将这种三元关系看作严格意义上的符号，而在三元关系中处于突前位置的再现体被看作宽泛意义上的符号。

释项依次变成新的符号，直至无限。"（CP 2.303）。符号过程理论上将走向无限衍义，但在具体的表意活动中则会在某一处停止，赵毅衡（2016，p.182）将其命名为意图定点，而暂时停止便意味着意义的成形。有限的意指过程也是一个历史过程，无数意指过程堆栈的结果便是，在社群中，特殊的符号形式不同程度地理据化为普遍的符号形式。与此同时，具体的解释过程，又往往体现为与对象化（理据化）的过程相逆的方向（如图2所示）。结合皮尔斯的深度-广度说，形式与内容可理解为基于分析实践需要而调用的一对具体的形式，其中内容就是在意指链条中与形式相比理据性程度较低的另一形式，而理论上任何前位形式均可能成为后位形式的内容。抽象而言，内容还可以看作相对某一形式的所有前位形式的集合，即意指可能性的敞开，因此理据性的回落便同时体现在前位形式的丰富性之上，也即所谓的文本"深度"。在这一理解中，形式与内容这对范畴的相对性得到了安放。内容是作为形式的内容，而在此分析中的形式也可能在另一分析中成为内容。离开具体文化和分析语境的内容无法成立，必须与一个理据性程度较高的形式相对而言。叶姆斯列夫（2005，p.167）说，"如果我们思而不言，那么思维就不是语言内容"，当语言作为外在形式缺场时，思维便失去了其表达层而不再成其为"内容"，只能露出自身隐藏的"形式"底色。

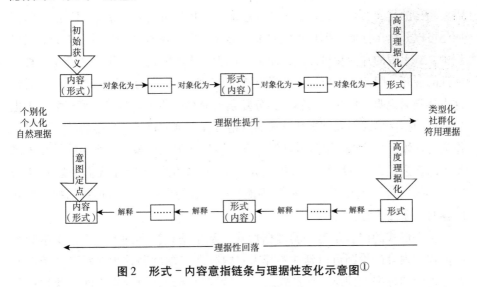

图2　形式-内容意指链条与理据性变化示意图①

---

　　① 需注意此处的意指链条并非描述单次表意或解释活动的意指链条，而是历史性意指活动所形成的整体性理据化链条。

　　同样以"树"为例，在初始获义活动中的形式——某一树的心像表现为特殊性，其理据性最弱，在逻辑上是该意指链条中最底层之内容。即便是形式完全不同的异质符号，也可以通过跨越符号的方式获得某种文本间的共通心像（胡易容，2013，pp. 57-63），便佐证了心像在人类形式中的这种原初性。随着关于"树"的符号活动的进行，树的心像经过不同的树的修正形成了较为稳定的形式，又作为树的内容被对象化为具有一定理据性的外在形式，如与树具有像似性的图画；但在具体的对比分析中，其仍然作为与进一步理据化的形式相对的内容而存在。换言之，虽然树的图画可以看作树的心像这一内容的形式，但在下一步的意指过程中，却可以认为"树"的语音是形式，而树的图画是内容。在持续的符号活动中，意义积累形成规模庞大的文化，形式（内容）在符号社群共享的意指链条中被高度理据化，成为一般文化意义上的典型"形式"。如"树"的文字又可以超越不同的地域口音再度获得更强的理据性，从而不仅成为"树"的语音形式，且可以在具体分析中被指认为该意指链条中所有前位形式（内容）的形式。在上述复杂过程中，符号形式表现为符用理据持续凸显、总体理据性程度不断提升的一般趋势。此例中最底层内容即树的心像，位于理据性的最低处，个别化、个人化且以像似的自然理据为主；最上层形式即"树"之文字，则位于理据性的最高处，类型化、社群化且以符用理据为主。需要指出的是，实际文化中的历史性意指链条并非如上图一般完整且相互平行，而是可以开始于任何理据化程度的某一形式。形式在被进一步对象化的意指过程中，有无限的片面化可能性，而每一作为历史事实的意指链条，都是某种可能性的展开。因此，所有历史性意指链条在整体上呈现为互相交错的网状结构，这也从侧面说明了形式与内容的界分复杂且模糊的原因。当然，符号活动中也包括低理据性形式对高理据性形式的意指过程，例如物质性环境的"树"可以作为再现体，"而 tree 作为语言翻译意义解释项下的对象——当中的符号关系是可以互逆的"（胡易容，2014，p. 48）。但文化的规则让我们一般不认为"树"是"tree"的形式，"tree"则能反过来成为内容，这与形式的抽象性和内容的具体性矛盾。

　　某一形式的内容是另一弱理据形式，基于这种循环的形式论，皮尔斯对于形式与内容的论断可以延伸阐释为：内容之"深度"体现在对形式予以解释过程中的理据性回落，而形式之"广度"则体现在对内容不断对象化过程中的理据性提升。经过此番论述，文艺理论中的形式研究便自然得以从逻辑错位的形式/内容二元对立的张力中解放出来，成为一种符号理据研究；文学批评流派中的"形式论"也并非传统观点中一种忽略内容的研究范式，而是可以理解为对文学文本的形式理据研究。"其工作并不是一味欣赏形式忽视内容，而是把一般读者与某些学者当作个别性的表现，总结成有广度的、为某个范畴中的作品所共有的形式特征"（赵毅衡，2024，p. 20）。这种共有的形式特征可能是复合建模中的自然理据造成的，如格雷马斯（Gneimas，1982，p. 308）发现叙事中的语义方阵结构，便折射出作品结构与人类精神结构的像似。有趣的是，研究也是一种符号意指活动，一旦研究结论在文化中形成反响，曾经潜藏在文本中的自然理据便进一步被符用理据所"浸染"。例如在音乐中，不同的音程关系所带来的色彩偏向，是有关人类听觉认知结构的自然理据问题。人类只会对特定音程关系的音高产生共鸣，因此几乎所有音乐形式都普遍符合一些基本规律，且特定风格的音乐形式在不同的民族和文化中往往能引发类同的色彩和情感感受，故音乐被称为"人类共同的语言"。音乐理论家对此类问题的研究便可以看作一种音乐形式的理据性研究，而其结论进入人类文化中，则又会让音程关系与色彩之间的意指关系被类型化和模式化①，并作为知识被不断应用，加强了其中的符用理据。再如，我们本无法在经验世界中看到真实的"5"，但人类却能够从 5 头牛和 5 只羊的现象中发掘出数量的普遍性，并通过符号理据化生成文化中的典型形式"5"，并逐步建立一个抽象形式的世界。而今天的数学家早就可以跳脱经验世界，通过纯粹数学世界的研究不断完成数学形式本身的符用理据实践，甚至能够通过数学计算探知本不在我们感知范围内的黑洞，反过来指导人类实际的认知活动。与此类似，在数字技术所构筑的虚拟世界中，人类的实践对象则变成了由思维创造并被虚拟现实技术"数字化"的虚拟影像，但这些实践同样可以反过来构成对"真理"予以追求和检验的标准（盛晓薇，杨志华，2024，pp. 27 – 28）

四、理据性错位："形式"的误解

在过去长期的内容决定论和形式附庸论下，"形式"在日常用语中已然变得具有贬义。"形式主义"在我国的政治文化话语中极为典型地描述注重表面功夫而无视实质意义的作风；电视剧台词"形势一片大好，大好一片都是形式"利用谐音制造幽默感，潜台词则是形式是无意义的。但如上文所述，形式本就是我们把握所生活的这个客体世界的基本方式，所有意义都是形式意义。在传播活动中，发送者、文本与接收者分别对应意图意义、文本

---

① 如音乐理论普遍把大三和弦的色彩用语言描述为"明亮"。

意义与解释意义，这三种意义经常不一致（赵毅衡，2016，p. 49）。日常用语中多数对"形式"的贬义用法，实际上是一种误解。其原因并不是形式无意义，而是解释意义和意图意义在以文本为线索的传播过程中的高度异质化，而这主要源于两种理据性错位。

一种错位是"形式"与其所谓的"内容"并不具有意指关系。例如，一座建筑外观华丽而内在简陋，或被批判为"形式主义"，然而显而易见的是，外观之华丽与内在之简陋，本身并不在同一个历史性意指链条中。再如一本书装帧精美而文字乏味，也是"形式主义"，其背后是装帧与文字在意指链条中无甚直接关系的事实。因此有论者提出要以"内容/外观"取代"内容/形式"的传统划分从而走出困境（胡家祥，刘赞爱，1999，p. 53）。诗学中长期争论的诗歌形式与内容问题，也同样并不对应——被认为是诗歌形式的格律、韵律，其形式自身所指向的本就不是主题这一所谓的诗歌内容。皮尔斯在划分符号解释项时谈道，"符号自身会产生一种感觉（feel）。这种感觉几乎总是存在，以致我们将其解读为我们了解符号适合意指效力的证据……我将这种感觉称为'情绪解释'（emotional interpretant）……在某些情况下，它就是某些符号能够产生的唯一意指效力"（2014，p. 45）。于是皮尔斯将音乐演奏也看作符号，其解释项最初只是"一连串的感觉"，借助情绪解释项才能进一步卷入更多的意指行为（p. 46）。同理，格律、韵律与人类身体和感官节律具有相通之处，这种理据性使得这类形式能够让人产生作为情绪解释项的感觉；随着符用理据的不断累积，格律与韵律的形式在文化中继续得到意指实践（也是理据化过程），最终产生了丰富的语义式的逻辑解释项。然而，格律、韵律之形式在此过程中几乎未与诗歌主题位于同一意指链条之中。文学的自我指涉论早已精准地揭示了这一误解。部分形式主义和结构主义文论家将文学作品的技法看作让读者关注其自身的"自我指涉"，它们并不指向作为主题的"内容"，而是"以形式为内容"（步朝霞，2006，p. 96）。学者杜键（1981，p. 37）更是直接指出，"主题思想决定表现手段"实际上"并非一个事物的内容与形式的关系，而是两个不同的事物的关系"。在上述用法中，"形式"被用以描述并不指向对象文本的伴随文本，于是直接导致"内容"与"形式"位于不同的意指链条中。形式对内容在符号学上的绝对依存，被偷换为文本与伴随文本的相互依存。不过本文并不欲取消既有文学研究中内容与形式的界分。一方面，其作为已经规约的一对关系范畴，显然也获得了强有力而不可轻易改变的符用理据，本文则旨在反思和重审。另一方面，若文本与伴随文本确实形成稳定的组合关系，即便两种形式不具备直接意指关系，却也显然借助了文化中的重复使用而达成一种间接意指。早期摇滚乐表现手段的躁动与其主题思想的反叛何尝不具备像似性，而一旦这种搭配成为体裁式的规定，表现手段与主题思想又能够在文化中获得规约的理据从而相互指涉。麦克卢汉所谓的"媒介即信息"，也正是说明了作为伴随文本的媒介形式与作为文本的表达内容之间的这种理据性。这一问题还值得更深入和清晰的探讨。

另一种理据性错位并非源自意指链条的互不相干，而是由于意指链条所依存的符号社群的意指实践差异。作为政治性概念的"形式主义"便是典型。在"形式主义"案例中，针对具体形式的理据化实践实际上来源于两个不同的社群。部分管理者社群出于自身的意义诉求（如完成考核），通过符用理据化实践（风气的养成）将某些行为的意义形式化，从而能够直接在该意义社群内快速借由某些形式达成所诉求的意义。然而这样的理据化过程并不为被管理者符号社群所共享和认同，这种错位便致使被管理者对其形式进行无意义解释。其实当我们在谈"形式主义"之时，显然清楚部分管理者的行为对他们的社群是充满意义的，但对被管理者这一社群是无意义的。不过叶姆斯列夫（2005，pp. 167－168）认为缺乏意义不等于缺乏内容："一个表达完全有可能有内容，该内容从某个角度看（例如从标准逻辑角度或从物理主义角度）可以描述成没有意义，但它仍然是一个内容。"这里的"标准逻辑角度"和"物理主义"，可以说正是库恩所言秉持某种范式的科学共同体，或皮尔斯所言"探究社群"。总之，这类理据性错位的本质，是不同符号社群的意义诉求差异使一个符号社群对另一符号社群之"形式"予以"无意义"（无内容）判定。但形式的意指本质，使得任何形式都必然在某个社群中具备理据性，并能够以另一弱理据形式为内容。这两种理据性错位，也是"形式"术语被误解的逻辑关键。

结　语

虽然关于形式与内容的争论汗牛充栋，但几乎所有论者都同意这是一对相对范畴而非绝对范畴。正因如此，对形式和内容自然不宜分别作本质主义的界定。本文便试图以"形式"的符号学界定为基点，从而将"内容"理解为与之相关的另一种弱理据性形式，这种循环式的形式论观点能够一定程度地廓清形式与内容的理论纠缠，或可将这一对模棱两可的范畴向符号理据研究敞开，让其获得新的阐释力。

　　值得指出的是，在符号学意义上，"内容决定形式"恰恰是成立的。皮尔斯（2014，p. 31）本就如此定义符号："……我将符号定义为任何一种事物，它一方面由一个对象所决定，另一方面又在人们的心灵（mind）中决定一个观念（idea）。"内容对形式的决定，正如对象对再现体的决定。但这并非机械的硬决定论，而是一个由多因素影响的历史性软决定过程①，于是形式从内容的特殊项中被进一步理据化成相对的一般项。软决定论对硬决定论和自由意志论的调和，在符号理据性维度可类比为对透明性和任意武断性的双重否定——既不存在纯粹被对象客观物理性质决定的符号形式，也没有存在于历史真空中而无任何理据性的符号形式。

引用文献：

埃科，翁贝托（2023）. 符号学理论（唐小林，黄晓东，译）. 上海：上海译文出版社.

巴尔特，罗兰（2008）. 符号学原理（李幼蒸，译）. 北京：中国人民大学出版社.

步朝霞（2006）. 形式作为内容——论文学的自我指涉性. 思想战线，5，96 - 99.

迪利，约翰（2011）. 符号学对哲学的冲击（周劲松，译）. 成都：四川教育出版社.

杜键（1981）. 也谈形式与内容. 美术研究，4，34 - 40 + 49 - 51.

黑格尔（1979）. 美学（第一卷）（朱光潜，译）. 北京：商务印书馆.

胡塞尔（1992）. 纯粹现象学通论（李幼蒸，译）. 北京：商务印书馆.

胡家祥，刘赞爱（1999）. 走出"内容 - 形式"划分法的困境. 美术观察，3，53.

胡易容（2013）. 符号修辞视域下的"图像化"再现——符象化（ekphrasis）的传统意涵
　　与现代演绎. 福建师范大学学报（哲学社会科学版），1，57 - 63.

胡易容（2014）. 图像符号学：传媒景观世界的图式把握. 成都：四川大学出版社.

霍默，肖恩（2014）. 导读拉康（李新雨，译）. 重庆：重庆大学出版社.

克里普克，索尔（2005）. 命名与必然性（梅文，译）. 上海：上海译文出版社.

罗素（2012）. 西方哲学史（上卷）（何兆武，李约瑟，译）. 北京：商务印书馆.

皮尔斯，C. S.（2014）. 皮尔斯：论符号（赵星植，译）. 成都：四川大学出版社.

盛晓薇，杨志华（2024）. 虚拟实践何以成为检验真理的标准. 福建师范大学学报（哲学

---

　　① 哲学家威廉·詹姆斯（James，2024，pp. 66 - 81）在《决定论的困境》（"The Dilemma of Determinism"）一文中提出"软决定论"以调和硬决定论与自由意志论。在他看来，硬决定论含有宿命论、必然论和预设论，认为宇宙中已经确定的部分绝对指定并决定了其他部分的性质，未来没有模棱两可的可能性。自由意志论也称非决定论，其否认世界是一个不折不扣的事实单元，承认可能性是存在的并且构成真理的一部分。詹姆斯采用一种兼容主义的方式，认为造物主创造了各种可能性，而意志能够有限地进行自由选择和控制。对于符号理据性而言，每一种形式都是在先验的诸种偶然性中，经过理据化的因果链条而诞生的经验必然。因而如果将内容看作所有前位形式的集合，或在意指链条网络中符号形式解释的可能性敞开，那么内容便可以构成对形式的软决定。

社会科学版），4，23-33.

索科拉夫斯基，罗伯特（2021）. 现象学导论（张建华，高秉江，译）. 上海：上海文化出版社.

索绪尔，费尔迪南·德（1980）. 普通语言学教程（高名凯，译）. 北京：商务印书馆.

童庆炳（1991）. 论文艺作品内容与形式的辩证矛盾. 文艺理论研究，2，12-20.

王晓玲（2006）. 关于艺术作品形式和内容的关系争议之述评. 甘肃社会科学，5，61-64.

西比奥克，托马斯·A.（2016）. 意义的形式：建模系统理论与符号学分析（余红兵，译）. 成都：四川大学出版社.

亚里士多德（2011）. 物理学（张竹明，译）. 北京：商务印书馆.

叶姆斯列夫，路易斯（2005）. 叶姆斯列夫语符学文集（程琪龙，译）. 长沙：湖南教育出版社.

赵毅衡（2013）. 重新定义符号与符号学. 国际新闻界，35（6），6-14.

赵毅衡（2015）. 形式直观：符号现象学的出发点. 文艺研究，1，18-26.

赵毅衡（2016）. 符号学：原理与推演. 南京：南京大学出版社.

赵毅衡（2024）. 形式、意义、形式的意义、意义的形式. 文艺研究，4，15-25.

Deacon, T. (2012). Beyond the Symbolic Species. In T. Schilhab. et al. (Eds.), *The Symbolic Species Evolved*. Dordrecht：Springer.

Fisch, M. H. (Ed.) (1976). *The Writings of Charles S. Peirce: A Chronicle Edition*, Vol. I. Bloomington：Indiana University Press.

Greimas, A. J., et al. (Eds.) (1982). *Semiotics and Language: An Analytical Dictionary*. Bloomington：Indiana University Press.

James, W. (2024). *The Will to Believe, and Other Essays in Popular Philosophy*. Global Grey.

Peirce, C. S. (1931-1958). *Collected Papers*, Vol. 2. Cambridge, Mass.：Harvard University Press.

Saussure, F. D. (1969). *Course in General Linguistics* (W. Baskin, Trans.). New York：McGraw Hill.

Sebeok, T. A. (2001). Nonverbal Communication. In Paul Cobley (Ed.), *The Routledge Companion to Semiotics and Linguistics*, 14-27. London：Routledge.

Ullmann, S. (1963). *The Principles of Semantics*. Oxford：Blackwell.

作者简介：

　　马翾昂，四川大学文学与新闻学院博士研究生，四川大学符号学-传媒学研究所成员，研究方向为传播符号学、符号社群。

Author:

　　Ma Xuanang, Ph. D. candidate of the College of Literature and Journalism, Sichuan University, member of the ISMS research team. His research interests include semiotics of communication and the study of the semiotics community.

　　Email: maxuanang824@ foxmail. com

《庄子·齐物论》中的自然－文化符号关系

——基于"以明"概念的符号分析

孙 宣

摘 要：庄子反复言明，"以明"是他对人类如何经验自然、认识自然与文化符号关系问题的主要观点。庄子解构了人与自然的二元关系，"以明"意指人类主体性降落而归到自然与文化符号的中枢之处。身体连接内世界与外世界，庄子以为，通过身体"虚静""心斋""丧我"等方式建立自然与文化之间的符号关系，身体经由"物化"可通"明"境。"以明"也存在于指物的语言符号过程中，但人类永远无法通过语言抵达，只有在指物符号过程中努力展现"物自体"的秩序，才能不断接近"以明"，这个过程也展现了自然与文化之间的连续性。本文从中西对话的视角分析"以明"，认为"以明"并非一种形而上学观，其中蕴含了自然－文化的复杂关系，体现出生态符号学思想。

关键词：《庄子》，"以明"，自然－文化，符号，生态符号学

The Symbolic Relation of Nature and Culture in *Zhuangzi· Qiwu Lun*: Symbolic Analysis Based on the Concept of "Yiming"

Sun Xuan

Abstract: Zhuangzi repeatedly claimed that "yiming" was how people experience nature and understand the relation between nature and cultural signs. Zhuangzi deconstructed the binary relationship between man and nature, while "yiming" signified the descent of human subjectivity to the "centre" of nature and cultural signs. The body connects the inner world with the external world. Zhuangzi believed that the semiotic relationship between nature and culture could be established through the body's "empty tranquillity", "mind fasting" and "self-loss". The body can reach a state of "ming" through "materialisation". "Yiming" also exists in the process of linguistic symbols pointing to objects, but human can never reach it through language. Only by striving to show the order of "things in themselves" in the semiotic process of pointing to objects can we continuously approach "yiming". This process also shows the synechism between nature and culture. This article analyses "yiming" from the perspective of dialogue between China and the West, arguing that "yiming" is not a metaphysical view but contains the complex relationship between nature and culture and reflects the idea of eco-semiotics.

Keywords: Zhuangzi, "yiming", nature-culture, sign, eco-semiotics

DOI: 10. 13760/b. cnki. sam. 202402007

在中国古典哲学文献中,《庄子·齐物论》几乎可以看作其思考人与自然关系的集大成者。该篇中,庄子在描述自然界的百般形态的同时思考人与自然之间的关系,追求"齐物"。值得注意的是,在如何"齐物"问题上,庄子反复说"莫若以明":"欲是其所非而非其所是,则莫若以明";"枢始得其环中,以应无穷。是亦一无穷,非亦一无穷也。故曰:莫若以明";"为是不用而寓诸庸,此之谓以明"。"以明"反复出现,可见为齐物之要。"以明"概念引起后世诸多学者的注解,现代学者对"以明"概念的解释莫衷一是,有"道"、自然天理、真理、虚静之心、"知"、"去蔽",等等。① 很大程度上,庄子《齐物论》与人类对自然的感知以及人类在自然中的符号过程有关,学界基本聚焦于"明"的概念阐释,且围绕庄子的核心思想"道"展开,多数解释忽略了"以明"在二元关系基础上论证的过程性以及符号学问题,尤其是"以明"映射出的自然与文化符号关系。本文从中西思想对话的视角分析自然与文化、物质与符号之间的关系,将"以明"看作庄子对人与

---

① 吴根友教授(2013, pp. 41-49)对"以明"概念进行梳理,囊括了宋、明、清以及当代十四家的观点。他认为以往对"以明"的解释分为虚解和实解,提出"明"是先秦思想中对人的认识进行表征的一个哲学概念,是任物而然之意,与海德格尔"让存在者是其所是""去蔽"观念类似。

自然如何融通的关键思考，认为主体"以明"的过程是发现自身与自然之间关系的过程。

一、"以明"中自然－文化二元符号关系的解构

"以明"在《齐物论》中首次出现在"夫言非吹也"的段末，庄子基于"言非吹"的符号观得出"则莫若以明"的结论，因而"言"与"吹"对二元符号观的解构与"以明"概念直接相关。"夫言非吹也。言者有言，其所言者特未定也"，庄子用肯定句表明了"言非吹"的观点。"言"是人类文化符号的重要组成部分，"吹"与"其以为异于鷇音"中的"鷇音"对应，可以理解为大自然的声音，"言非吹"的判断容易被误解为庄子对自然与文化的区分。唐成玄英疏："夫名言之与风吹，皆是声法，而言者必有诠辩，故曰：有言""虽有此言，异于风吹……"（郭庆藩，1985，p. 63）人类的语言传达意义，是有目的的表意活动，而大自然的声音"吹"是如何与言相异的，它们的差异与界限在哪里？这涉及符号阈限（semiotic threshold）[①] 的问题，即在什么情况下自然界的迹象可称为符号。西方符号学家皮尔斯虽然将符号的存在拓展到非人类自然界，但在符号成其为符号时也做了区分，符号的三元关系是符号之为符号的门槛。他认为每个符号都拥有三分构造——符号（再现体）、符号对象、解释项，符号不能封闭在能指与所指的二元构造中；符号有三个范畴的普遍规律：符号的第一性（firstness）作为一种完全不指向任何其他东西的显现，第二性（secondness）是相对于此物的否定形式的区分，而第一性、第二性的关系带入了中介的概念，呈现出第三性（thirdness）。（2014，pp. 14－26）在"言非吹"论断中，风之"吹"在声音上表现了符号的第一性，"吹"在很大程度上只是一种声音现象，自然界的声音作为单纯的表象并不构成符号。当"吹"吸引我们对此物/彼物之"吹"做出区分时，即我们感知到"吹万不同"，对吹之声做解释感知时，符号第二性出现，皮尔斯（CP 1. 358）说这个范畴"异常艰难且有形……每天强加于我们"。但"言"与"吹"的不同之处在于第三性的介入或者说解释项的存在，没有符号的第三性，"吹"在很大程度上就只能是物理存在之间的"蛮力"（brute force）（CP 1. 21）。即"吹"如果只是自然界存现物的动态互

---

① 针对符号的门槛问题，著名符号学家艾柯（Umberto Eco，1976，p. 5）提出了"符号阈限"（semiotic threshold），用来指符号学界与非符号学界之间以及符号学与其他学科之间边界。

动，则"言"与"吹"有别。在没有解释项的情况下即使存在主体心灵的感知，他们的互动也是非符号学的，温弗里德·诺特（Winfried Nöth，2001，p.76）指出："当有机体面对以'无可争辩的事实'或纯属偶然的结果呈现自身的事物时，就会发生单纯的二元互动，从而发生非符号互动。……只有当这种二元相互作用变成三元关系时，有机体－环境关系才转变为符号关系。"而"言"与"吹"的关系中，"言"之辩有解释项的参与所以构成符号关系，而自然界的"吹""毂音"等都是不含是非判断的，故两者之间是符号与非符号的区别。因此，可以将"言非吹"理解为一种符号的辨别，而非人与自然、人类之"言"所代表的文化与"吹"所代表的自然的二元对立。因此，庄子是基于人与自然、自然与文化之间的符号关系语境提出"以明"的，它建立在非二元对立关系的基础上。

庄子进一步在"吹"的基础上论证"齐物"，同时划分出人籁、地籁与天籁："子游曰：地籁则众窍是已，人籁则比竹是已，敢问天籁。子綦曰：夫吹万不同，而使其自己也。"这里，天、地、人的划分同样涉及人类在自然中的符号活动。一方面，万物皆有声法，无论人籁与地籁的发声如何不同，在天籁面前，两者从属于一类，都是万物各自的符号系统，杨国荣教授也认为庄子的"'人籁''地籁'都与'吹'联系在一起的"（2015，p.7）。"万不同"表明人类与非人类在表达意义上都具有主体性，将万物的表达置于一个生态系统之中。"自己也"表达了自然万物的主体性，庄子看到人籁与地籁的符号交融之处，都是对人类如何接收自然界中的符号以及如何与非人类生命产生符号交互的描述。地籁的这些符号现象是可被人类接收的，人类与非人类生命在自然中总会产生符号的交互，因此子綦反问："而独不见之调调之刁刁乎？"西方生物符号学家雅各布·冯·尤克斯库尔（Jacob von Uexküll）所提出的"功能圈"（Funktionskreis，Functional Cycle）① 理论就在阐释人类总是要与自然界发生符号的交集，我们对自然的感知信号与我们的行为连接，生态圈当中主体与自然处于一个不断互动的关系中。人类在与非人类生命、物质环境的交互活动中，是可以进行解码和符号解释的，因此地

---

① 雅各布·冯·尤克斯库尔（Uexküll，2010）提出"功能圈"理论，他认为关系的循环就是功能的循环，"功能圈"理论最初描述的是有机体和环境物体之间以符号为媒介的感知和行动循环，主体通过感觉和行为与对象发生关联。生命主体与对象接触形成一个感知符号，感知符号与感知线索构成复合体——效应器符号（effector sign），效应器符号对行为器官做出指示，构成行为世界，行为效应器同时也连接对象连接结构，行为完成后会有新的感知符号不断出现，这个功能圈过程不断循环。这个过程揭示了人类与自然界的符号互动以及自身文化符号的生产。

籁尚可知。另一方面，天籁相对于人籁、地籁又是特殊的，其中"使其自己也"这一句对应了天籁的含义。人类与非人类都处于自身的环境界（Umwelt）① 中，而"天"呈现了人与自然之间的符号互动基础上的关系性和超主体性。如果人类与自然必然产生这种交集，那么最好的互动就是也尊重非人类生命/物之符号主体性。既然万物都有自己的符号系统，那么就不用拘泥于人类自身的文化符号系统论断。因此，庄子认为人类不必拘泥于大言与小言、大智与小智，要避免陷入主体环境界的符号论断争辩，万物皆有自己的符号系统，人类文化符号系统都处于生态系统当中。西方符号学中的生态符号学（eco-semiotics）理论涉及非人类动物中的符号现象，认为在生态系统中符号将不同的生命通过纽带联系在一起，而人类文化符号系统是生态系统中的一部分。可以说，中西关系观点不谋而合。在《齐物论》中，庄子何以更倾向于"天"呢？显然，庄子认为我们没办法摆脱主体的存在，但是可以在存在意义上的超主观符号观点中"齐"自然万物，这呈现了一种非文化中心和非人类中心的符号观。庄子最后得出"则莫若以明"，表达了超主体的、非人类中心的符号观，认为"以明"需要在"天"的超主体视角中实现。

我们看到庄子在"言非吹"与对天籁、地籁、人籁的论述中解构了人类与非人类、自然与文化的符号系统的二元对立观，从而主张降低人类在自然面前的主体性。庄子从根本上否认二元对立，认为在道的层面是没有分界的。道的状态是一种未分界的混沌状态，"夫道未始有封，言未始有常，为是而有畛也"。庄子进一步说："其次以为有物矣，而未始有封也。其次以为有封焉，而未始有是非也。是非之彰也，道之所以亏也。"他认为在宇宙之始并没有二元的分界且整体无差别，正因为指称以及人类经验的参与，才有了基于差异的符号论断而产生的对立。在是与非的争论中，这种非此即彼的二元对立遮蔽了事物本身，人往往陷入非"明"的状态，庄子说这是道之"亏"。庄子以为需要回到"道枢"，掌握了道的枢纽，超出非此即彼的二元对立，因而他在"彼是莫得其偶，谓之道枢。枢始得其环中，以应无穷"之后得出结论："故曰：莫若以明。"因此，"以明"对应着二元对立的消解，只有在"道枢"中让符号无穷无尽地生产，才是"以明"之道。

---

① 生物符号学（Biosemiotics）术语。环境界是生命有机体根据外在环境，通过它特有的感知和制动装置而发生作用形成的世界，是生命的意义世界，尤克斯库尔（Uexküll，1934，p. 13）认为"环境界研究的首要任务是识别每只动物在其环境的所有刺激中的感知线索，并用它们建立动物的特定世界"。

二、如何"以明"：身体作为符号通达的媒介

物不"齐"源于人类经验的参与，"以明"概念建立在消解"我"与物（自然）的二元对立的基础上，这指向主体心灵与符号的问题。符号总是处于关系中，关系又总是无法将心灵排除出去，"是非然否"的判断即符号意义的传达离不开心灵作为解释项的解释。"以明"是超越二元对立的圣人境界，庄子在身体的感知与解释中强调二元之间的符号过程性，身体在自然中的符号活动交织着文化符号，是主体超越成见达到"以明"的必由之路。

"为是不用而寓诸庸，此之谓以明。""寓诸庸"是庄子对"以明"的重要解释之一。屠友祥教授（1998，p. 169）认为"庸"对应的就是"明"，"庸也者，用也。用也者，通也"。而"通"是指通过心灵达到通明，是一种"明心智之所以"的状态。但约翰·科莱塔（W. John Coletta，2021，p. 4）发出疑问："我们可以感知事物，但是我们能感知感知系统吗？"因此，"明"需要"通"身体的感知与认知过程，知晓身体是如何经过其内符号过程（Endo-semiosis）① 产生、解释并传达意义的。同时，"庸"是将内符号转换到身体的外界符号活动，反映了主体与自身的环境界之间的关系，如有学者指出："'寓之庸'意指人与构成其生存情境的外物之间的关系，在任何一种情境里，不用我之成心，万物反而发挥其特定的功用，自己也可以与物婉转，自得自如。"（刘书刚，2020，p. 187）这与万物"自己"意义大致相同。"民湿寝则腰疾偏死，鳅然乎哉？木处则惴栗恂惧，猨猴然乎哉？"在自然界中物种都通过身体的符号活动适应环境而生存。身体总是被某客观环境包裹，主体通过内符号过程将客观环境转换为自身的"主观宇宙"或者说"个体现实"，即尤克斯库尔所说的环境界。在内世界与外世界的界限消弭中，主体也消解了自然符号与文化符号之间的界限，当身体与自然达到交融的状态，主体就达到了庄子所描述的"齐物"之境，如至人"乘云气，骑日月，而游乎四海之外"。西方学者格雷戈里·贝特森（Gregory Bateson，1973）描述了心灵在"世界之外"的人－自然交融状态，认为主体不可避免地参与环境感

---

① 生物符号学术语。雅各布·冯·尤克斯库尔的儿子图勒·冯·尤克斯库尔（Thure von Uexküll）认为内符号过程指的是"生物体内的符号传递过程"（Uexbüll Geigges & Herrmann，1993，p. 5）。美国符号学家西比奥克（Sebeok，1974，p. 213）提出内符号学（Endosemiotic），来指代生物体内部的信号传递过程，用"研究身体内部的控制系统"，来指代所有真核生物体内的所有信号传递过程，例如跟免疫反应、新陈代谢和遗传代码有关的符学诠释，等等。

知。以上，我们看到"以明"概念包含了身体对自然的经验，通过身体将内世界与外世界连接起来；"以明"就是在这种符号关系中心灵的通达。

庄子认为"以明"需要破除身心二分，达到肉体与心灵的统一。"其形化，其心与之然，可不谓大哀乎？"庄子"哀"的就是身体中肉体与心灵的割裂。"形体保神，各有仪则"（《天地》），心灵与形体是互为一体的。身体不同于躯体、形体。在现象学那里，身体是一个灵与肉的综合，莫里斯·梅洛-庞蒂（Maurice Merleau-Ponty, 1970, p. 131）认为："身体本身拥护一种肉体哲学，即无形之物的可见性……它是一个内部和外部之间的等价系统，它规定了一个到另一个的实行。"身体是自然物质中的一部分，而心灵并非一个统摄身体的主导器官，对身体进行操控。"百骸、九窍、六藏、赅而存焉，吾谁与为亲？汝皆说之乎？其有私焉？"庄子认为肉身的各部分是没有主次之分的，更不存在心灵主宰各个器官的说法。身体"不是相邻器官的集合，而是一个协同系统，其所有功能都存在于世界的一般行动中得到行使和联系在一起"（Merleau-Ponty, 1962, p. 234）。身体与自然环境通过符号发生关系，在符号运作时，器官之间进行配合，这是概念与对象产生的基础，如庄子所说"目彻为明，耳彻为聪，鼻彻为颤，口彻为甘，心彻为知，知彻为德"（《外物》）。因而，身体是创造文化符号的基础，自我意识和意向性、行为方式也影响着文化符号的构建，主体环境界与符号意义的生成离不开身体。

庄子用身体的"心斋"与"坐忘"更清晰地表达了"明"的境界，通过身体消解物我之间的鸿沟的过程就是"以明"的过程。"回曰：'敢问心斋。'仲尼曰：'若一志，无听之以耳而听之以心，无听之以心而听之以气！听止于耳，心止于符。气也者，虚而待物者也。唯道集虚。虚者，心斋也。'"（《人间世》）庄子看到身体作为一个协调的组织包含了很多知觉系统。心灵是做出是非判断的基础，"心止于符"反映了心灵的符号解释作用。庄子认为在身体感知的时候要达到"坐忘""道通为一"的"无待"境界，因此需要在"心斋"的基础上"忘我"。"忘乎物，忘乎天，其名为忘己。忘己之人，是之谓入于天。"（《天地》）庄子主张通过"忘"的方式摆脱人类自身的文化符号束缚，降落"我"的主体性，从而通过身体这一枢纽游走在自然与文化的符号中介之处。由此，我们也能理解庄子何以说"鱼相忘于江湖，人相忘乎道术"（《大宗师》）：他并不旨在二元地划分人类与非人类（如鱼与人）、自然与文化（如江湖与道术），而是主张以"忘"达到一种超主体状态，进入无目的的符号活动，不断接近"明"境。

为了降落主体性，"以明"而"齐物"，庄子在"忘我"的基础上进一步提出"丧我"，通过自我的"物化"而实现去主体化。万物不"齐"在于"我"的意向性存在，或者说"我"与"物"的分界和对立，"我"作为认知行为主体造成了"物不齐"的状态，因此需要通过"丧我"来"齐物"。（徐希定，2021，pp. 59－75）而符号的作用又不可避免地与意向性缠绕在一起，使符号朝着自我意识的方向发展。《齐物论》结尾处的"梦蝶"论述点睛般说明"丧我""以明"，呈现了身体与自然交融的超越境界。身体的"物化"是一种去主体的超然状态，其打通了人类与非人类、自然与文化的边界。同时，身体"物化"为蝶，呈现了人类超然之后与自然符号的对话，庄子通过对梦中身体感知的描写，将"我"赋予"蝶"符号，这种对话是文化与自然之间的符号交织。因而，庄子看到只有身体超越内外二分，主体才能与外物平等对话，从而"以明"，达到与物无争的、与物交融的状态。

三、指物"以明"："谓"与"言"中的自然－文化符号连接

"物不齐"不仅因为存在人类主体意向与符号活动的阻碍，然而人类作为在自然环境中生命体的一员免不了指称物的符号活动。"莫若以明"的上下文涉及语言与指物的符号问题，"以指喻指之非指，不若以非指喻指之非指也"出现在"故曰：莫若以明"之后的下一段首，屠友祥认为下句"不若以非指喻指之非指也"是对"莫若以明"的对应说明，只不过因为分段而被读者割裂并忽略了（1988，pp. 167－168）。"物谓之而然"，"以明"与"指物"的关系就是"物之为物，以指而明"。（p. 324）

在指物的过程中，庄子反对主体有目的地不断在指谓中将物抽离，认为"言"与"物"的二分与"以明"背道而驰。庄子很大程度上主张"不谓有谓"之谓、"不言"之言。屠友祥（2004，p. 52）认为是庄子通过"不指而实现指的功用，不有意识地用，却达到无意识之用"，"不人为地把符号的彻底空洞化作为唯一的目标，不专注于指谓，正是'忘言'的境状"。"有言"反倒成了对物本身以及道的遮蔽，符号的空洞化会遮蔽物，导致"非明"。在语言指称物的符号关系里，庄子发现语言能表达的只是非常粗浅的一面，很容易陷入一种非此即彼、是非争论的二元关系之中，构成"以明"的障碍。皮尔斯（CP 1. 360）同样表达了这一点："我们可以很容易地通过他对语言的不加节制的使用来识别出他的思想主要处于二元阶段的人……他的表达方式也同样明显地表现出了可笑的不足。对于这样的人来说，矛盾原理是

一种陈词滥调。为了反驳一个命题，他们总是试图证明其中潜藏着矛盾……""夫言者，风波也；行者，实丧也。"（《人世间》）言语不可捉摸，在传达时就会有得失。有言不断的符号生产是导致物我分离、"物不齐"的主要原因，"言而非也"（《知北游》），一言即非。"'言'像是开启了一个连锁制动的籍贯，启动之后，愈分愈细琐，越来越繁杂，最终言说蜂出并起，万物纷然淆乱。"（刘书刚，2020，p. 159）物在被"谓"的过程中被锁定在语言名称之中，在语言之辩的过程中，所言之物渐渐脱离了物之本身，因此构成了自然与文化符号之间的对立。当今西方生态符号学家也提出了人类的语言文化中心主义所造成的自然与文化之间的二元割裂，因此主张在皮尔斯物质与心灵连续性原则（Synechism）的基础上建构自然与文化之间的符号联系，"文化创造力和物质现实并不应被视为相互排斥或冲突，相反，它们的相遇正是符号和意义得以展现的条件"（Maran，2020，p. 4）。这与两千多年前庄子对语言遮蔽自然本真的批判是一致的，都表明了言与物的符号关系。

而符号的本质在于对自身物的存在的扬弃，意指过程必然意味着言与意不对等。庄子也很矛盾地发现自己也在尝试"言"，"今且有言于此，不知其与是类乎？其与是不类乎？类与不类，相与为类，则与彼无以异矣。虽然，请尝言之……"（《齐物论》）他的无言之言不是不言，可言是不言的基础，"尝言"的过程就是"以明"的过程，这个过程永远没有一个最终的状态，只能无限接近，只能在"视而可见""听而可闻""形色名声"的现象世界不断接近"以明"。庄子解释了这种言产生的符号过程："天地与我并生，而万物与我为一。既已为一矣，且得有言乎？既已谓之一矣，且得无言乎？一与言为二，二与一为三。自此以往，巧历不能得，而况其凡乎！故自无适有，以至于三，而况自有适有乎！"庄子虽然主张"道通为一"与"以明"，但是这个"一"与"明"必须要经过无限的符号过程，"二""三"正是从自然符号到文化符号的过程中符号不断衍生的结果。这个不断衍生的符号过程类似于皮尔斯的三元符号过程，其中再现体、所指、解释项动态地转换，"再现的对象只不过是一个再现，而后面这个再现的解释项则是第一个再现"（2014，p. 49），形成无限的循环。在皮尔斯的符号学中，符号的形成是一个开放的、螺旋形的过程，如约翰·迪利（John Deely）（2021，p. 144）对皮尔斯的符号生成的解释："一度是客体的东西，另一时刻变成了主要是符号载体的东西，一度是解释项的东西，另一时刻变成了所指客体；一度是所指客体的东西，另一时刻变成了解释项。诸如此类，在无止境的螺旋状的符号活动中进行着。"我们看到，指物是一个指向的过程，屠友祥（1998，

p. 319）认为指向不会真正抵达，"指不至"就是这个意思。这也说明"以明"不可能是一种完成的状态，而是不断地靠近"明"。

事实上，"以明"不是要求"不言"（不要言），而恰恰是在"无言"与"有言"之间，"不言之言"、言之"无言"。庄子用"卮言"来描述"物固有所然"的符号状态，"无物不然，无物不可"，"道物经述说之功，依旧保持住道物之性，保持住恒久之状，则述说自身也须是一种道物方可，卮言即是如此"（屠友祥，1998，p. 181）。"言无言"的"无言"通向"卮言"，但"无言"不等于"不言"（褚伯秀，2014，pp. 888 - 889）。庄子所说的"卮言"是超越二元境地的一种姿态，是在滑动的能指中寻找所指的意义，在能指与所指中允许物的在场。德里达也一样，都在解构那个逻各斯，旨在突破索绪尔将任意性与差异性局限在语言系统之内的理论构想，而打破二元对立，让"新的意义在语言符号的非规约性组合中不断生成"（戴俊霞，阮玉慧，2020，pp. 184 - 185）。齐物之要——"以明"处于一个无言、有言、忘言、不言连续的、历时且共时的符号过程中。因此，"不言之言"，或者说"卮言"就是不以"言"取代物之本源，"与之保持连续性——在知识当中展示实存物的本身结构和样态，即'物自体'的秩序"（迪利，2012，p. 193）。故而，我们说庄子消解了言与物之间的二元对立，在从自然到文化的符号过程中阐释了"以明"概念。"以明"并非一种终极的状态，需要在以言指物的符号过程中追求，但永远不能完结。

结　语

"以明"为"齐物"之关钥，"以明"是庄子关于人如何经验自然、认识自然与文化符号关系的主要观点。从庄子"以明"前后文的论述看，"以明"的真正含义建立在消解二元的基础上，且与符号问题相关。庄子将对"以明"的论证置于主体对自然的感知以及符号过程当中，同时这种符号过程呈现了自然与文化符号的交织关系。庄子的"以明"并不是一种最终确定的状态，而是需要主体在符号过程中不断实践。这破除了以往学界单纯将"以明"归结为真理，以"道"观"明"的形而上观点。因此，"以明"不能以"道""一"概而论之，也不能理解为一种是非、彼此的相对主义言论。庄子揭示了人如何通过身体，用语言的指称与自然发生符号的交互，在符号过程中追求"明"。明显，庄子是强调过程与中间介质的。"以明"摒弃了人类中心主义状态，揭示了人类如何与自然相处互动，如何建构自身以及自己的文化。因此，不能简单地将"以明"与"真理""去蔽"等概念直接等同。

我们看到庄子的"以明"蕴含了自然与文化的符号关系，这与西方皮尔斯符号学、当代生态符号学对生命的感知与符号过程论证存在一些相似性。几乎可以说，早在先秦时期，庄子已经有了系统的生态符号学思想。庄子对"以明"中自然与文化交互关系的解释呈现了后现代的色彩，后现代理论与庄子的哲学观有一定的亲密性和相通性（戴俊霞，阮玉慧，2020，p. 175）。学界越来越发现庄子思想具有世界性，西方学者也声言"古代的中国恰是真正意义上的后现代"（Hall，1995，p. 701）。庄子的"以明"概念为我们理解人与自然之间的关系提供了新的启示，中西理论在生态哲学观视角中形成对话。

引用文献：

褚伯秀（2014）. 庄子义海纂微（张京华，校）. 上海：华东师范大学出版社.

戴俊霞，阮玉慧（2020）.《庄子》文学的跨文化研究. 北京：光明日报出版社.

迪利，约翰（2011）. 符号学对哲学的冲击（周劲松，译）. 成都：四川教育出版社.

迪利，约翰（2012）. 符号学基础（张祖建，译）. 北京：中国人民大学出版社.

郭庆藩（1985）. 庄子集释（第一册）（王孝鱼，点校）：中华书局.

刘书刚（2020）. 在物之间：庄子的伦理意识与语言观念. 北京：北京大学出版社.

皮尔斯（2014）. 皮尔斯：论符号（赵星植，译）. 成都：四川大学出版社.

屠友祥（2004）. 符号的空洞性与充实性. 文艺理论研究，6，48–54.

屠友祥（1998）. 言境释四章. 上海：上海人民出版社.

瓦尔，科尼利斯（2014）. 皮尔士（郝长墀，译）. 北京：中华书局.

吴根友（2013）. 庄子《齐物论》"莫若以明"合解. 哲学研究，5，41–49.

徐希定（2021）.《庄子·齐物论》研究：以"我"与"物"的关系为中心. 北京：商务印书馆.

杨国荣（2015）.《齐物论》释义. 华东师范大学学报（哲学社会科学版），3，1–25.

Bateson, G. (1973). *Steps to an Ecology of Mind*. London：Fontana.

Coletta, W. J.（2021）*Biosemiotic Literary Criticism: Genesis and Prospectus*. Gewerbestrasse：Springer Nature.

Eco U. (1976). *A Theory of Semiotics*. Bloomington：Indiana University Press.

Hall, D.（1995）. Modern China and the Post-modern West. In C. E. Lawrence（Ed.），*From Modernism to Postmodernism: An Anthology*, 698–710. Cambridge：Wiley-Blackwell.

Merleau-Ponty, M.（1970）. *Themes from the Lectures at the College de France 1952 – 1960*（Evanston J. O'Neill, Trans.）. IL：Northwestern University Press.

Merleau-Ponty, M. (1962). *Phenomenology of Perception*（C. Smith, Trans.）. London：Routledge

& Kegan Paul.

Maran, T. (2020). *Ecosemiotics: The Study of Signs in Changing Ecologies*. Cambridge: Cambridge University Press.

Nöth, W. (2001). Ecosemiotics and the Semiotics of Nature. In P. Torop, et al (Eds.), *Sign Systems Studies*, volume 29. 1, 71 – 81. Tartu: Tartu University Press.

Peirce, C. S. (1958). *Collected Papers of Charles Sanders Peirce* (Vol. 1 – 8) (A. W. Burks, Ed.). Cambridge, Mass. : Harvard University Press.

Sebeok, T. A. (1974). Semiotics: A Survey of the State of the Art. In T. A. Sebeok, et al. (Eds.) *Linguistics and Adjacent Arts and Sciences*, Vol. 12. *Current Trends in Linguistics*, 210 – 264. The Hague: Mouton.

Von Uexküll, J. (1934). *Instinctive Behavior: The Development of a Modern Concept* (C. H. Sghiller, Trans.). New York: International Universities Press.

Von Uexküll, J. (2010). *A Foray into the Worlds of Animals and Humans: With a Theory of Meaning* (J. D. O'Neil, Trans.). Minneapolis: University of Minnesota Press.

Von Uexkiill, T. , Geigges, W. & Herrmann, J. M. (1993) Endosemiosis, *Semiotica*, 96, 1/2, 5 – 51.

作者简介:

孙宣，中山大学中文系（珠海）博士研究生，研究方向为生物符号学与生态符号学。

Author:

Sun Xuan, Ph. D. candidate of School of Literature (Zhuhai), Sun Yat-sen University. Her research direction is biosemiotics and ecosemiotics.

Email: sunll2125@163. com

为什么是诗性语言？
诗性语言之革命性再解读

李　莹　董明来

摘　要： 潜藏于无意识中的语言结构，构造着主体的在世经验与周围世界，主体凭借言说这种单向、线性的科学话语来确定人格自身。这一述谓结构与象征秩序是同构的，它构成了主体日常生活的全部。然而，巴赫金对词语之双值性的发现为打破述谓逻辑埋下了伏笔；沿着后结构主义脉络，克里斯蒂娃通过强调诗性语言的复义，以及蕴含多重可能性的互文空间，看到了主体越出权力生存的某种可能性。经由"过程中的主体"，诗性语言发起了一场席卷文本空间与社会政治领域的革命实践。

关键词： 诗性语言，主体，述谓结构，革命实践

Why Poetic Language?
A Revolutionary Reinterpretation of Poetic Language

Li Ying　Dong Minglai

Abstract: The structure of language in the unconscious constructs the subject's experience and the world around it. The subject also defines personality itself through linear and indexical discourse. This discursive structure is structurally identified with the symbolic order, which constitutes the totality of the subject's daily life. However, Bakhtin's discovery of the bivalence of words makes possible a break with the logic of predication. From the post-structuralist perspective, Kristeva identifies the possibility of the subject's transgression of power by emphasising the polysemy of poetic language and the intertextual space of multiple possibilities. Through the "subject in process", poetic language initiates a revolutionary practice that sweeps through textual space as well as the socio-political sphere.

Keywords: poetic language, subject, predicate structure, revolutionary practice
DOI: 10. 13760/ b. cnki. sam. 202402008

1965 年圣诞前夕，来自保加利亚的茱莉亚·克里斯蒂娃只身一人来到巴黎求学。此时的法国思想界，正处于结构主义思潮的黄金时期：列维－斯特劳斯、巴尔特、阿尔都塞等大批结构主义学家们汇聚巴黎，盛况空前。受到俄国后形式主义学者巴赫金对话理论的启示，克里斯蒂娃扎根于结构主义符号学的沃土，通过发展"被结构主义忽略的两个方向"，把自己"推到了后结构主义开拓者的位置"。这两个方向，分别是"对文本历史的开拓"亦即对互文关系或者说文际关系的考察，以及"对'言说主体'的研究。包括主体性与言说行为的研究，而不仅关注作为阐述结构的话语"（2016b，p. 11）。本文的目的，就在于从主体理论的角度出发，重新审视"诗性语言"这一克里斯蒂娃思想中的核心概念。在其奠基性的论文《词语、对话和小说》中，克里斯蒂娃已经通过介绍巴赫金发展起了一种关于主体及其言说的理论。1974 年，其博士论文《诗性语言的革命》的出版标志克里斯蒂娃的理论视野由文本领域转向社会政治领域。正是在此书中，她正式提出了"诗性语言"的理论。克里斯蒂娃提出此概念的目的，可以说是政治哲学的：在她看来，以现代诗歌作品为代表的诗性语言所标明的，正是主体越出权力生存的可能性。

一、诗性语言与过程中的主体

作为后结构主义的开拓者，克里斯蒂娃高举反本质主义大旗，借助互文性理论，将语言从单一、稳定的图圄中解脱出来，重新为其赋予动荡与可能性。"过程中的主体"，作为一种区别于边缘主体，且能对象征秩序进行合法逾越的异质性主体，正是通过诗性语言来重新调动被遮蔽的、专属于主体的激烈性的。

（一）从言说主体到过程中的主体

克里斯蒂娃对主体的思考，受惠于精神分析良多。不同于传统哲学将主体看作稳定不变且完整统一的确定性存在，弗洛伊德－拉康精神分析脉络将言说活动视为主体确立其主体性的关键，形成了"言说主体"（sujet parlant）的概念。言说的主体寓居于一个外在于他的精神秩序之中，此秩序是他的主体性得以生成的前提。用精神分析的术语来说，这就是"象征秩序"，而且"一旦到了主体（儿童）象征地说出，表明主体已经进入了象征秩序，说话主体就发生了。说话主体的发生是一个主体性确立的过程"（黄作，2005，p. 184）。主体性不再是主体内部先验性的存在，而是由外部世界中的话语活动构建的，同样，"言说主体"也是唯一能够存在于经验世界之中的主体形式。

以"言说主体"为基础，克里斯蒂娃提出了"过程中的主体"（sujet en procès），并将其作为诗性语言所对应的特殊主体。她是这样表述二者关系的："诗性语言通过标记和符号态易化的网状体系将主体置于过程之中。"（2016a，p. 42）这就是说，由于诗性语言能够在象征态中重现符号态的功能特征，亦即将隐藏于符号－句法之下涌动着的音乐和律动重新展现在言说活动之中。进而，与其对应的"过程中的主体"就是那些在言说活动中既能遵循句法规范，又能尽情享受韵律的主体。详细来说，正如意义生成需要历经"符号态—命名时段—象征态"这一过程，主体的形成也离不开这三个阶段。其中，命名时段作为一个短暂的停滞状态，是主体及其对象确立的标志。"过程中的主体"之所以形成，正是由于（作为主体假定的原初时刻的）命名时段在符号态的子宫间的驱力运动中持续被冲击，以至于它总是处于变动的过程中。"对于主体而言，命名时段不是一种对符号态的子宫间的压抑，而是主体正在承受或者经历的位置，因而只有主体可以质疑命名时段，从而表述一种新的格局。"（p. 34）所以说，"过程中的主体"始终质疑着一个质疑命名时段所假定的主体，这个被质疑的东西，就是处于象征秩序之中的说话主体。这也是"过程中的主体"与"言说主体"之间的根本性差异。

"过程中的主体"虽发轫于"言说主体"，但并非如后者一般完全臣服于句法规范，而是在驱力洪流的帮助下质疑后者，试图在具体的言说活动中将无序、非理性、身体碎片、音乐、韵律等异质性元素展露出来。实际上，"过程中的主体"可以视为克里斯蒂娃借助诗性言说为主体开辟的一条存在之路，它站在言说主体的肩膀上发现了语言中本就存在的韵律。

（二）过程中的主体：介于精神病与恋物癖之间的异质性主体

相较于兢兢业业遵循符号－句法规范的"言说主体"，"过程中的主体"

由于从话语中发掘出了"未经允许的快感"而被打上异质性的标签，其异质性更表现为它与"异常主体"① 之间的距离——它并未像精神病人和恋物癖者一样完全被社会秩序驱逐在外。

在进入社会秩序之前，任何主体都必然要在母性的符号态空间中被孕育，他们沐浴在子宫间驱力的潮涌之中，直到接受命名时段的过滤，洗刷"前主体"身上不连续的物质能量。尽管"过程中的主体"与精神病人都未能完全拦截驱力洪流，致使享乐渗透于语言秩序之中，但命名时段却成为二者区分的关键：前者认可些许驱力透过命名时段的裂隙钻进象征态，使得命名时段的假定不充分，而后者则任由符号态驱力彻底摧毁命名的门槛。显然，正是由于精神病人将完全浸染无意识能量、尚未形成主体的躯体放入主体规范之中，所以其必然会招致来自象征秩序的驱逐。与之相反，"过程中的主体"则将部分享乐驱力悄悄带入秩序之内，并因此得以免受规范的否定。福柯通过疯人与疯癫状态在社会中截然不同的境遇，来展现精神病患者与"过程中的主体"的区别：如果说，疯人——从中世纪搭乘愚人船被放逐于水域，到 17 世纪被禁闭于陆地，直到 19 世纪被关进精神病院——一直处于隔离，那么疯癫状态却持续存在于文化，"话语涵盖了整个疯癫领域……"（1999，p. 90）正如当前互联网上的"发疯文学"，就呈现了人们在日常生活中不稳定的精神状态，但他们并非病理学意义上的疯人。因此，"过程中的主体"正是将隐藏于话语之下的音乐、律动、激情、谵妄等通过话语表达出来，却没有如精神病人或疯人的语言一样彻底背离语法规范，进而并不会被驱逐，也不会被隔离。

另一种与过程中的主体的经验模式类似，但又与之有区别的生命样态，乃是恋物癖或者说"物的偶像崇拜"。克里斯蒂娃（2016a，p. 47）指出："诗性功能与恋物癖汇集于一点，但是并不能等同于恋物癖。它们运作机制的区别在于，诗性功能包含着意义。"一方面，由于物的堆积阻滞了阳具的通达，物恋者的性实践并未导向生殖规范，反而是借由物神获得了一种大他者的享乐——"它是非性化的在语言之外的享乐。证据就是对这种享乐的沉默……这种享乐不能被说出来，它不属于能指的秩序。"（瓦尼埃，2019，p. 107）另一方面，物恋者又的确认可并执行了性行为。这意味着，尽管恋

---

① "言说主体"作为唯一能够存在于经验世界之中的主体形式，意味着主体能够通过言说符合语法－句法规范的话语来确证自我的存在，这些话语是可以被他人理解并用于交际的，我们常称这类主体为"正常人"。而所谓"异常主体"，就是那些无法与他人进行交流，以及其行为违背社会规范的主体，他们游离于社会主流，被称为"边缘人"。

物癖被以生殖为中心的性活动驱逐至秩序边缘，但是性规范却并未彻底排斥它，它仍旧在无序与秩序的边界处游荡，而这恰与"过程中的主体"有异曲同工之妙。此外，不同于"过程中的主体"直接跨越了命名时段，恋物癖向命名时段妥协了。为了能够进入象征秩序，恋物癖将命名时段中需要假定的指称性命题替换为其自身的停滞状态，亦即停滞状态本身作为一种被假定的命题进入象征秩序，进而即便恋物癖无法完成生殖目的，也仍然作为一种被排斥的反常主体存在于规范之中。

如果说，精神病和恋物癖患者都因为对象征秩序或多或少的破坏而被迫游荡在秩序边缘，那么"过程中的主体"在逾越规范的同时则未曾遭遇驱逐。他在言说活动中遵循符号－句法规范，说着能够被他人理解的语句，却通过挖掘话语最原初的音乐和韵律，从而享受着稍纵即逝的快感。

二、为什么是诗性语言：语言结构与主体形态

然而，为什么克里斯蒂娃关于过程中主体的思想，会导向"诗性语言"概念呢？或者说，为什么偏偏是诗性语言塑造了具有激烈革命性的主体呢？要回答这个问题，就要依照克里斯蒂娃的路径，重新回到结构主义精神分析的脉络当中去，探寻语言结构与主体形态之间的关系。对于这样一个任务，最方便也最直接的思想线索，当然来自雅各·拉康。在《诗性语言的革命》中，拉康扮演着重要的角色。因此，本文下面的探索，就从拉康开始。

（一）语言结构：优先于主体并构造在世经验

作为现象学、精神分析和结构主义语言学的汇合点，拉康明确意识到人格的文化和历史内容的本质，乃是语言结构："精神分析经验在无意识中发现的，乃是语言结构……伴随着它的结构，在主体与主体之精神发展的某个阶段进入它之前就存在着。"（Lacan，2002，p. 413）语言结构是过去的言语活动在主体中沉淀的结果，在使用此结构中的要素时主体并不会主动地意识到它，亦即，在言说或者倾听时"我"不但不会主动回忆"我"习得语言的过程，而且实际上也不会把抽象、同一的"词"本身作为"我"的意识对象——"我"的意识对象是"我"说出或者听到的言语组合。换言之，语言结构实际上是在无意识中被调用的主体能力，它先于主体存在。

然而，语言结构不只是主体言说的能力，更对主体的整个在世经验都有着构造的作用。世界的外部性质翻转了具身身体与世界的关系：不再是世界

以身体为中心，而是身体依赖于外部世界。但自我就意味着同一，外部的绝对只意味着自我无法把对象当作具身身体的一环，而不意味着自我不再欲求与对象的同一。在拉康看来，我的身体所依赖的对象既然是绝对的他者，那么与它的同一就也只能采取翻转的方式，亦即让我成为这个我无法改变之物的一部分——进入它。用拉康自己的话来说，"唯有通过穿越言语之极端的窄道，他能够完成这一进入"（p. 40）。所谓"穿越言语的窄道"，亦即进行言说。言说是主体获取语言的过程，而获取语言虽然看起来是让语言在我之内，实际上是反过来，让主体在语言之内。如果聚焦于语言，就意味着主体需要"习得语言"。唯有当语言结构中的具体要素——词义、语法、修辞规则，对主体显示为先在、确定，有着无可辩驳且不能被怀疑的自然存在时，主体才通过不断地经验它们而习得它们，让它们沉淀为自身的经验能力。正如婴儿在成长过程中言说自己的欲望，不但是向养育者指出自己的欲望，而且是持续地向他指出世界的运作：如果他说话，如果他礼貌地说话，如果他听话，那么世界就是可理解的。

当然，言语对世界的构造作用并不只发生在婴儿身上：它是在世存在的持续结构。正如我之所以总是把鞋子经验成鞋子，是因为我总是在说着关于鞋子的话语。鞋子包括在我的世界之内，而我的世界更是由我的言说构造的：我回到家脱下鞋子时会把鞋子乱丢，无所谓鞋尖究竟是朝向屋内还是屋外；我之所以能够以这种无所谓的态度经验我的鞋子，是因为我不认为如果鞋尖是朝着屋内的，我就会邀请一些妖魔鬼怪进门——而我之所以生活在这样一个没有妖魔鬼怪的世界中，当然是因为我并不言说这样的故事。但对于言说着它们的人来说，进门时所脱下的鞋子就是必须仔细摆放的东西了。在这里，无论我言说还是不言说关于鬼怪的语言，这种言说的选择都是我的世界的前提：它要么被塑造成一个被祛魅的现代世界，要么仍然是一个氤氲着玛娜（Mana）的天地。

总之，语言结构是言语行为沉淀的结果，而经验沉淀所塑造的又是言说主体的内容，所以说，语言结构就是言说主体的内容，而让主体得以成形的一切意向经验都发生在言语－指示的世界之中。

（二）象征秩序：从"0"到"1"的述谓结构

语言结构作为一种无可辩驳的东西，召唤着主体向它靠拢，亦即"习得语言"，同时它也构造着主体的言语－操劳经验与其存身的周围世界，而分析哲学意义上的述谓语法与言语－操劳经验是同构的。作为精神分析符号学的早期代表人物之一，克里斯蒂娃已然意识到述谓结构与某种主体形态之间有密切的关系。

在克里斯蒂娃（2016b，p. 24）看来，"与'符号生成'相对的是'象征生成'。后者包括判断与命题，属于意义领域，也就是立场领域。'立场性'在意义生成的过程中是一个分界点，它的标志是主体的确立，以及随之产生的对象的确立，而'符号生成'不属于这样的意义领域"。象征秩序中包括判断与命题，亦即包括述谓逻辑①。对某物的实存有立场同时是对它有所喜好，有所厌恶，乃至有所操作。在克里斯蒂娃（2016b，pp. 157 - 159）这里，述谓命题是基于"0—1"序列的逻辑系统，显然，这里的"0"是指言语，而"1"应当被理解为在一个确定的世界中有确定位置和功用的事物。进一步，述谓命题的作用是指向一个有着清晰的因果关系的世界序列，唯有在这个世界中，言语组合段才能作为"0"而把主体引导向世界中清晰的位置上。作为一种科学语言，述谓命题之逻辑清晰性出于这样一个要求：主体所有的言说都必须指向一个确定的世界。确定的世界属于一个确定的主体，或者说确定的世界是一个确定的人格自我的周围世界。"（语言的、心理的和社会的）'禁律'是 1（上帝、法律、规定）……"（p. 159）此处"禁律"的概念极为关键：禁律必然通过言语表达，同时它实际上呈现为语言秩序；禁律说明了什么是被禁止的，亦即什么是有害的。禁律由大他者提出，遵循禁律就是向这个大他者趋近。或者用拉康的话来说，倾听由大他者给出的禁律，就是穿越言语的窄道。遵从禁律就是让语言 - 象征结构在主体内部沉淀为无意识，亦即在主体的经验中起着引导构造的作用。例如男性/女性公共空间的区分，尽管这些空间鲜少用文字标明男性/女性，更常见的是张贴烟斗或裤装小人以及高跟鞋或裙装的标识，而之所以绝大多数人都能够分清并进入自己对应的空间，是因为沉淀于我们无意识中的是这样一种经验：烟斗或裤装代表男性，高跟鞋和裙装则代表女性。实际上，在这种经验之上的是"我是男性/女性"的话语，正是这样的言说构造了我们的经验，使我们进入专属空间。相反，一旦无法在二元性别中言说（如跨性别或泛性别人士），就不能进入对应空间，以致只能被动地消失在公共空间。因此，述谓结构不仅表现为一种单向、线性的意指关系，还可以看作对外部世界的秩序规范的再现，只有掌握并遵循它，才能够在社会中正常生活。

---

① 述谓逻辑是一种建立在希腊（印欧）句式基础上的现代逻辑方法，这种句式以"主语 + 谓语"为架构，以一致性、判断和因果关系为推导手段。

通过禁律现象，我们还可以抵达下一个关于主体与象征秩序的重要洞见："只有通过对现有界限违反，才能感知规范的存在。界限之外的'不正常'反而是规范建立的基础。"（戴雪红，吴家丞，2022，p. 26）象征秩序以禁律的形式为主体指明未来，并要求主体持续地投身其中。在拉康著名的"L 图式"中，大他者处于右下角，拉康认为生成的主体"应该"处于那里——显然，这就是说他永远不可能抵达那里。联结 S 和 A 的对角线被镜子折断，所以这条对角线的左上段（联结着镜面和主体 S）是虚线，且在简版图式中则直接不存在（Lacan，2002，p. 40，p. 458）。这意味着，主体总是无法与大他者同一，或者说大他者对他的要求是永远无法真正完成的。这道理也非常简单：主体的生活总是面向未来，而无论是对主动行为的命令（做这个！）还是禁律（不要做这个！）几乎可以说从语法上就总是未来式的。大他者和主体之间的直接关联被镜子折断，但是镜像或者说想象界，亦即主体和自身的关系，却曲折地勾连了二者：大他者呈现为禁律－言说，呈现为指向未来的言说。在这个意义上，海德格尔的洞见是对的：不是人说语言，而是语言呼唤人。语言从"存在的大道"而来，它所指示的未来需要主体持续地加以充实。

在这里进一步推演或许不如举例子有效。在加缪的《鼠疫》中，据主角之一塔鲁的观察，预审推事奥东先生一家，父亲是"驯服的猫头鹰"，母亲"小得活像只黑鼠"，而两个孩子则"打扮得像两只训练有素的小狗"。父亲总是用敬语说最恶毒的话，其中就包括谈论当时已经在城里到处出没的老鼠，而他的妻子则说"您爸爸说得对"。（1999，pp. 255－256）父亲的一切行为都遵循中产阶级的礼仪要求，而提起老鼠是不体面的。父亲时刻地在对孩子说着刻薄恶毒的话语，因为孩子只要还是孩子就永远无法让父亲满意（在卡夫卡的短篇小说《判决》中体现得最为明显），而父亲的话语正是孩子通往他们体面的"食盆"的通道。这就是禁律发生的方式。父亲的禁止之所以自信而不容置疑，是因为它指示了一个自然在场的中产阶级秩序，在其中一切都"理当如此"，即使人永远无法追上这理当如此。在这个意义上，父亲与秩序是二位一体的。

象征秩序借助线性、单向的述谓命题渗透进主体无意识的言语经验，并成为其构成周围世界的依据。它通过禁律规范主体的行为，主体也同样通过遵守禁律来取得继续存身于社会的许可证。它为主体划定了一个貌似确定的存在价值，要求主体持之以恒地达到它，但由于主体操劳的未来面向与父系禁律的过去言说之间存在根本性矛盾，主体只能在证明自身价值的路上疲于奔命。

（三）诗性语言：逾越禁律的话语实践

无限趋近却永远也无法到达大他者所指示的未来就是主体的归宿吗？或者说，主体只能言说着线性单向的述谓话语，朝着永远也无法抵达的彼岸前行吗？文章开篇所提到的"过程中的主体"就是克里斯蒂娃对这一问题的回答。通过强调诗性语言中词语的双值性，克里斯蒂娃看到了主体存在的新的可能性。诗性语言的复义，让它不可能有清晰的意指，亦即无法落回到判断和命题的领域，进而"基于0—1序列的逻辑系统对解释诗性语言的运作是无能为力的"（2016b，p. 158）。可以说，诗性语言不再是从"0"到"1"的述谓结构，相反，它作为一种从"0"到"2"的"连续体的能量"（puissance du continu）逾越了"1"，成为唯一能够摆脱禁律的语言实践。

事实上，诗性语言之所以能够成为主体僭越象征规范的话语实践，还需要回到克里斯蒂娃理论的开端，亦即"互文性"概念。诗歌语言中词语的双值性构筑了一个多重意义上能够容纳无限可能性的开放式空间。一方面，作为语言的最小单位，词语成为容纳无限义素的空间。巴赫金所提出的"双值性"概念让言语链条的"横轴"与文本关系之间的"纵轴"同时发挥作用。这意味着，言语中所有具体的词的意义不但是由现有言语链条中其他的部分规定的，而且同时是"引言的嵌套组合"——或者说，"任何文本都是对其他文本的吸收与转化"（克里斯蒂娃，2016b，p. 150）。在这里，文本的横轴当然是雅各布森、拉康和巴尔特所说的转喻展开，但是引言的纵向结合却并不完全等同于隐喻-象征秩序：互文关系中被"引用"的其他文本意义不像在隐喻秩序中那样被现有文本的词替换，而是同时地在当下的文本中发挥着作用。克里斯蒂娃自己的一个例子很有启发性。她提及马拉美的一句诗："Hyperbole！Dema mémoire. Triomphalement ne sais-tu. Te lever, aujourd'hui grimoire. Dans un livre de fer vêtu..."克里斯蒂娃（2016b，p. 25）提出，这两行诗的关键并不是它们说了什么，而是在"hyperbole"（双曲线）一词中人们能听到"père"（父亲），而在"ma mémoire"（我的记忆）中又有"maman"（父亲）。"父亲"的意义与"双曲线"纠缠不分，而记忆在熟稔于法语的耳朵中则同时有母性的感觉。所谓的互文性，首先就是指在"双曲线"一词中"父亲"义素的出场。如此一来，每个词实际上都是容纳近乎无限之义素可能性的容器。

另一方面，具体的诗歌文本也因为向社会历史开放，而成为一个多重文本空间。这个空间能够提供让具体文本变得丰饶的可能义素，它从属于一个"更大的整体"，这个整体既包括语言结构本身，更包括整个特定文化传统中的所有可能文本。值得注意的是，这两种空间都不可与身体要素分割。索绪尔本人就指出，聚合－联想关系不但可以通过义素的关联产生，也可以根据读音的关联而被呈示给主体：法语"enseignement"（教育）一词不但可以和"enseigner"（教学）等拥有同样词根的词，或者与"armement"（装备）等共享名词性词缀的词构成聚合关系，而且可以和"justement"（恰好）这样只是一部分读音相同的词一起被纳入同一个联想集合之中（2019，pp. 181 - 182）。"双曲线"和"父亲"在法语中的关联，显然也属此类。在某种程度上可以说，"双曲线"一词通过读者的唇舌而在读者的意识中投下父亲般沉默而巨大的阴影。

进一步来说，互文空间被克里斯蒂娃称为空间。这也不只是因为诗歌语言必然像马拉美《骰子一掷》那样，拥有特殊的视觉－印刷形式。马拉美的名作只是让互文的空间性品质更为显豁地体现出来而已。与其说"空间性"意味着阅读中视觉的统治地位，倒不如说它标明了义素关联的非线性。克里斯蒂娃本人也意识到，"《骰子一掷》的空间布局旨在把诗歌语言是某种体积、其中建立了种种出人意料的关系（言语闻所未闻的非逻辑性关系）的情景搬上页面……"（2015，p. 213）需要强调的是，语法组合的线性和单向性与述谓逻辑的线性和单向性是同构的，同时，在语言学中言语组合段又被认为有一单向的时间流逝。主体的时间经验当然并没有几何射线那样的整齐和单向性质，相反，在此意识之流中各种印象总是同时混杂，即使这些印象根据编年史式的时间概念应该被归在不同的客观时刻之中。柏格森认为编年史式的时间是"空间化了的"，不过这里他强调的是空间的均质和可计算。与之相反，克里斯蒂娃在"空间"中看到的是"出人意料的结合"：在读《骰子一掷》时，"很难甚至不可能在一个主、谓、宾结构的规则句子里排列上述诗段，而即使我们做到了，也将损害诗歌文本不可察觉意义的效果"（2015，p. 220）。这意味着，任意一个词都可以与铺展在纸上的印刷痕迹中的任何一个词相关联，即使二者在空间上相隔甚远而且之间没有任何符合规范的语法联系。被诗句的空间排列打破的逻辑－语法限制，同时也是"空间化的客观时间"限制。

如果进一步追问这个开放式的互文空间，回到克里斯蒂娃对诗性语言的描述，我们或许能看得更加清楚："诗歌呈现了语言秩序内部驱力易化的不停歇的抗争……诗歌，更准确地说，诗性语言，提醒我们它永恒的功能：即通过象征态引入那些作用于诗性语言的内容，以及那些穿越它和威胁它的内容。"（2016a，p. 60）符号态的子宫间的驱力洪流永不停歇地冲击着命名时段的门槛，使其始终处于"破碎—重建"的过程，以至于设想中清晰的意指边界变得模糊暧昧，这不仅使意义处于持续生成的过程之中，冲击产生的裂缝也为驱力的入侵埋下了伏笔。前面所提到的开放式空间接纳的正是这些无序的能量。显然，诗性语言的结构为其赋予了一种无可比拟的特殊性，它在断裂处连续，却在连续状态中呈现断裂。搭载着永不停歇的驱力洪流，符号态中不连续的物质能量渗透进象征秩序中，为命题提供停顿、韵律，调动身体回应来自原初母亲的呼唤。每一次表述都潜藏着享乐的可能性，每一个句子都蕴含着比事实更多的内容。

既然诗歌中的每一个词都混杂着诸种可能的义素，具体的诗歌文本更能从历史维度和时空维度打破线性逻辑，那么诗性语言本质上就无法完成指向象征秩序所塑造之世界的任务，从而逾越禁律。亦即，诗性言说无法给予主体确定的在世经验，无法让主体找到经验世界中的一个确定位置，亦拒绝为主体构造一个确定的周围世界。如果说，言说线性的述谓话语，让主体踏上了一条被禁律规范着的单行道，朝着那个永不可即的未来前行，那么，在诗性话语中，则没有大他者的律法，没有父亲的阴影，没有那个可望而不可即的未来，在这里，一切都是混沌，都是可能性的延伸，主体可以随意穿梭于任何一条林中小路。

结　语

现在，终于可以对"为什么诗性语言具有革命性？"作一个回答了：诗性语言的革命性尽数体现在其"过程中的主体"上，而它之所以能够为主体赋予如此强大的激烈性，正是因为它从结构上为词语、文本拓展出了一个开放空间，这个空间允许无限可能性的存在，通过言说这种含混、暧昧的话语，主体从枯燥乏味的日常生活中得到了片刻的喘息。如果说，象征秩序通过清晰的意指关系将主体安排到各自的位置上，为其划定存在价值和禁律的范围，那么言说着诗性语言的主体，即"过程中的主体"，显然中断了这一秩序；处于后一种状态下的主体在言说中寻找快感，却未被秩序驱逐至边缘。涌动在每个音节之下的律动悄无声息地潜进身体，父亲的命令被暂时搁置，除了调动身体来回应原初母亲的呼唤之外，别无他法。

引用文献：

戴雪红，吴家丞（2022）．"规范"的力量——对朱迪斯·巴特勒性别操演理论的一种探索．福建师范大学学报（哲学社会科学版），2，23－32＋169．

福柯，米歇尔（1999）．疯癫与文明：理性时代的疯癫史（刘北城，杨远婴，译）．北京：生活·读书·新知三联书店．

黄作（2005）．不思之说——拉康主体理论研究．北京：人民出版社．

加缪，阿尔贝（1999）．加缪文集（郭宏安等，译）．南京：译林出版社．

克里斯蒂娃，茱莉亚（2015）．符号学：符义分析探索集（史忠义等，译）．上海：复旦大学出版社．

克里斯蒂娃，茱莉亚（2016a）．诗歌语言的革命（张颖等，译）．成都：四川大学出版社．

克里斯蒂娃，茱莉亚（2016b）．主体·互文·精神分析：克里斯蒂娃复旦大学演讲集（祝克懿，黄蓓，编译）．北京：生活·读书·新知三联书店．

索绪尔，德·费尔迪南（2019）．普通语言学教程（高名凯，译）．北京：商务印书馆．

瓦尼埃，阿兰（2019）．拉康（王润晨曦，译）．福州：福建教育出版社．

Lacan, J. (2002). Écrits. New York：W. W. Norton & Company, Inc.

作者简介：

李莹，四川大学文学与新闻学院研究生，研究方向为符号学理论。

董明来，四川大学文学与新闻学院副教授，主要研究方向为现象学哲学、符号学理论、形式主义文论与宋明儒学。

Authors:

Li Ying, graduate student at the College of Literature and Journalism, Sichuan University. Her area of specialization is theoretical semiotics.

Email: liying931@ outlook. com

Dong Minglai, Ph. D. , associate professor at the College of Literature and Journalism, Sichuan University. His areas of specialization include phenomenology, semiotics, literary theory and Neo-Confucianism.

Email: dongminglai@ outlook. com

符号美学 ●●●●●

中式艺格符换：元宇宙语境下古典美学转化的新思路*

王小英　吴卓然

摘　要：在元宇宙浪潮的冲击下，艺格符换（ekphrasis）作为一种跨艺术诗学理论体现出深刻的理论内涵与现实价值，能够为中国古典美学乃至优秀传统文化的创造性转化与创新性发展提供助推动力。与此同时，中国传统文艺创作中托物言志、语图合体等特异性要素，也为艺格符换这一诗学舶来品得以引入，甚至最终内化为"中式艺格符换"提供了丰富的延展与阐释空间。而面对元宇宙发展的时代变局，我国诸如《姑苏琐记》、虚拟数字人"天妤"等的创作，揭示出"言新情"与"立新象"两种元宇宙语境下新的艺格符换实践模式，推进了中式艺格符换理论的发展，也为中国古典美学的当代转换提供了一种新思路。

关键词：艺格符换，符号学，元宇宙，中国古典美学，语言，图像

＊ 本文为教育部中华优秀传统文化专项课题（A 类）重大项目（尼山世界儒学中心／中国孔子基金会课题基金项目）"中华优秀传统文化核心理念的符号考古学研究"（23JDTCZ008）中期成果。

Chinese-style Ekphrasis: A New Approach to the Transformation of Classical Aesthetics in the Metaverse

Wang Xiaoying　　Wu Zhuoran

Abstract: Under the impact of the metaverse wave, ekphrasis, as a cross-art poetic theory, has profound theoretical implications and practical value, serving as a driving force for the creative transformation and innovative development of Chinese classical aesthetics and even of the outstanding traditional culture. Simultaneously, the unique elements in traditional Chinese literary and artistic creation, such as conveying aspirations through objects and combining language and images, provide ample space for the introduction and eventual internalisation of ekphrasis, ultimately evolving into a "Chinese-style ekphrasis" with rich extensions and interpretations. In today's era of the development of metaverse, Chinese creations within the metaverse context, such as the short film *Gusu Suoji* and the virtual digital person "Tianyu", reveal new modes of ekphrasis practice: "speaking new emotions" and "establishing new images". These practices not only advance the development of Chinese-style ekphrasis theory, but also offer a novel approach to the contemporary transformation of Chinese classical aesthetics.

Keywords: Ekphrasis, semiotics, metaverse, Chinese classical aesthetics, language, image

DOI: 10.13760/b.cnki.sam.202402009

　　虚拟现实、数字孪生、人工智能、区块链等现代技术的快速发展推动了元宇宙概念由最初的科学幻想逐渐成为现实，而作为"元宇宙第一股"的Roblox公司于2021年3月在纽交所上市并取得商业化成功，以及微软、腾讯、字节跳动等互联网巨头对元宇宙产业的竞相布局，则更预示着互联网新世代的到来。不仅仅是对于技术问题的攻克，在对元宇宙这片处女地拓荒的过程中，其内部场域的人文要素呈现与文化内涵建构等问题也自然受到开发者与研究者的关注，但是，元宇宙仍处于理论真空的状态，其内部的文化实践也处于摸索尝试的早期阶段。本文所谓艺格符换的理论焕新，正是在此背景下展开。

一、元宇宙与中国古典美学的相遇

元宇宙（Metaverse）作为当下新潮的科技概念，已不再仅仅是停留在人类脑海中的科学幻想，而是在吸纳包括信息革命、互联网革命、人工智能革命等现代信息技术发展成果后逐渐走进现实。元宇宙之"元"有"超越"的含义，其意在超越原有现实物理世界，并在此基础之上构建与之平行的全息数字世界，以及"完全社会化的虚拟空间"（方凌智，沈煌南，2022，p. 7）。在理想的元宇宙空间中，用户可以借助数字生成的虚拟形象在同样虚拟的数字平台上不受时空限制地沉浸式进行学习、办公、社交等活动，虽然当下元宇宙仍处于开发建构的早期，虚拟现实、增强现实、动作捕捉等新技术并非完全成熟，较难相互整合形成一个成体系、成规模的元宇宙场域，但这一发展构想无疑会给人类社会带来巨大的冲击并引领未来技术发展的新方向。不仅是科学技术领域，元宇宙的兴起也为人文社科领域的研究带来了大量的机遇与挑战——相关技术的发展使得无声的文化遗产得以借助数字新媒体以崭新之姿呈现在世人面前，而互联网的传播特质也使得其能够在更广的受众群体内进行信息的高效传递；与此同时，诸如"元宇宙的媒介更替""元宇宙的文化建构""元宇宙对现实人文的冲击"等问题也将一并展示在人们眼前，亟待人们解答。而中国古典美学与元宇宙，这看似风马牛不相及的二者，就由此相遇和交汇。

伴随元宇宙概念在国内掀起热潮，新兴元宇宙文化逐渐走入大众视野，并在与国内本土文化的相互融合中进入各类生活工作场景，同时也推进了中国古典美学的传播进程。在此过程中，众多文化展馆、特色街区为了展示具有我国古典美学特质的文化遗产，开发出一系列虚拟现实数字化体验产品，如被称作"国内第一条元宇宙非遗街区"的广州非遗街区（北京路）就以骑楼为原型搭建出一个虚拟公共文化空间，游客可通过 VR 设备沉浸式体验广彩、广绣、榄雕、箫笛、通草画、岭南古琴、西关打铜等文化项目，其中各个项目均有代表性物件的 3D 数字建模，以便高精度全方位地展示细节，使得其艺术形式能够直观呈现在游客的眼前。同时，国内各大互联网企业与官方媒体也纷纷将中国古典美学元素与元宇宙布局相结合，形成众多的数字产品：如腾讯公司开发的虚拟国风数字人"艾灵"，能够创作藏头诗并演唱古风歌曲，曾提取、整合 28 首宋词词句，并通过人工智能与 AI 语音合成技术将其改编成原唱单曲《声律启蒙》，获得了不错的反响；又如浙江卫视推出的虚拟数字人"谷小雨"，曾多次在节目中讲述宋韵故事，朗诵宋韵诗词，以此传播宋韵美学文化，深得观众的喜爱。借助元宇宙技术，中国古典美学的传播不再仅仅依靠传统媒体的推动，而是积极与新技术、新媒体相融合，在互联网这一更为广阔的数字平台，面向数量更为庞大多元的受众，逐渐以一种"翩若惊鸿"（应霁民，冯潇颖，2021－09－06）的方式得以生动展现。

需要注意的是，当下元宇宙与中国古典美学的相遇并非十全十美，这自然与元宇宙本身技术尚未完全成熟有关，但元宇宙内部古典美学要素的呈现与相关人文内容的创作确然存在着更为巨大的问题与短板。一方面，较多美学对象在元宇宙空间中的孪生复现仅仅是对物件的形体进行简单再现，且艺术表现方式相对老套单一，最终往往以展览图片并佐以有声解说的传统形式来呈现，形式的陈旧使得其对追求新潮的年轻观众的吸引力大打折扣。同时，对于元宇宙这一提供了新技术、新媒介的平台而言，这种简单再现自然也没有充分利用平台性能——用户与对象间沉浸式交互。另一方面，较多创作方对其作品的创作重心与目的并不明确，如我国首个国风虚拟数字人"翎_Ling"因为直播带货与品牌代言而受到"其弘扬传统文化的人设是否为噱头"的质疑，而腾讯"艾灵"也在后期不再将重心完全放置于产出国风作品，而是翻唱其他类型歌曲。这一定程度体现出，相关企业往往仅将传播中国古典美学、弘扬中华传统文化作为其获取商业利益、提高公司声誉，或是测试相关技术的一种方式，而并非作为其重心与目的，这导致其文化内涵挖掘相对流于表面，难以真正传出中国古典美学的精神韵味。

元宇宙在当下仍为一片理论真空的处女地，最初的人文实践尝试并非都能尽如人意，这不禁引发对其现状的思考：是否存在一种艺术理论，能够适配并推动中国古典美学在元宇宙语境下的创造性转化与创新性发展，同时能够引领创作者在元宇宙语境下进行积极的创作实践，为数字中国的建设提供一定的助力？本文认为，艺格符换（ekphrasis）正是这样一种为时代需求所呼唤的艺术理论，这一理论将伴随元宇宙的发展而展露其生命力与丰富内涵。

二、艺格符换：元宇宙语境下的前世今生

在谈论艺格符换对于当下中国古典美学转化、创新的作用与价值之前，首先需要立足于元宇宙的语境，对其概念、内涵，以及相关研究的"前世今

生"进行充分的认识。艺格符换起源于公元 3 世纪前后的古希腊，是当时修辞手册中的一个术语，这一术语的希腊语拉丁转写为 "ekphrazein"，本义为"说出来"，指通过"生动、清晰、唤起心理想象"（Zeitlin, 2013, pp. 17 - 18）的语言对特定视觉对象进行具体的造型描述，以使其形象地展示在人们眼前。最初，艺格符换主要应用于训练演说家进行辞藻华丽的演讲，其目的在于唤起观众的情感与记忆，并以此风格吸引观众。而在之后的发展中，艺格符换也开始作为一种艺术模式，逐渐进入文学研究的探讨领域。历代研究者往往将对艺格符换最早的文学实践追溯至荷马史诗《伊利亚特》中对"阿基里斯之盾"的生动描述，而后代的部分文学作品，如济慈的《希腊古瓮颂》（"Ode on a Grecian Urn"）、雪莱的《奥西曼迭斯》（"A Stylistic Interpretation of Ozymandias"），以及杜甫的《画鹰》、白居易的《画竹歌》等，也被视作体现了艺格符换的文学典型。另外，在对艺术史的编撰与书写中，也有对艺格符换的探讨。

传统意义上的艺格符换作为历史悠久的修辞术语与艺术模式，因形式与内容相对陈旧，在 18 世纪末逐渐淡出研究者的视野。而伴随着媒介发展与语图关系转向的时代变迁，艺格符换所涉及的领域不断扩展，这一概念又在 20 世纪中后期开始重新获得各方关注，并逐渐争取到现代社会的认可。就中国本土而言，这一概念被重新接纳的过程先在西方世界展开。学者詹姆斯·赫弗南（James Heffernan, 1991, p. 297）指出："《牛津英语词典》告诉我们，到 1715 年，这个词（艺格符换）已经进入英国语言。现在它又进入了学术会议的世界。1986 年 11 月，它成为哥伦比亚大学第十届国际诗学研讨会的主题，几个月后，在阿姆斯特丹举行的文字与图像国际会议上，它成为了一个会议的主题。"从这一时期开始，各国研究者的视野不再局限于单一的修辞方法或是写作模式，而是在与当代社会相联系的前提下，从跨艺术诗学的角度入手，对这一概念进行新的阐释与发展。为更好阐明艺格符换在西方的研究现况，笔者将艺格符换在西方的现代发展划分为概念厘清、语图观照、媒介流动三个阶段。需要说明的是，由于西方学者对艺格符换并未建构起完全成熟的理论体系，相关问题的具体观点仍处于相对反复且较为多元的争鸣状态，部分研究者本人的观念也在不断迭代改变，因此，笔者对上述三个阶段的划分与排序并非完全遵照相关研究成果问世的时间，而更多是依据相关理论的递进关系，以及对艺格符换现代发展的挖掘深度。

首先，在概念厘清阶段，西方研究者对艺格符换这一年代久远的概念进行了初步的再界定，并大致点明了这一概念的探讨对象和研究方向，以此为艺格符换被重新纳入现代诗学的讨论范围做出努力，如"格兰特·斯考特（Grant Scott）、汤姆·米歇尔（Tom Mitchell）以及詹姆斯·赫弗南则将其定义为'视觉象征的词语表达'，克吕费尔后来又进一步补充，即'一种对无语词符号系统建构成的或真实或虚构文本的语词表达'"（转引自潘惜兰，刘鹏，2021，p. 128），其中"视觉象征的词语表达"（the verbal representation of visual representation）成为艺格符换在现代诗学中最为经典的定义之一。而后，当艺格符换理论发展至语图观照阶段时，西方研究者不再满足于将艺格符换仅仅视作使用语言符号对视觉形象进行表达的一种单向流动结果，而开始将研究目光转移至语言与图像两种异质符号的相互关系之上，并且也将性别、规训、凝视等与语图二元关系相关联的内容加诸其中。在这一阶段，提出具有开创性意见的学者当属汤姆·米歇尔，其在论文《艺格符换与其他》（Ekphrasis and the Other，1994）中延续莱辛经典的"拉奥孔之问"，以此为引提出了有关艺格符换的"冷漠－希望－恐惧"发展模型，并指出，艺格符换所呈现的语图系统并非简单的说话/看到的二元主客关系，而是描述对象、言说者、接受者之间的"三位一体"（menage a trois），由此需要认识到艺格符换在此过程中并非言说者对描述对象的规训和控制，而是言说者通过艺格符换的表达方式，给接受者提供"礼物"。而艺格符换理论在这之后发展到笔者所谓媒介流动阶段，在这一阶段，研究者所关注的艺术形式较之前两个阶段而言有了极大的扩充，影视、摄影、动漫、音乐甚至游戏等，都被纳入艺格符换研究的范畴，研究者在延续对符号间内在关系的探讨的同时，也关注到媒介的发展与差异对艺格符换的完成所造成的巨大影响，媒介流动由此成为研究重心之一。随着研究方向的不断调整，艺格符换概念的适用范围不再仅仅局限于语言和图像两种符号之间，其研究进入第三阶段。以德国学者潘惜兰（2021，p. 128）提出的音乐性艺格符换（musical ekphrasis）为例，其将音乐一并纳入艺格符换的适用范围，认为通过音乐将原本的表现形式（如视觉对象、语词文本等）进行艺术重现的现象，也能通过艺格符换理论进行具体的研究。可以说，艺格符换理论外延的扩展与现代社会媒介的爆炸式发展有关。研究者在此基础上将更为多元的媒介引入艺格符换，并积极思考有关"说出来"的新模式、新方法，这恰巧可以说明该理论的生命力和延展性之强。经历了概念厘清、语图观照、媒介流动三个阶段相关研究者数十年的深耕，艺格符换逐渐进入当代西方跨艺术诗学知识体系，并成为一种"研究小说、史诗、浪漫主义创作甚至文学以外艺术形式的重要学术方式"（Bartsch & Elsner，2007，p. 1）。

而中国本土学术界对艺格符换研究的起步则相对较晚，研究成果也相对较少，并在中文翻译、概念界定、研究方向等问题上存在较多分歧和矛盾，整体呈现出较为零散且无序的发展样貌。对"ekphrasis"的中文翻译进行一定的溯源可知，这一概念最早由范景中先生 1990 年翻译贡布里希《象征的图像》时译作"艺格敷词"带入中国。在之后的 30 年，根据研究者的语境差异，出现了诸如"造型描述"（沈亚丹，2013）、"符象化"（胡易容，2013）、"图说"（王东，2014）、"语象叙事"（王安，罗怿，程锡麟，2019）、"艺格符换"（欧荣，2013）等不同译名，其中"符象化"与"艺格符换"等译名也在一定程度上分别暗合了西方学术界语图观照、媒介流动两个阶段中重点观照符号间关系以及媒介转换的理论发展轨迹。本文之所以认同并使用"艺格符换"作为对"ekphrasis"的翻译，一方面是因为当前国内学界对"艺格符换"这一译名的认可度较高，如国内语图研究领域的专家赵宪章先生近日就曾表示自己早年将"ekphrasis"译为"图说"并不妥当，而更认可译为"艺格符换"（符号学思享，2022 - 12 - 06）；另一方面是因为"艺格符换"既符合当前媒介不断发展、艺术形式日渐多元的时代背景，也更契合本文想探讨的元宇宙语境下中国本土文艺创作如何利用新媒介、新形式、新方法将古典美学内容"说出来"的主题。

综上所述，艺格符换虽然有着悠久的历史，但无论东西方，这一概念真正进入现代诗学的研究范畴都相对较晚，对该理论的深入研究仅仅只是拉开了序幕。在世界各国学者数十年的耕耘下，艺格符换理论的相关研究开始更加注重其跨艺术、跨媒介特质，由此，艺格符换由一种修辞术语或是文学模式逐渐上升为跨媒介诗学的一个重要概念。而元宇宙作为一种"深度媒介化"（陈昌凤，2022，p. 19）的实践，为艺格符换理论的进一步发展提供了广阔的空间，势必成为艺格符换理论进一步发展深化的突破口之所在。

三、老传统与新变局：中式艺格符换落地的特异土壤

正如詹姆斯·赫弗南（Heffernan，1991，p. 298）的提问："一个词（艺格符换）的命运为什么要打扰我们？如果像海伦·文德勒这样的评论家可以在视觉艺术的诗意处理上写出精彩且富有启发性的篇章，而不使用'艺格符换'这个词，我们为什么还需要它呢？"艺格符换作为一个植根于西方文化传统及理论视野的诗学概念，当其以舶来品的身份试图融入中国本土现有的理论体系，甚至是迁移至当下元宇宙浪潮中成为一种"中式艺格符换"时，

其理论以及理论迁移的合理性、对国内学界的研究价值、与本国社会文化的适配程度，甚至对我国元宇宙建设的总结或是推动作用等问题，都势必需要得到解答与验证。本文认为，在元宇宙大潮的冲击下，从推动中国古典美学的转化与创新这一点观之，我国文化土壤中的特异性"老传统"与"新变局"共同呼吁着发展"中式艺格符换"理论的必要，并且也从内部为该理论能够在本土顺利落地生根提供源源不断的动力：我国具有能够承载艺格符换理论的文艺土壤与文化条件，并且托物言志与语图合一的特异性文艺传统也为中式艺格符换的发展提供了可能；同时艺格符换自身也与传统意义上的"改写""跨媒介改编"等有着性质上的差异，它更契合元宇宙语境下的现实复现目标，因而在一定程度上可以为我国在新时代的文艺创作与古典美学转化创新开拓新的思路，以回应国内当下文化产业的迫切呼声。

对于本文所谓老传统而言，艺格符换作为"文学中最古老、最持久的影响与实践之一"（Cunningham，2007，p. 57），在中国古代的文学作品中实质上已经有所体现，且相较于西方典型的艺格符换实践，我国传统艺格符换实践有鲜明的特异之处。早在先秦两汉时期我国就已产出较为丰富的艺格符换成果，其中以汉赋最为典型。汉赋的创作者善于通过铺采摘文、散韵结合的创作方式，从外在样貌、内部构型、色彩纹理等方面，全方位描摹其所观照的视觉对象，如宫殿楼阁、日常器物、游猎场景等，其中《两都赋》《二京赋》《甘泉赋》等都为汉赋中铺陈写物的名篇。可以说，汉赋通过精巧细致的语言对创作者所见的现实对象进行重现，正是体现了艺格符换作为"视觉象征的词语表达"的特质。而在之后近两千年的历史长河中，赋虽不再占据文学创作的主流，但艺格符换却没有因此从文学史的进程中被抹去，就如伴随唐宋时期文人画一同兴起的题画诗，也可以看作对文人画视觉呈现的语言描述，杜甫的《画鹰》、苏轼的《惠崇春江晚景》都是其中的代表。但仍然要注意到的是，中国的相关文学传统绝非仅仅是复现了艺格符换作为"视觉象征的词语表达"的外延含义，而是还附加了与艺格符换相关且相当独特的艺术特质——本文认为其中最为明显的就是托物言志与语图合体，这可以视作中国土壤的特异性体现，并一定程度上推动着中式艺格符换的发展。

诚然，艺格符换作为一种"说出来"，其文学层面的本质在于通过语言对视觉对象进行重现，但当语言接触虚指的图像时，语言的阐释功能也将不可避免地在图像静止的隐喻核心发挥作用，并在一定程度上构成对图像的解构和驱逐，而在中国传统的文学创作中，揭开图像面纱的不仅是语言本身，更是创作者埋藏在语言背后的个人情志，这往往以托物言志的艺术手法得以呈现。正如上文论及的汉赋与题画诗，其创作者不像同时期的西方创作者那般有着忠实的摹物理想，而是一方面由视觉感官而发，以文字呈现都市楼阁的华美、自然景物的生机，将所见"说出来"，另一方面将自己的理想志向、政治讽喻、精神追求等埋藏进文字的隐喻之中，借由图像的重现"说出来"。可以说，在这一过程中，语言对图像的重现已然脱离图像本身表意的界限，但同时又不可否认图像本身的虚指属性在其中发挥着重要作用，正如莱辛（1979，pp. 89－90）所言，"我们在画家作品里只能看到已完成的东西，在诗人作品里就看到它完成的过程"。当静止的、空间性的画面需要以时间性的语言呈现，语言必然对虚拟性的图像进行不断追问，而在其走向完成的道路中，图像为语言提供了广阔的延宕与阐释的空间。中国的创作者选择以个人志向作为其中的填补，这使得创作者的"说出来"不再只是对图像的一种比附，而是具有独立审美价值的艺术创作，这无疑是我国文化土壤的特异之处。另外，尤其需要关注的是，语图合体是我国文学创作的另一鲜明特质，以文人题画诗为典型，"将语言和图像书写在同一个文本上，二者在同一个界面上共时呈现，相互映衬，语图交错"（赵宪章，2022，p. 34）。语图合体为中国传统的书画创作中的语言和图像提供了一片共有且自由的平面，这使得图像借助语言的在场弥补了叙事功能的不足，同时也使语言在意象选择、书写结构上附带有图像的特质，达到诗中有画、画中有诗的审美境界。而在西方艺术史中，最为著名的"语图合体"作品是马格利特的《形象的背叛》，画家在图像中呈现了一支烟斗的外形，并在下方注文"这不是一支烟斗"，由此引发了西方学界数十年关于语言解构与控制图像的讨论。与马格利特充满矛盾与反思的画面相比，中国文人诗画所呈现的画面无疑是和谐的，这源于我国创作者所特有的一种"整体浑成的意符思维"（王铭宇，孟华，2021，p. 76），即在创作体现艺格符换特质的作品时，虽同样对图像进行一定程度的解构，但也将图像作为"说出来"的一部分，并在审美过程中将语图置于平等观照的境地，无论是崇实的诗文还是尚虚的图画都在此中被纳入一个和谐的主体中，从而使二者在被"说出来"之时也保持着相当紧密的联系。这一语图合一的特异性呈现在西方的艺术史中相对较为少见，足以作为中式艺格符换理论发展的新空间。

正如上文所述，艺格符换在中国文艺创作的老传统中并非无迹可寻，与此同时，托物言志、语图合体等特异性艺术表达方式的引入也能够为中式艺格符换理论发展提供新的空间，可以说我国具备承载并发展艺格符换这一西方诗学理论的艺术土壤。而与之同时，我国当下社会也在呼唤艺格符换这一涉及语图观照与媒介流动的新理论进入当前的元宇宙新变局。随着现代媒介不断发展，尤其伴随着元宇宙浪潮的激烈冲击，如何推动中国古典美学与优秀传统文化创造性转化与创新性发展的时代问题也被摆在每个人面前。我国古典美学内容能否在现代社会借助新技术、新媒介实现更广泛的传播？蕴含这些美学特质的传统文学文本是否能够与当下的影视、游戏乃至元宇宙的表达新形式相融合？种种问题，必将引起各方的思考。传统经典通过新媒介、新方式进行再经典化，在新媒介快速发展现状下的必要突破方向何在？国内对此仍未建立具体的艺术理论，诚然有诸如《唐宫夜宴》《丽人行》等立足传统文化并结合 5G、AR 等新技术的优秀作品问世，但也同样产生了许多被批评为"乱编""胡说"的文化闹剧。本文认为，在这一种新变局之下，艺格符换理论便能一定程度体现其优势之所在——这需要首先关注艺格符换与传统意义上的跨媒介改编之间的差异。跨媒介改编作为一种将旧有艺术作品用新技术、新台本、新媒介加以呈现的跨艺术转换，其关注重点与创作重心在于新创作的结果，如改编后的电影、电视剧等，而原文本往往只作为改编作品的前文本被置于新作品的叙事之下，甚至可以说，创作者在向原文本汲取创作思路与历史资源的同时，并不需要承担对原文本的责任。而艺格符换则与之不同，相较于内容重现的结果，艺格符换更为重视的是内容重现的过程，并"强调艺术符码之间持续的动态的双向/多向影响"（王豪，欧荣，2021，p. 109）。当创作者以艺格符换的视角进行相关创作之时，需要将"说出来"的内容、"说出来"的方式，以及如何表现原文本或图像之间的相互关系，都一并纳入思考的范畴，从而真正对创作对象在其所处时空背景下的表达进行深入的挖掘与探索。对于中国古典美学与优秀传统文化，创作者想要在元宇宙语境下保存和发挥其精华，便绕不开对"属于过去时代的文化遗产进行转化和改造，使之能够在新的时代得以承续并起到积极作用"（李维武，2018，p. 6）。相比于跨媒介改编单方面的汲取，将艺格符换纳入理论体系的艺术创作将更重视与原文本建立互惠共生的关系，创作者从既有的古典美学与传统文化中吸收当下文艺创作所需的养料，同时，也推动被"说出来"的传统美学对象在今人的眼光下，以富有创造性与创新性的新形式逐渐走进当下元宇宙的新变局，从而切实实现"把弘扬优秀传统文化和发展现实文化有机统一起来，紧密结合起来，在继承中发展，在发展中继承"（习近平，2014－09－25）的发展目标。这不仅顺应元宇宙语境下新时代文艺的前进趋势，也能够使得我国丰富且迫切需要以新形式加以呈现的文化财富在新的环境下有所突破和发展。本文因此认为，艺格符换理论的内在精神与时代需求相契合，而将艺格符换纳入当下中国的理论研究，甚至发展出一种中式的艺格符换，也能够在一定程度上为当下的文艺创作提供前进方式。

综上所述，艺格符换作为西方诗学的舶来品，在中国传统的文化语境中并非完全无迹可寻，同时，中国独有的文艺观念与创作也为艺格符换理论的落地，乃至中式艺格符换理论的发展，提供了新的开阔空间。而中国当下的元宇宙新变局也呼唤着艺格符换进入当下的文化生产过程，为元宇宙语境下中国古典美学的创造性转化与创新性发展提供有力的理论与实践指引。

四、"言新情"与"立新象"：艺格符换的两种元宇宙实践新模式

上文论述了艺格符换在进入中国文化语境的合理性，以及艺格符换理论在当下元宇宙新变局背景下的优势与价值。对于元宇宙语境下艺格符换的具体实践，笔者归纳出"言新情"与"立新象"两种新模式，下文将结合具体实践案例——AI方言文化公益短片《姑苏琐记》，以及以敦煌飞天为蓝本打造的虚拟数字人"天妤"，探讨艺格符换作为一种面向"说出来"的理论，在当今中国本土元宇宙语境下推动古典美学与优秀传统文化创新发展的新方式。

《姑苏琐记》是科大讯飞公司基于苏州方言语音合成系统创作的一系列AI方言文化公益短片，共有《金缕衣》《懒画眉》《天仙子》三个独立篇章，分别通过AI合成的苏州方言的旁白与对话演绎了古时姑苏的市井生活，讲述了明末苏州绣娘玉姑处理一桩特殊的订单、崇祯年间厨娘蕊珠与戏子相遇，以及南宋时期货郎朱三在轧神仙时的奇遇这三个带有浓厚古朴韵味的故事。短片一经上线便饱受观众好评。其精妙之处不只在于教会AI说苏州方言，更在于将承载地域文化与审美情志的乡音与故事，以AI技术下的短片形式进行呈现与表达，这无疑体现出鲜明的艺格符换的特点。在短片中，创作者不仅教会了AI说苏州方言，将苏州绣工、饮食、戏曲、节庆、宗教信仰等内容在短片中由AI忠实地复现，还在AI将方言"说出来"的同时，将姑苏城传统的社会风情与现代人文关怀融合展示：《金缕衣》中绣娘玉姑通过一件苏绣婚服传递出对团圆的期盼；《懒画眉》中厨娘蕊珠与戏班新人惺惺相惜，展露出底层人民对美好生活的向往；《天仙子》中仙子与朱三的相遇体现了姑苏人对美善的追求。而这一系列短片也正体现出本文所谓艺格符换"言新情"的新实践模式，其对情志的展露与上文所述我国美学的托物言志传统类

似，但在言说的方式与内容上又有所不同。一方面，"言新情"模式下的"情"不再只是古典美学与优秀传统文化内部的情志，而是经过提炼加工，最终与当下社会背景中的道德价值观念相统一，由此生发出"新情"。以《姑苏琐记》为例，其中玉姑、蕊珠、朱三等角色所传递的正向情感正是姑苏地区的传统风情与当下社会所宣扬的和谐、平等、诚信、友善等价值观相结合所产生的富有时代气息的"新情"。另一方面，传统的托物言志创作中，创作者本人的"志向"往往包含在所托之物的描述内部，从而使得创作者之志呈现出不完全敞开的状态，读者对于创作者情志的解码需要基于对文本意象化语言的阐释。而反观《姑苏琐记》，其中抒发的情志较为直白地呈现在AI 的叙述之中，究其原因，平铺化的"言新情"处理是当下通俗视频的创作特色。这类平铺化的处理使得情感不再仅通过隐喻与艺格符换产生间接联系，而是直接通过艺格符换更为直观地呈现出来，与此同时，借由艺格符换所塑造的抒情主体，为抒情的合理性以及情感表达的广度打下坚实基础。这种"言新情"的新模式，为元宇宙语境下艺格符换理论的具体实践提供了参考与借鉴。

而对于"立新象"的实践模式，本文选取的典型代表"天妤"，则是一个借助 AI 技术宣传敦煌文化的虚拟数字人，在抖音、快手、TikTok 等国内外多个短视频平台都开设了账号，并且在元宇宙、传统文化、精美形象等要素的加持下，热度不断攀升，收获了众多的粉丝。天妤所在的空间并不是架空现实的单一世界，而是与现实共生交织的多元宇宙（钟经文，2022－04－29）。其短视频中往往呈示具有中国古典美学意味的物件或意象，并将其与现实社会相联系，从而衍生出一部部情景短剧。以情景剧《双凤合欢扇》为例，天妤在向观众展示我国传统扇面绘画的细致精美的同时，也将视角引向故事女主角受到校园霸凌后校服上被恶意涂抹的涂鸦；通过女主角的父亲——一位扇面修复师，使女主角与合欢扇产生联系，彰显我国古典美学图像神韵，同时也将校园霸凌的社会问题对观众一并"说出来"。从"双凤合欢扇"的外形出发，将传统图像与现实具象的社会问题相联系，并最终构成传统与现代相互协调交织的新图景，其中自然蕴含着艺格符换内涵与精神。本文认为，正是该类图像与现实具象相互作用下的呈现，构成了所谓"立新象"的实践模式。观照天妤的短剧，不可否认的是，图像，尤其是作为图像动态呈现的动画，自然也具备叙事的功能，因而也能够承载艺格符换"说出来"的任务，就如扇面纹饰与服装上的恶意涂鸦的对比那般。那么当艺格符换在现代媒介流动的过程中得以实现时，语言或许就将不再是再现模仿对象的唯一表征，而是能够将一部分职能转交给图像本体，再由二者一同完成艺格符换的全过程。在"立新象"的实践模式中，带有传统美学特质的图像推动情节发展、实现表意功能，同时，与之相联系的现实具象也在积极为其表意内容划定具体的范围，从而使"新象"附带上鲜明的时代风貌与浓厚的现实气息。与此同时，需要认识到此类新象在承载艺格符换任务时的优势之所在，即所谓"言不尽意，立象以尽意"，其在表达较为细腻玄妙的言外之意，以及文本以外的审美趣味、精神体验时，较之语言有着先天的优势，而其作为符号的尚虚性又与中国传统含蓄内敛的审美情趣相符合。这使得通过"立新象"的实践模式来重现传统文化，尤其是中国古典美学中有关内容时，会起到更好的效果——透过扇面的双凤合璧，短剧在推进叙事的同时一并呈现出中华优秀传统文化中对于幸福团圆与和谐共生的向往与追求，同时也让受众对当下同学、家人之间的共处模式展开思考与体悟。

综上所述，"言新情"的实践模式借鉴并发展我国传统的"托物言志"艺术表现手法，将古典美学与优秀传统文化中的情志与当下社会的道德价值观念相结合，由此，在生成富有时代气息的"新情"的同时，完成对传统内容的转化与发展；"立新象"的实践模式则是在将传统图像与现实具象互相交织融合后形成具有叙事优势的"新象"，并借助新媒介的发展来完成对古典美学与传统文化的创作与传播。《姑苏琐记》与"天妤"等文艺创作的成功，证明了两种实践新模式在元宇宙语境下的可行，为我国元宇宙语境下艺格符换理论的发展探索了新的路径。

结　语

艺格符换在元宇宙浪潮的冲击下势必将走向理论焕新，我国璀璨夺目的文学历史宝库正是艺格符换能够大显身手的现实土壤，即使该理论至今并没有较为完整、系统的呈现，但其关注的语图关系、媒介流动等问题，都是这一时代亟须研究的。当下文艺界所面临的诸如如何借助元宇宙新媒介、新技术的东风更广、更深传播中国古典美学，如何真正实现中国古典美学与中华优秀传统文化创造性转化与创新性发展等问题，也呼唤着艺格符换理论为困惑迷茫、摸索前行的文艺创作现状指出一条较为合适的道路。

引用文献：

陈昌凤（2022）．元宇宙：深度媒介化的实践．现代出版，2，19-30．

方凌智，沈煌南（2022）．技术和文明的变迁——元宇宙的概念研究．产业经济评论，1，5-19．

符号学思享（2022-12-06）．《文学图像论》学术讨论会．获取自 https://www.bilibili.com/video/BV1324y1C7Yt/? spm _ id _ from = 333.999.0.0&vd _ source = ce978bef0703b072bd72a178f4f66dd4．

胡易容（2013）．符号修辞视域下的"图像化"再现——符象化（ekphrasis）的传统意涵与现代演绎．福建师范大学学报（哲学社会科学版），1，57-63．

莱辛（1979）．拉奥孔（朱光潜，译）．北京：人民文学出版社．

李维武（2018）．传统文化的创造性转化与创新性发展——对习近平文化观的思考．武汉大学学报（哲学社会科学版），3，5-12．

欧荣（2013）．说不尽的《七湖诗章》和"艺格符换"．英美文学研究论丛，1，229-249．

潘惜兰，刘鹏（2021）．画之音乐会：20 世纪音乐中的"艺格符换"．音乐文化研究，4，126-137．

裴禾敏（2017）．《图像理论》核心术语 ekphrasis 汉译探究．中国翻译，2，87-92．

沈亚丹（2013）．"造型描述"（Ekphrasis）的复兴之路及其当代启示．江海学刊，1，188-195．

王安，罗怿，程锡麟（2019）．语象叙事研究．北京：科学出版社．

王东（2014）．抽象艺术"图说"（Ekphrasis）论——语图关系理论视野下的现代艺术研究之二．民族艺术，3，89-93+120．

王豪，欧荣（2021）．《当你老了》的"艺格符换"：世界文学流通中的跨艺术转换．中国比较文学，2，106-122．

王铭宇，孟华（2021）：中国符号学发展的语象合治之路．当代修辞学，4，70-85．

习近平（2014-09-25）．在纪念孔子诞辰 2565 周年国际学术研讨会暨国际儒学联合会第五届会员大会开幕会上的讲话．获取自 https://reader.jojokanbao.cn/rmrb/20140925．

应霁民，冯潇颖（2021-09-06）．数字化让传统文化"翩若惊鸿"．获取自 https://yangbo.cctv.com/2021/09/06/ARTIPpTZwPBjhQuUTuY9zQfx210906.shtml．

赵宪章（2022）．文学图像论．北京：商务印书馆．

钟经文（2022-04-29）．敦煌虚拟数字人"天妤"蹿红背后的三大"流量密码"．获取自 https://tech.chinadaily.com.cn/a/202204/29/WS626baa77a3101c3ee7ad3408.htm．

Bartsch,S. &Elsner, J.（2007）．Introduction:Eight Ways of Looking at an Ekphrasis. *Classical Philology*, 102,1-6．

Cunningham,V.（2007）．Why Ekphrasis. *Classical Philology*, 102,57-71．

Heffernan, J. (1991). Ekphrasis and Representation. *New Literary History*, 22, 297 – 316.

Mitchell, T. (1994). Ekphrasis and the Other. *Verbal and Visual*, 1 – 31.

Zeitlin, F. I. (2013). Figure：Ekphrasis. *Greece & Rome*, 60, 17 – 31.

作者简介：

王小英，暨南大学文学院教授，博导，主要研究领域为网络文艺、符号学。

吴卓然，暨南大学比较文学专业硕士研究生。

Authors:

Wang Xiaoying, Ph. D, professor of College of Literature, Jinan University. Her research fields are online literature and semiotics.

Email: wangxiaoying19820@ 163. com

Wu Zhuoran, M. A. candidate of College of Literature, Jinan University.

Email: wuzhuoran2024@ 163. com

机器智能美学时代的跨媒介记忆：
雷菲克·安纳多尔新媒体艺术的影像叙事

彭彤 罗丹

摘 要： 21世纪，人类社会进入普适计算时代，人工智能的出现开创了人类世的新纪元。作为新媒体数字艺术家，雷菲克·安纳多尔以智能算法为基础，综合运用医学、统计学、档案学、环境学、人工智能等学科领域的知识资源，以"记忆"为主题进行数字艺术的视觉化叙事，深入挖掘人类个体、集体和社会之间的内在关联。本文以安纳多尔"跨媒介记忆"话语为主轴，援引文化记忆和技术哲学理论，分析其代表性艺术文本呈现的"个体记忆""集体记忆"和"记忆重组"等影像叙事，尝试分析机器智能美学时代的媒介与记忆问题，并力图在数字技术和当代艺术两大领域之间寻找一条新的对话路径。

关键词： 跨媒介记忆，雷菲克·安纳多尔，新媒体艺术，影像叙事，机器智能

Inter-media Memory in the Era of Machine Intelligence Aesthetics: On the Image Narrative of Refik Anadol's New Media Art

Peng Rong Luo Dan

Abstract: In the 21st century, human society has entered an era of ubiquitous computing, and the emergence of artificial intelligence has opened a new era of the Anthropocene. As a new media digital artist, Refik Anadol uses intelligent algorithms as a foundation and integrates knowledge resources from disciplines such as medicine, statistics, archival science, environmental science, and artificial intelligence to create a visual narrative of digital art and explore in depth the internal connections between human individuals, collectives, and society, featuring the theme of "memory". This article takes Anadol's discourse of "inter-media memory" as its main axis, citing theories of cultural memory and technological philosophy to analyse the image narratives presented in representative works, such as Individual Memory, Collective Memory, and Memory Recombination. It attempts to analyse the media and memory issues in the era of machine intelligence aesthetics and strives to find a new path for dialogue between digital technology and contemporary art.

Keywords: inter-media memory, Refik Anadol, new media art, image narrative, machine intelligence

DOI: 10. 13760/b. cnki. sam. 202402010

21 世纪以来，电子信息和数字技术发展迅猛。特别是近年来横空出世的 ChatGPT 和 Sora，不仅让人们对智能科技有了新的认知，而且也预示着数字技术还将以惊人的速度在艺术领域中不断创造奇迹。虽然新媒体艺术发展势头迅猛，运用新媒体技术进行创作的艺术家也很多，但是真能被艺术理论与批评界广泛承认的新媒体艺术家却并不多见。作为数据和机器智能美学的先驱，土耳其裔美国新媒体科技艺术家雷菲克·安纳多尔（Refik Anadol）被称为 21 世纪的"数字达·芬奇"，是当今国际上最炙手可热的新媒体艺术家之一。他同迈克·温科尔曼（Mike Winkelmann，昵称为 Beeple）一样，通过自创的算法系统将数据转译为语义内涵丰富的视觉符号。从 2007 年到 2020 年，迈克·温科尔曼每天创作一幅数字绘画作品发布到网络上，最终形成由 5000 幅数字绘画拼接而成的数字艺术作品，作品名为《每一天：前 5000 天》。这件作品由数字时代的时间经验与数字符号组合而成，这些符号最终聚合成一件指向生活经验、时间、生命寓意的意指文本。如果说迈克·温科尔曼通过有着深厚文化符号意味的作品开创了数字艺术领域的新方向，那么，雷菲克·安纳多尔则更擅长借用复杂的信息和语义将一个庞大的资料库转化成视觉影像作品，从而建立起一套独特的算法系统和崭新的机器智能美学逻辑。①

　　雷菲克·安纳多尔数字艺术作品的主题指向大多数都离不开"记忆、梦境、幻觉、机器、数据"等。他的作品，有的以"梦境"为关键词，如《梦境档案》（*Archive Dreaming*，2017）和《WDCH 之梦》（*WDCH Dreams*，2018）等；有的以"记忆"为关键词，如《融化记忆》（*Melting Memories*，2018）和《量子记忆》（*Quantum Memories*，2020）；还有的以"机器和数据"为关键词，如《机器幻觉》（*Machine Hallucination*，2017）和《无人监管》（*Unsupervised*，2022）等。这些主题看似各自独立实则相互纠缠——如《机器幻觉》，这件作品既可以归属于"幻觉"系列，又涉及"机器""数据"等主题。也许，用他自己的话来说，他所有数字新媒体艺术作品的主题都可以用"记忆"一词来概括——当然，更精确地说，是机器智能美学时代的"跨媒介记忆"。

　　什么是"记忆"？赵毅衡（2011，p. 168）在解释索绪尔符号学的聚合轴概念时曾提及"记忆"一词，并认为索绪尔对聚合轴的定义过于心理主义，单"凭记忆"其实不可能说明符号和文本的品质。这表明，"记忆"这个概念本身就具有相当的模糊性。对于雷菲克·安纳多尔来说，记忆并非仅仅是心理和肉身上的存在，而是集个人、集体、城市、历史、行为和生命为一体的多模态信息聚合。安纳多尔的新媒介艺术作品通过把人类在现实世界中的具身（embodied）体验与在人工神经网络系统上的聚合关系视觉化，将其转化为具有符号意义的文本。可以明确的是，雷菲克·安纳多尔的创作以新媒体艺术和智能算法为基础，综合运用医学、统计学、档案学、环境学、人工智能等学科领域的知识资源，以"记忆"为主题进行数字艺术的视觉化叙事，深入挖掘了"个体记忆"（个人经验）、"集体记忆"（城市景观）和"记忆重构"（交互主体性）之间的内在关联。

一、空白的意义：被搁置的"个体记忆"

　　人脑中的"记忆"是如何形成的？从神经科学的角度来看，当人在接收

---

① 原文为"And also, the big question what does it mean to be a human in 21th Century, so I think to answer these questions. I find that kind of a new kind of story telling by using invisible visible and most like the data as substance and try to make kind of a context by using very complex data information or semantics from this like a large corpus of information." Refik Anadol's interview from Showcase, 2019, America, 获取自 https://www.youtube.com/watch?v=isigzy4xD80.

到外界的信息时就开始启动记忆的阀门。心理学告诉我们，外界信息无法直接被大脑储存，记忆的储存需要经过编码转译、信息加工后被编码成神经信号和化学信号，然后才能以独特的网络结构永久储存在神经皮层之上。认知主体有需要时再提取这些信息，以便应对当下的认知任务。这样，人类记忆的心理过程可以简化为：记忆的编码—储存—检索。记忆编码–解码过程中的内部转换模式，也即主体自身的记忆检索程序，类似于计算机的数据储存与检索程序。不过，个体的记忆转化过程除了类似于一台计算机的本地数据库搜集与处理，还存在着被删除、压抑和搁置的因素，同时还涉及面向外部的转译过程。对个体记忆心理过程的洞察为安纳多尔的艺术作品提供了创作灵感和叙事策略。

雷菲克·安纳多尔一件极其有影响力的作品《融化记忆》的创作动机大概来源于此。《融化记忆》是一件以影像方式呈现的公共艺术作品，安纳多尔在《融化记忆》作品创作中并不追求最高端最新颖的技术流，而是将电脑技术作为一个媒介载体，传递记忆的经验数据，在屏幕上循环播放被收集起来的"记忆"，呈现出个体记忆的多种状态。《融化记忆》中动态播放的像素块来自真实的实验数据，代表记忆的活跃程度。安纳多尔通过脑电波仪器收集 800 名脑损伤者或无损者的脑电波（EEG），采集一段时间的记忆数据，并通过在脑电波图中获得的数据证实：不同状态参与者呈现的脑电波数值不同，脑电波动能越强，显示的数值越大。实验数据被用于《融化记忆》中，作品中的长期记忆被处理为能量极强的活跃的动态像素，短期记忆被处理为丧失能量的空白画面，于是，可以把活跃像素理解为"回忆"，空白像素理解为"遗忘"。

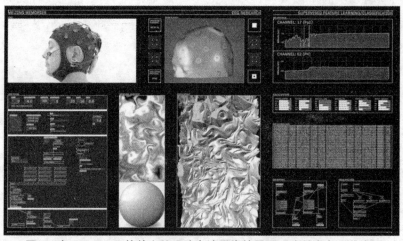

图 1　在 MATLAB 软件上处理脑电波图像的界面（安纳多尔工作室）

在此必须理清记忆、回忆、遗忘三者之间的联系。根据阿莱达·阿斯曼（Aleida Assmann）的文化记忆理论关于功能记忆和储存记忆的区分，"有人栖居的记忆"是有意的符号文化，"无人栖居的记忆"是被搁置的符号文化，前者表现为回忆，后者表现为遗忘（王欣，王大鹏，2023，p. 184）。从古至今不少学者都探讨过"回忆"的本质，古罗马哲学家奥古斯丁在柏拉图"回忆说"的基础之上，已经预见"记忆"的主观建构性，他提出记忆或多或少地带有加工的痕迹，是主观化、个体化的过去，记忆不能原原本本地、客观真实地呈现所触摸过的痕迹，还原所经历过的事件。从此意义上来看，奥古斯丁的说法是对"回忆"的摹写，因为严格来说，记忆本身是一种清晰的图像，是一种强制印入大脑且不能更改的存在，是图像和时间的重合。于是可以说，"记忆"是图像化的存在，"回忆"是作为主观建构之物的存在，而"遗忘"则是个体主观性的剥夺。

《融化记忆》是实验被试记忆数据中回忆和遗忘的双重叠加。但是，作品中真正让人战栗的并非极具动态感的像素块，而是源于活跃像素过后的大片空无。空白符号来自脑损伤患者的记忆值提取参数，与长期记忆被保存在神经网络中的活跃状态不同，脑损伤患者如阿尔茨海默病患者的长期记忆无法被提取，而短期记忆处于被搁置的状态，在作品中呈现出空白画面，象征性的空白图像诉说着被搁置的空白事件。安纳多尔通过视觉化的空白表明了缺席，并以缺席编码记忆的遗忘。遗忘的记忆符号是暂时被掩埋和遮蔽，其符号文化则成了"空符号"，直接指向自己的缺席状态和发生在自己身上的剥夺行为（王欣，王大鹏，2023，p. 186）。此种记忆的剥夺行为主要表现为生理性病症引发的遗忘，在医学上阿尔茨海默病的发病原理就是记忆读取障碍引发执行功能障碍，是生理性病症导致个体主观性被抹杀。

在图像的空白之外，安纳多尔还通过影像的流动特性呈现时间流逝造成的空白符号，以此表明生命的流逝。也因此他将自己的作品称为"活画"（living paintings），这里的"living"还指向"生活"和"生命"。安纳多尔医学病征数据可视化创作中，脑电波所呈现的长期记忆波长和最终展出的视觉图像之间有着紧密的联系。实验数据的峰值代表记忆的强度，峰值越高，大脑运作越活跃，记忆的储存和读取功能越健全，峰值低则代表记忆功能有欠缺。他从长期追踪采集的数据中提取出从记忆功能健全到衰退的数据，将记忆功能和生命的流逝呈现在影像作品的流动性中，显示出隐喻健康功能的长波到缓慢微弱的短波所衍生的视觉生命图像，展示出从有到无的过程，也是对生命从动到静历程的诠释。在此过程中，安纳多尔作为信息发送者传递的符号信息非常容易被接收者接受（此时发送者发送的符号并非记忆的编码－解码信息，而是将被编码的数据信息直接以未解码的状态呈现出来，是加密文本的视觉化叙事）。接收者在观看影像作品的同时，通过时间的流逝以肉身经验影像流动性，进而身临其境感受生命消逝的历程，由此完成发送者所强调的"作品过程性"，这时"受众通过设计作品展开的叙事不是线性的追问，而是在'空无'中的顿悟"（彭肜，秦瑾，2021，p. 118）。

图 2　《融化记忆》（德基艺术博物馆）

影像中的空白符号、或快速或缓慢的数据演变节奏，都让接收者感受到无法言说的生命气息，转而从艺术角度回归关于生命、记忆等不可见之物的探讨，正如录像大师维欧拉（Bill Biola）所言，艺术不是关于可见之事，而是关于不可见的世界。最动人的艺术让人看见那个"空"，它为我们提供了

"空"的可能性。无论是图像的空白还是时间的空白，都被提取为记忆连续性的打断，呈现的是被搁置的符号意义，原本被搁置的符号在个体中无法被读取、诠释，也因此无意义，但是此空白符号在安纳多尔的创作中则转化成了有意义的刺点。安纳多尔作为发送者有意呈现空符号，符号文本被表现为无内容，接收者接收到空符号，感知到"无内容"的空白意义，转而关注人作为主体的另一种存在方式，那便是被搁置、被遗忘的个体。

二、视觉文本的符号滑动："集体记忆"的图像代码

在人类的记忆体系中，除了个人记忆，还有超越个人的集体记忆、社会记忆和文化记忆，这是因为记忆不只停留在语言和文本中，还储存于各种文化载体当中（燕海鸣，2009，p. 11）。哈布瓦赫认为记忆是一种社会集体行为，是一个群体（家庭、"政治或宗教"社区）里或现代社会和人际接触中人们所共享、传承以及一起建构的事或物，需要有时间、空间的"标志物"，需要有纪念行为、记忆文本和纪念空间三种集体记忆媒介。不过学术界对此一直有争议，认为"集体记忆"概念过于模糊，扬·阿斯曼进而将集体记忆分为交流记忆和文化记忆，阿莱达·阿斯曼进一步使用社会记忆、政治记忆、文化记忆进行概念细化。在阿斯曼的分析中，社会记忆主要指社会中不同代的记忆，文化记忆主要强调记忆的文化功能性。同时，阿斯曼（2016，p. 344）还指出："能够通过回忆固定在某一地点的土地上，使其得到固定与证实，它们还体现了一种持久的延续，这种持久性比起个人的和甚至以人造物为具体形态的时代的文化的短暂回忆来说更加长久。"在她看来，地点记忆很大程度上成为构建社会群体记忆的重要途径之一，如革命遗址、教堂或者文庙等空间场所，成为延续民族记忆的重要途径。皮埃尔·诺拉（2015，p. Ⅲ）也认为记忆依赖一定的场所来保存和维系，这种场所可以是类似于凡尔赛宫的建筑，也可以是纪念性建筑和功能性场所。

相同的是，雷菲克·安纳多尔除了探寻个人自身的记忆结构，还通过建设城市肌理认知的新图景，让城市变成凝聚个体记忆的场所，以打开研究集体记忆的空间阀门。城市不仅是地理学上的概念，还暗含着一座城市演进的历史记忆和符号隐喻过程，同时，它也是人、事、物互动关联组成的携带意义的符号集合，是连接过去与现在的存在。相较于个人记忆的连续性而言，城市的记忆并非由个人编码，而是由集体编码组成，所以城市符号更明显地表现为数据资料集合。安纳多尔的创作一直非常活跃，近年来他还做了很多有关城市的新媒

体艺术创作，包括《华特·迪士尼音乐厅之梦》（*WDCH Dreams*，2018）、《巴特罗之家：生活建筑》（*Casa Batlló*，2022）、《机器幻觉系列：球》（*Machine Hallucinations: Sphere*，2022）等。这些作品无一例外地用数据的方式探索集体的记忆。安纳多尔为华特·迪士尼音乐厅和巴特罗之家制造梦境时，将可搜集到的所有资料解析成数百万个数据点，这些数据几乎囊括了华特·迪士尼音乐厅和巴特罗之家的所有"记忆"。他将这些数据组合在一起，再通过一种具有创造性的计算机式的思维来创造一些新的图像，将这些地标建筑从音乐厅、建筑自身的形态变成具有集体意义的数字视像。

图3　《华特·迪士尼音乐厅之梦》展演现场（安纳多尔工作室）

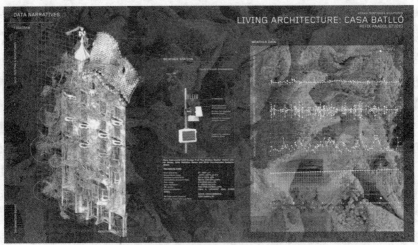

图4　《巴特罗之家：生活建筑》数据模型（安纳多尔工作室）

此类集体影像不是简单的历史记忆文本陈列，而是历史记忆与当下记忆的叠加。他在《华特·迪士尼音乐厅之梦》和《巴特罗之家：生活建筑》中，预先保留了观者介入作品的空间，前者表现为观者可以进入洛杉矶菲尔数字档案馆，并由此感受洛杉矶一百年来的里程碑性历史时刻，后者表现为安纳多尔利用放置在现场的实时传感设备，收集现场环境和城市气候的数据，观众的在场让作品变得鲜活。无论是观者具身进入作品，还是被传感器纳入作品，观者与城市在此融为一体。通过这样的方式，观者被书写进城市的历史，形成了文本经验与具身认知的叠加，形成了能够被理解和被想象的流动场域。在这里，"主体的认知内容既非纯生理性的感官知觉，也不止于身体在空间中的移动，而是还包括'一个更广泛的生物、心理和文化的情境'的'嵌入认知'"（支宇，赵越，2022，p. 143）。从这一角度看，对华特·迪士尼音乐厅和巴特罗之家的参观不再只是对历史的凭吊，而是对自身存在于当下时刻的"嵌入认知"，是"我"用机器的眼光看自己，从而知道"我"是什么人，"我"在世界上的位置在哪里，其真实意义在于"我"对现代社会群体成员的身份认同。

多年来，雷菲克·安纳多尔的创作构成了从数据库到建筑，从音乐厅、博物馆到城市，从地理到人文的双维度叙事。安纳多尔建立的记忆场所具有历时和共时双重特性，它既包含来自集体记忆资料的不断积累和传承，又囊括当下时空中市民对公共时间、公共事件和公共情感的共享。通过用记忆数据将某一场所转换成具有意义的记忆空间，安纳多尔将记忆的过程与唤醒共享记忆的行为建构为基于数字新媒体的文本书写。在纪念性建筑被平常化的现代社会，大规模同质化的钢铁城市让集体记忆失去了纪念物和传承者，城市的历史、现实记忆严重缺失，集体记忆的积累和传承出现断代倾向。安纳多尔通过将集体记忆以数字新媒体的方式呈现，提供了一个让市民介入历史并重新阅读记忆的纪念性场所。在具身经验的激活和多模态感知的唤醒中，安纳多尔的新媒体艺术作品实现了对集体记忆的共享和共建。

三、"记忆重组"：数据时空的共享语义

无论是个人、集体还是数据档案的记忆，都同时属于当下和过去，占有双重空间，于是可以说记忆具有双重时空特征。雷菲克·安纳多尔在对城市的记忆建构中，让过去与现在的时间叠加，凸显作为当下的此刻的城市魅力。然而，随着技术的进步、现代化语境的深入，记忆不只是过去和当下的集合，

还涉及"未来事物的现在"，记忆也不只属于个人和集体，还深入人类文明的各个层面。安纳多尔作品同样呈现记忆的多重隐喻，他的作品素材来源于过去，隶属于当下，更对未来充满期望。下文将讨论的一个作品是他在2017年创作的《梦境档案》，另一个是他在2022年创作的《无人监管》，从两个作品中我们可以窥见他通过时空变换想要诉说的隐蔽叙事。《梦境档案》是安纳多尔搭建的一个三维动态建筑空间的档案馆，安纳多尔利用对抗式人工智能技术创造了一种全新的叙事系统，允许观者以一种全新的、闻所未闻的视角来观看档案。《无人监管》则源于安纳多尔通过系统对MoMA馆藏档案的处理，系统如同毫无逻辑一样探索了自动性生成和系统创作，从而产生了前所未有的新艺术形式。两件作品都连接过去、当下、未来，是对个体和集体之外的记忆的探寻，是对人类所有历史的重组和更新。

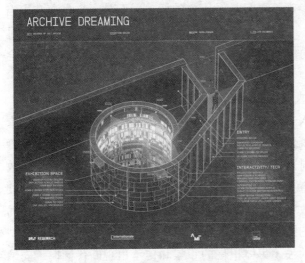

图 5　《梦境档案》设计原理（安纳多尔工作室）　　图 6　《无人监管》（安纳多尔工作室）

记忆的重组依赖于安纳多尔团队研发的计算机系统，该系统能够生成一种新内容的神经网络，它不是简单地分析或处理现有信息，不是按照现有的认知结构和算法处理问题，而是采用一种创造性的、破坏性的语言，打破分组归纳方法的体系，破坏类型学的稳定性，由独特系统结构聚合造成认知障碍，形成一个混乱不堪的汇编文本。如同阿比·瓦尔堡对"记忆女神"图像的重置一样，它以各种不同的新概念以及新的思考社会和文化时间性的方式融合在一起（迪迪－于贝尔曼，2015，p. 10）。《梦境档案》是对档案馆概念的挑战，《无人监管》则是对现有艺术史的挑战，二者对固有思维的重新排序或许能让现在"终结"的艺术史找到出路。早在 20 世纪上半叶，本雅明就认为机械复制时代的艺术品破除了既有的感知模式和习惯，艺术本就应该打破我们惯用的分类与系统和门类的界限，才能尽情地影响我们的生命。因为"艺术是挑战程式，就是颠覆现有规范……因为艺术史延续到当今时代，必须打开自身才能进行下去：开放概念，就是开放体制，发展历史。开放概念，是在艺术的体制-历史基础上开放，是艺术符号冲破自身藩篱，而这种冲破就是艺术性的"（陆正兰，赵毅衡，2009，p. 100）。艺术不应该被固定、塑模、成形，艺术应该是独特的存在，应该一如既往地走在时代前沿，超越古往今来的历史记忆，形成新的组织和结构。艺术对过去的继承，构成了它的现在和未来，只不过在当下视觉被凝固的社会中，未来不再是变化莫测的，而是变得有规律可循。为了未来的记忆，如今的艺术亟须冲破自身的藩篱，把绵延的、历时性的、连续性的记忆结构打散，让艺术重新组织，重新复原，甚至"让躯体体验或者说让触觉回归到艺术创作和艺术评判中来"（彭彤，张莹，2018，p. 16），以激活在机器统治时代的麻木肉身，更新时代的目光。

不过，记忆体系内的重组和更新只能解决一部分问题，依照斯蒂格勒所言，"今天，数字化资本主义将'技术体系、记忆术体系乃至世界化在某种程度上相互融合到了一起'。这是一种全新的数字化全球记忆体系……人们正在全面的虚拟存在中失去真正的文化记忆和历史，这是一种灾难性的后果"（张一兵，2018，pp. 284-285）。在数字资本主义的逻辑理念之下，记忆逐渐成为主宰人的价值的存在，记忆的主体性减弱，人日益成为机器的傀儡。如何认知和摆脱数字化资本主义社会中的技术霸权，成为今天技术哲学的主要论题。在数字化资本主义社会中，"一切活动都成了商品……功用价值尺度成为唯一的评判标准"（p. 279）。关于如何解决此问题，斯蒂格勒（Stiegler，2011，p. 230）进一步提出：我们是技术的存在者，我们是象征的存在者。注视着我们（nous regardent）的事物是符号：一座庙宇、一幅绘画、一个词、一个几何或代数的符号，同样也有一个茶杯、一条街道、一个小便器、一块我们口中的茶点（玛德琳蛋糕）。这种朝我们的注视是因为我们共享它：符号（sumbôlon）是共享物。在共享中，我与别人一同个体化——进而我成为我所是。这里的符号不仅是"被认为携带意义的感知"，而是将感知从个体投射到公共领域，形成共享的属于人类文明的记忆。

斯蒂格勒认为可以从公共权力入手摆脱技术霸权，这种去中心化的公共权力，正是安纳多尔的数据美学所暗示的隐秘之所，是任何人在任何地点都可以看到、可以听到、可以共享的公共艺术。① 最后，安纳多尔通过记忆的共享，解决了普适计算给人类带来的挑战，回应了在机器智能时代人类应该如何作为的问题。他曾谈道："数字世界扼杀了艺术吗？我不认为，我认为有助于艺术的进化。"② 技术也是一种艺术形式，它连接着文化和社会结构，并在这个过程中重塑了两者。安纳多尔的"数据美学"是在记忆机制中对记忆持存的物质性记录，保存了人类的历史和外部记忆，是一种作为人的存在外在化解药的"记忆术"。我们是否可以认为，他的作品不同于班克西自毁式的暴力革命，而是一种在资本主义逻辑下的自保，是资本主义的内部逻辑下相对温和的反抗，是作为商品的艺术的最大程度的共享？他作品中呈现的"记忆"并非作者的个人记忆，而是来源于历史和社会，属于人类文明的各个层面，是被数字信息编码的数据记忆，是信息时代下的新媒体记忆，是当今时代公共的、共享的记忆体系。他通过技术，在作品中嵌入文化内核，在这里，去中心化的公共记忆得以成形，并告知我们，科技记忆诉说的是所有人的故事，是这个世纪的历史。

结　语

从古至今，人类追求速度的想象和脚步从未停歇。谷歌公司最新研发出的量子计算机已经能够在 6 秒内完成普通计算机 47 年的运算量，可谓实现了技术的量子霸权。在这个意义上，谷歌量子计算机的记忆力已经超越了人类所有的记忆总量。不过，即使我们可以借助人工智能归拢、梳理和叠加两千年来的所有注解，综合几百代人对书本的理解，那又能怎样？如果技术进步只是在算法速度、运算逻辑上的变革，那么技术终将只是技术。也就是说，数字技术只有放弃对速度的顶礼膜拜，在它能够将人类过去的经验和记忆带入另一个阶段并根据新的经验重塑之时，才可能具有全新的价值和意义。通过上述分析，我们不难看到，在雷菲克·安纳多尔的作品中，数据信息虽然在信息存储、认知科学和历史文化等多个层面都发挥着记忆的作用，但是它

---

① 迄今为止安纳多尔的个人网站上共收录了 54 件作品，囊括他早期创作的摄影、装置等作品和后期创作的数字艺术。在这 54 件作品中，共 26 件标有公共艺术的标签，此标签多见于他的数字艺术作品中。文中提到的"记忆"系列除了《无人监管》属于展览和 NFT 收藏艺术，其余作品全部属于公共艺术。

② 原文为"Did the digital world kill art? I do not think so. I think it totally revolutionized the idea of art."Refik Anadol's interview from Hyundai, 2018, America，获取自 https://www.youtube.com/watch?v=AdKnYndA63Q.

并不等同于生物体内部的记忆机制。雷菲克·安纳多尔新媒体艺术作品的记忆美学是机器智能时代基于人类本身和人类文明记忆的呈现与研究，他的作品始终以记忆为叙事主轴，通过关于人类自身的个体记忆和集体记忆，呈现了个体作为人的主观本能记忆缺失、由身体带来的历史记忆凝结和对人类文明的记忆重组现象，隐喻着社会和文化记忆的塑造过程。雷菲克·安纳多尔的作品确实是对当今时代的记忆书写，他的记忆叙事不仅是在文化记忆研究的基础上对新时代记忆的深刻摹写，更是一种机器智能时代的特殊历史记忆。雷菲克·安纳多尔的启示在于，媒介文化研究尚需在口头和书面两个记忆媒介之外，去探寻 21 世纪数字智能技术迅猛发展背景下的媒介革命和记忆革新。

引用文献：

阿斯曼，阿莱达（2016）．回忆空间：文化记忆的形式和变迁（潘璐，译）．北京：北京大学出版社．

迪迪－于贝尔曼，乔治（2015）．记忆的灼痛（何倩，曹姗姗，钱文逸，译）．北京：中国民族摄影艺术出版社．

陆正兰，赵毅衡（2009）．艺术不是什么：从符号学定义艺术．艺术百家，6，97－104．

诺拉，皮埃尔（2015）．记忆之场：法国国民意识的文化社会史（曹丹红，黄艳红，译）．南京：南京大学出版社．

彭彤，秦瑾（2021）．柳宗理现代设计作品的后结构叙事研究．符号与传媒，2，107－120．

彭彤，张莹（2018）．当代艺术的身体知觉视角．文艺研究，2，14－24．

王欣，王大鹏（2023）．记忆空间：一个符号域．符号与传媒，2，175－190．

燕海鸣（2009）．集体记忆与文化记忆．中国图书评论，3，10－14．

张一兵（2018）．斯蒂格勒《技术与时间》构境论解读．上海：上海人民出版社．

赵毅衡（2011）．符号学：原理与推演．南京：南京大学出版社．

支宇，赵越（2022）．“心智转换”与“具身认知”——“广义认知诗学”的两大学科范式与理论进路．湘潭大学学报（哲学社会科学版），2，139－145．

Stiegler, B. (2011). The Tongue of the Eye: What "Art History" Means. In Jacques Khalip & Robert Mitchell (Eds.), *Releasing the Image: From Literature to New Media*. Palo Alto: Stanford University Press.

作者简介：

彭肜，博士，四川大学艺术学院教授，研究方向为视觉文化与设计理论。

罗丹，四川大学艺术学院硕士，成都艺术职业大学讲师，研究方向为数字媒体艺术。

Authors:

Peng Rong, Ph. D. , professor of Arts College at Sichuan University. Her main research interests are visual culture and design theory.

Email: 10661602@ qq. com

Luo Dan, M. A. of Arts College at Sichuan University, lecturer of Chengdu Art Vocational University, mainly engages in the research of digital media art.

Email: 980390455@ qq. com

论"意境""气氛"与"氛围感"*

魏云洁

摘　要： 对"意境"概念的解读是中国传统美学研究的重要课题之一，但意境在融入现代美学及对外传播的过程中始终存在问题。自德国美学家波默的"气氛美学"传入中国，许多学者将其与"意境"进行类比，试图推进"意境"概念的发展，但这种努力目前看来仍未完全实现。产生于日常生活中的"氛围感"概念，既有"意境"体现出的中国传统美学特质，又与产生于环境美学及生活美学背景下的"气氛"概念息息相关，是"意境"在中国当下美学语境中的新话语。

关键词： 意境，气氛，氛围感，传统美学，生活美学

Yijing, Atmosphere and Sensuous Atmosphere

Wei Yunjie

Abstract: The interpretation of the concept of *yijing* (意境) is an important topic in the study of traditional Chinese aesthetics, but there are problems integrating this concept and its international communication into modern aesthetics. Since the introduction of the German aesthetician Gernot Böhme's "atmosphere aesthetics" to China, many scholars have compared it to "*yijing*" and tried to develop "*yijing*" with atmosphere, but this effort seems to have not been fully realised. The concept of a "sensuous atmosphere" that arises in daily life is closely

＊ 本文为陕西省教育厅专项科研项目"唐代宴乐空间传播模式及其当代应用研究"（Z20220515）中期成果。

related to the characteristics reflected in both "*yijing*" and "atmosphere". This understanding represents a new addition to the discourse of "yijing" in the current aesthetic context of China.

Keywords: *yijing*, atmosphere, sensuous atmosphere, Chinese traditional aesthetics, aesthetics of life

DOI: 10. 13760/b. cnki. sam. 202402011

　　"意境"是中国传统美学的核心范畴之一，但在当下的美学语境中失去了活力，在跨文化传播中也遇到了阻碍。从符号学视角出发，意境本身包含"象"（再现体）、"意象"（对象）、"境界"（解释项）这样一个三联体结构，且同时具有判断美学与接受美学的双重特征。"气氛美学"传入国内之后，将"意境"与"气氛"进行对比，成为将意境融入现代美学的尝试之一，但气氛在审美对象、方式和效果上都与意境表现出了较大差异。近年来，诞生于东亚文化语境中的"氛围感"概念，既继承了意境的美学特质，又与气氛体现出的环境美学和生活美学的特点相呼应。从学理的角度阐释氛围感，讨论其作为意境当代话语的合理性与可行性，能够为"意境"概念的当下阐释、跨文化传播及中国式生活美学的发展提供新思路。

一、"意境"：完整的符号表意结构

　　"意境"是中国古典美学的重要概念，是中国古代诗学的核心范畴，是中国人"一贯而普遍的美学追求……作用于中国人的审美心理，体现出一种民族的审美理想"（夏昭炎，1995，p. 270）。目前，学界普遍从道家、禅宗和佛学中追溯其起源，一方面强调对意境使用范围的限制，反对将其看作一个适用于所有艺术门类的术语，主张将意境限制在文学的范畴中；另一方面主张将意境限制在民族审美特质中，专门用以分析中国的传统艺术。①

　　但"意境"又不是一个单纯的中国古典美学概念。王国维首先在西方哲学观念的基础上对意境进行了现代阐释，使其成为中西方两种不同诗学传统交汇的产物。此后，朱光潜、宗白华、李泽厚等学者进一步将意境与西方哲学和美学传统关联起来，实现了中国传统文论话语与西方文论的融合。（参见朱光潜，2012；宗白华，2018；李泽厚，1957）正是意境与西方美学的密

———————————

①　相关论述包括：夏昭炎（1995）、顾祖钊（1995）、赵铭善（1989）、蓝华增（1982）等。

切联系，导致了"意境说是德国美学的中国变体"（罗钢，2011）观点的出现。这一观点意在驳斥将"意境"作为中国传统美学核心概念的看法，强调西方美学的影响，但也彻底忽略了意境的中国传统文化语境。

作为一个中国传统诗学概念，意境说在唐代就已经出现了，其思想渊源可以追溯到老子与庄子的美学。尽管经过西学的解释，与西方哲学形成了密切的关联，但"意境"并未能顺利地融入现代美学话语，尤其是涉及跨文化传播时，对"意境"一词的翻译目前仍是问题，这也是意境深植于中国传统文化语境的直接证据。作为一种特殊的意蕴世界，意境超越了理性的逻辑分析，专注于主体的内心体验与感受。

但意境并非不可解读。李泽厚、陈池瑜、蒋寅等拆解了意境的结构[①]，以分层的方式解读其内容。赵毅衡（2023，p. 75）将其看作"艺术文本的基本发生与表现方式"，更明细地指出了意境的覆盖范围。在此基础上，笔者认为，意境本身包含"象"（再现体）、"意象"（对象）、"境界"（解释项）这样一个三联体结构。"象"是来自《易传》的概念，所谓"《易》者象也，象也者像也"（《周易·系辞》）。孔颖达疏："《易》卦者，写万物之形象，故《易》者象也。象也者像也，谓卦为万物象者，法象万物，犹若乾卦之象法像于天也。"这是说"象"是对天地万物的一种仿效，是对客观物的再现。而"取天地阴阳之象以明义"（《周易·坤卦》孔疏），是说"象"的最终目的不是再现和模仿，而是对"义"的揭示。

《周易·系辞》说"书不尽言，言不尽意"，又说"立象以尽意"，是在讨论"象"进行意义传递的有效性。"象"作为视觉符号，比作为语言符号的"言"在意义传递过程中能够取得更好的效果。而"意"就是上文所引"取天地阴阳之象以明义"的"义"，至少在这个语境中，二者是互通的。因此，"意象"就是通过"象"来呼唤"意"，而"意"的内涵，则可以被解释为情感、道德、观念等，这取决于接受者的解释。

由此，"意象"可以被解释为一个符号意指的过程，由"象"导出"意"，而"意象"呼唤的对象，就是"境界"。在这一层面上，"境界"是"意象"最终导向的解释项。这就形成了一个完整的符号表意过程，其中，"象"是再现体，是艺术再现的对象（如果对象存在），"意象"是创作主体

---

① 李泽厚将意境分为"意"和"境"两个方面，其中"境"是形－神的矛盾统一，"意"是情－理的矛盾统一。陈池瑜在此基础上提出意境的内部结构是三组矛盾，分别是形－神、实象－虚象、象－意（理）的矛盾统一。蒋寅将意境视作一种召唤性的结构。

对物的选择与创造，"境界"是接受主体对"意象"做出的解释，也是创作者想要通过意象传递的意义。基于此，意境拥有被广泛应用于各门类艺术，甚至艺术之外的可能，也有了能够被审美主体自由解读的可能。但在实际使用中并非如此，一方面，意境至今仍被限制在中国传统艺术相关的语境中，另一方面，在面对艺术边界及审美对象范围无限扩展的当下，"意境"表现出了明显的不足。

二、从"气氛"反观"意境"

在对"意境"概念进行梳理与考察时，笔者发现，部分学者将其与"气氛"联系起来。但这里的"气氛"指在特定空间和环境中主体感受到的情调，这种用法在日常生活中很常见，波默首先将其纳入美学语境中，讨论其作为美学核心概念的可行性。当然，对气氛的讨论并非从波默开始，赫尔曼·施密茨（2012，p. 9）将气氛与情感画等号，弗里德林德·里德尔（Riedel，2019）将气氛的经验从个体情感扩展到了主体间，尤尔根·哈斯（Hasse，2016）强调了主体在其中的能动性，这些关于气氛的讨论，都是从文化角度对其特征进行的一般性解读，强调气氛与空间的密切关系，明确人能够创造并感受气氛，指出人感受气氛的方式是直觉的、感性的，气氛本身是难以分析和描述的。

在这些讨论的基础上，格诺特·波默第一次将气氛引入美学。"气氛"美学是波默在面对审美对象边界扩大、环境问题日益凸显等问题时，从感性论的视角出发，对美学问题的新的讨论。他否定了传统存在论中的主客二分模式，将气氛归属于一种居间的东西，认为气氛是客观存在的，但需要主体进入相应的环境中进行体验。在这一前提下，"美是一种气氛，既不存在于主观也不存在于客观，我们通过身体中情态性的变化感知到气氛，而气氛对身体情态所产生的影响在于它能够提高生命情感，带来愉悦"（立野良介，2018）。也就是说，气氛虽然可以经由客体创造，但其实现需要主体的感知，客体与主体需同时在场，气氛方能出现。这种既强调客体塑造也强调主体感受的特质与意境如出一辙。

因此，有学者将"意境"与"气氛"进行直接的对比。比如彭锋（2014）指出了意境与气氛之间的四点相似之处，包括两者皆有一种不确定性，描述两者的词汇基本可以互换，较为鲜明的情感特质和明显的主体特征。彭锋还指出了"意境"在跨文化传播中的翻译难题，提出在波默构建的美学的"气氛"（atmosphere）概念基础上，将"意境"译为"感觉氛围"（sensuous atmosphere）。这种讨论希望通过现代美学来恢复传统美学活力，尝试让中国传统美学进入当代美学概念的建构当中。但单从这种翻译方式也能看出，"意境"与"氛围"尽管有诸多相似，也依旧存在差异。

首先是审美方式的差异。气氛美学是从环境视角出发的美学，环境美学于 20 世纪 60 年代在西方兴起，建立在知觉的基础上，有意强化观者在审美过程中直接参与其中的意识，"审美者作为参与者将注意力当下地、直接地集中在大片地域中的特色环境上"（柏林特，2006，p. 16）。在环境美学中，"美学研究的重心从艺术转移到自然……美学正在走向日常生活，并应用于实践"（陈望衡，2007，p. 10）。气氛"作为一种介于客观环境和人类置身感之间的中间环节"（伯梅，2020），充当了环境与观者之间的媒介，使观者感受的对象从环境进一步具体到气氛，指明了观者在环境中到底要经验什么。

"意境"虽然也强调主体性，但并不要求身体在审美过程中的直接参与。它的主要关注点不是现实的、身体可感的空间，而是"象外"，也就是人通过对审美对象的知觉形成的想象。这种想象既与《老子》"致虚极，守静笃"以及《庄子》"心斋""坐忘"等概念息息相关，也与佛教相关。在佛教中，境是"心识之所游履、攀缘"（2004，p. 190）之处，对应到审美概念中，就是指一种"企望人性、人格自由无羁之审美理想"（王振复，2006）。因此，意境虽然依赖主体，但最终导向内心世界，身体只是审美对象及其结果之间的中介，审美过程中的直观体验只是通向精神世界的中转，而非审美过程中的结果。

其次，"意境"重判断，而"气氛"重体验。审美体验与审美判断本身就是两种美学传统，只不过在当下，随着审美对象范畴的不断扩张，学界对审美体验越来越重视。审美判断往往关注艺术，审美体验则无限扩大了审美对象的范围。在气氛美学当中，审美被视为气氛的制造过程，主体感受、感性经验被推到台前。审美对象通过改变或给空间赋予情调，影响观者的身体性空间，从而影响观者，使其感受发生改变。

在这一前提下，一方面，所有的艺术形式都以显现自身并完成空间气氛的制造为目标。在这一前提下，某一门类艺术作为其他门类艺术的模仿对象的核心地位被打破，审美对象的边界变得模糊，日常生活被自然地纳入审美活动中。另一方面，在气氛的笼罩下，审美过程的重心从具有技术要求的技法、颜色、光线、透视等要素，转移到人的感性对艺术品所渲染的气氛的感知。描述成为审美的最终结果，这就意味着，每一个具有感性能力的主体在面对艺术品时都是平等的。这绝不是说个体的感知是混沌的，不同个体的感性认知都因为受到外在经验的影响存在差异。但在观者身体进入艺术品所构筑的空间时，人们感受气氛的方式——暴露于其中（exposing oneself to it），是一致的。

上文已经指出，如果将意境看作一个开放的表意结构，理论上意境也可以被无限解读。但意境本身"给人以一种特殊的美感"（蒋寅，2002），这种美感被总结为"人生感、历史感""形而上的慰藉"（叶朗，1998），"对宇宙人生的无尽情思与体验"（夏昭炎，1995，p. 25），"对大智大慧的体悟"（王德有，1998，p. 1）等。同时，在论述意境时，经常会根据是否有意境和意境的类别来判断艺术品的高下。"意境"作为一种价值判断标准，是中国传统知识分子精英群体针对具体特定艺术形成的审美趣味，这与纯然客观的"气氛"是截然不同的。

最后，"象"与"意象"作为意境的再现体与对象，不同于西方美学中的"形象"（image），它不是"单纯模仿，而起于物我之间因生命之气的交流共鸣而感应互通，是基于同态对应的深切认同"（汪裕雄，2013，p. 236）。这种通过物我感受而形成的情理交融的意象，相较于形象更为复杂，导致其很难被用于艺术之外的对象。因此，不同于气氛审美对象范围的不断扩展，意境至今仍囿于中国传统艺术形式中。"氛围感"① 概念的出现，在中国传统美学与当下大众审美活动中，发展出了新的"意境"话语，也为进一步沟通"意境"与"气氛"提供了新的思路。

三、"氛围感"："意境"的当代话语

"意境"与"气氛"在审美主体体验方式、审美对象范围和审美结果标准中体现出的差异，体现了中国传统美学在现代转换过程中的困境。对于这种困境，蒋寅、萧驰、王一川等都曾有过讨论。他们认为，王国维以后的"意境"阐释，与此前古人使用的"意境"概念有着本质的区别，是意境与现代性的融合，是为了满足"现代中国人在全球化时代重新体验古典性文化韵味的特殊需要……为现代人体验中国古典文学及领会古代人的生存体验提供了一条合适的美学通道"（王一川，2001）。这一点毋庸置疑，"意境"在

---

① "氛围"与"气氛"同义，因此"氛围感"即"气氛感"，本文采取惯常用法，统一用"氛围感"。

20 世纪以来盖过几乎所有古典美学概念，成为中国现代美学的代表概念的事实即为明证。

但是，通过与"气氛"的对比，我们可以看到，一方面，随着当下生活美学、环境美学等的发展，"意境"使用范围的局限变得尤其明显；另一方面，意境中体现出的强烈的民族性特征，在一定程度上限制了中国现代美学的对外传播。如果能够从当下流行的美学词汇中，找到一个既具有中国美学传统，又具有现代美学特质的概念作为切入点，讨论"意境"在当下美学语境中新的发展可能性，将对"意境"的对外传播、中国式生活美学的发展都有积极意义。"氛围感"就是一个这样的概念。

"氛围感"作为一个网络流行语，在近十年的中文媒体中表现出了蓬勃的生命力，作为一种审美趣味，被广泛用于对艺术及日常生活的描述。笔者考察了不同社交媒体中"氛围感"一词的使用情况，发现不仅在国内，在韩国、日本等东亚文化圈中也出现了类似的用法。日语"雰囲気"、韩语"분위기 있는"（氛围感）在社交媒体中同样高频使用，随之也发展出了如"雰囲気女子"（氛围感美女）、"분위기 있는 사진"（氛围感照片）等热门话题。在这些话题下，氛围感作为一种新兴的审美趣味，得到了社交媒体用户的认可。但英语环境中的情况不同，尽管在"vibes"（氛围）的话题下也有不少内容，但大多数内容都是对自然景色的分享，氛围在其中是相对客观的，不具有氛围感的价值倾向。触发氛围感之物，与触发意境之物背后的文化逻辑类似。

上文提出将"意境"看作一个包含"象""意象""境界"三重层次的结构性词汇，一个完整的符号表意过程。按照这一思路，我们也可以将"氛围感"拆分为"氛围"与"感觉"。氛围的制造源于主体对物的选择，这与从"象"到"意象"的发展是一致的。"感觉"与"境界"在实现方式上也基本一致，都是通过主体的直接感受来完成，但区别在于"感觉"与"境界"引出的解释。

"境界"的生成依赖于"道""气"等同宇宙本体和生命（叶朗，2020，p. 28）相关的概念以及相应的文化语境。"感觉"强调主体在审美过程中，通过对审美对象的直观而产生的直接感受。这种感受当然也受到相应文化的影响，这种影响根植于消费文化、日常生活审美化等浪潮中，排斥文学、哲学背景，强调主体的处身体验在审美过程中的决定地位，展现出面向大众的解释可能。因此，尽管氛围感拥有和意境相似的结构性特点，但其背后的文化逻辑，既决定了氛围感因为缺乏中国传统诗学的文化根源，而难以成为对艺术作品的评判标准，也使得氛围感作为一种与当下生活息息相关的审美趣味，在保留了意境的部分特质的同时，更容易被当代人接受。

笔者认为，氛围感是一种呼吁主体在面对审美对象时，忽视细节而注重整体美感，强调处身体验、感性直观而忽视理性分析的审美趣味。这种审美趣味在大多数使用场景中都得到了较为积极的反馈，因为许多社交媒体用户会对认可度较高的内容进行模仿。但在一些情况下，也体现出一种消极的倾向，因为重整体而轻细节的氛围感审美过程有时会导致审美主体对审美对象的判断失误。但无论是积极的或消极的反馈，都证明了氛围感本身具有一种价值取向。

这种价值取向，是氛围感与意境表现出的共同特质。尽管相较于被视为中华民族最高审美理想的意境，氛围感产生于大众文化之中，代表了当下的流行与时尚，具有积极的价值取向，但它却不是一种相较其他概念更重要的审美标准。也正是因为这种价值取向，使得氛围感与气氛有所不同。气氛是纯然客观的，需要主体进行进一步的解释，它"意味着具有审美意义的某物，但尚待加工和表述"（波梅，2014）。对于经验到气氛的主体来说，进一步描述气氛的特质是一件自然的事情。人们可能经历开心的气氛、难过的气氛、紧张的气氛等，但气氛本身不是标准，人们也不会因为某物能够制造出气氛而认为其优于他物。氛围感也常常被其他风格修饰，比如高级、复古、自由等，但无论是何种氛围感，本身就已经表示了一种较正面的审美取向。

尽管在价值判断上有差异，但氛围感与气氛在审美对象的范围上表现出了高度的一致。

二者都强调"我们在环境中生活得如何，我们的感觉、感受如何，我们对自然的感性体验如何，乃是最关键的"（波默，2018，p. 3）。气氛的制造者可以按照自己的叙述方式来组织材料。而进入与主体相关的环境中的物，只要被主体经验，就都成为审美对象，参与审美过程并导向最终的审美感受。氛围感也是如此，人们会以自己的感受为基础，通过增加或减少物来加强其周围环境所施加的感受。比如，作为一种象征性符号的"海边科罗娜"，一些人在海边看日出时，会将两瓶科罗娜啤酒放置在沙滩上，有时也会携带花束，作为前景进行海边日出的拍摄，以求营造出一种诸如自由、孤独的氛围。在这一过程中，啤酒瓶、花束、沙滩、海洋之类的物都成了审美对象，参与氛围的制造，在主体完成审美体验的过程中，发挥了相当重要的作用。

而从这个案例中可以看到，不同于波默在解释"气氛"时对环境和身体在场的反复强调，"氛围感"在某些时刻对审美主体身体在场的要求十分暧昧，它既希望主体与审美对象处于同一空间中，又往往将主体拒斥其外，选择以图像的方式实现。这是当下摄影技术与社交媒体网络极度发达的结果，在很多时候，氛围感的营造与照片、视频密切相关。在这一前提下，人们经验物的主要方式从物转向了物的影像，正是在这一过程中，人对环境中材料的组织与叙述，达到了前所未有的阶段。

元宇宙技术的出现，将会进一步推进审美对象形式的多样化，人与环境的关系也将会被改变，可以确定的是，在这一过程中，身体所处其中的物理环境的重要性正在持续降低。这时我们似乎又回到了"意境"的语境，通过审美过程，将身体剥离现实进入思想的世界。不同的是，思想的世界中不再强调理性的思考，感性胜过了一切，"我们可以在短暂的、转瞬即逝的东西中，在锡器的一线光亮中或在白墙的皮影戏中经验美。因为我们自身就是转瞬即逝的东西，所以我们遇见的是诸显现那一闪之中的美者——诸显现对我们保证了我们的此在，美就是为我们带来在此存在这种幸福的东西"（波默，2018，p. 290）。

然而这并不是说气氛美学对于身体在场的强调是过时的，波默对身体性的强调建立在环境问题的基础上，他将人对现实生活环境的感受问题看作美学问题，最终想要实现的是以气氛为核心，以身体和知觉为媒介，以情感为导向的人与自然的和谐关系和人在其中的幸福生存。但即便是"最尖端的虚拟现实技术，仍然需要通过身体的知觉装置和表达情感的传声结构板——诸如我们的感官、大脑、各种腺和神经系统——来体验"（舒斯特曼，2011，p. 25）。无论是在现实还是在虚拟环境中，审美过程依旧无法绕过身体，只是这时需要的，是对身体的重新审视。我们在这里无意对哲学、美学和传播学意义上的"身体"概念进行讨论，已经有太多学者讨论过这一问题。

需要明确的是，以"人的幸福"为目的的美学，使人的感受超越一切，成为审美活动最基础的实现方式。无论是人身体处于其中的物理环境，还是人思想遨游其中的思维环境，都只是环境的一种表现形式。考虑到技术的发展与人类生活习惯的变迁，这两种环境的重要性可能会越来越难以断定。但在审美语境下，无论是通过置身现实环境中实现的体验，还是只通过视觉、听觉等某种感官引起的思想上的体验，都是以感觉为基础进行的。只要是人能够经验到的物，都能够成为审美对象，在人与审美对象遭遇的过程中，氛围出现并被人感受到。通过氛围，我们希望日常生活变得让人更能感受到幸福，而我们要追求的，就是通过对氛围的体验，使人们从日常生活的庸常中抽离出去，达到一种超脱的状态（赵毅衡，2018）。

　　"氛围感"作为一个产生于网络语境中的流行词汇，尽管目前也已经被官方使用，但仍旧缺乏作为一种美学概念的理论基础。笔者将"氛围感"与"意境""气氛"进行比较讨论，一方面是要为"氛围感"的解释提供一些学理基础，但更重要的是想通过对大众传播中审美趣味的反思，清晰地看到"意境"概念在当下使用中的问题。相较于"意境"，"氛围感"这一概念明显更适用于当下，因为它既保留了意境的美学特质，又发展出了以气氛美学为代表的西方环境美学和生活美学的特征，包括审美对象的泛化及对人感性直观的反复强调，充分契合当下人们的审美要求与习惯。当我们回到彭锋将"意境"译为"sensuous atmosphere"的尝试，可以发现这个译法似乎更适合表达"氛围感"。也正是因为如此，笔者主张将"氛围感"看作"意境"在生活美学背景下的当代话语，由此出发继续深入讨论，可以为"意境"概念的跨文化阐释及发展出一种中国式的生活美学提供新思路。

引用文献：

柏林特，阿诺德（2006）. 环境美学（张敏，周雨，译）. 长沙：湖南科学技术出版社.

波梅，甘诺特（2014）. 气氛——作为一种新美学的核心概念（杨震，译）. 艺术设计研究，1，5 - 15.

波默，格诺特（2018）. 气氛美学（贾红雨，译）. 北京：中国社会科学出版社.

伯梅，格尔诺特（2020）. 环境美学（杨震，译）. 美学与艺术评论，1，253 - 262 + 275.

陈池瑜（1985）. 论"意境"的内部结构. 华中师范大学学报（哲社版），6，40 - 47.

陈望衡（2007）. 环境美学. 武汉：武汉大学出版社，2007.

陈望衡（2019）. 中国古典美学史. 南京：江苏人民出版社.

顾祖钊（1995）. 论意境的称谓和渊源. 文艺理论研究，4，64 - 71.

蒋寅（2002）. 语象·物象·意象·意境. 文学评论，3，69 - 75.

蓝华增（1982）. 古代诗论意境说源流刍议，文艺理论研究，6，82 - 90.

李泽厚（1957）. 门外集. 武汉：长江文艺出版社.

立野良介（2018）. 作为气氛的美——立足于 G. 波默的"新美学"（崔莉，译）. 德国哲学，下半年，219 - 251.

罗钢（2011）. 意境说是德国美学的中国变体. 南京大学学报（哲学·人文科学·社会科学版），5，38 - 58 + 159.

彭锋（2014）. 意境与气氛——关于艺术本体论的跨文化研究. 北京大学学报（社会科学版），4，24 - 31.

阮元（2009）. 十三经注疏·周易正义. 北京：中华书局.

施密茨，赫尔曼（2012）. 身体与情感（庞学铨，冯芳，译）. 杭州：浙江大学出版社.

舒斯特曼，理查德（2011）. 身体意识与身体美学（程相占，译）. 北京：商务印书馆.

汪裕雄（2013）. 意象探源. 北京：人民出版社.

王德有（1998）. 老庄意境与现代人生. 北京：中国广播电视出版社.

王一川（2001）. 通向中国现代性诗学. 北京师范大学学报（人文社会科学版），3，25－33.

王振复（2004）. 中国美学史教程. 上海：复旦大学出版社.

王振复（2006）. 唐王昌龄"意境说"的佛学解. 复旦学报（社会科学版），2，94－101.

夏昭炎（1995）. 意境：中国古代文艺美学范畴研究. 长沙：岳麓书社.

叶朗（1998）. 说意境. 文艺研究，1，17－22.

叶朗（2020）. 中国美学史大纲. 上海：上海人民出版社.

赵铭善（1989）. 论意境的概念及其三个规定性. 文艺理论与批评，5，75－81＋101.

赵毅衡（2018）. 从符号学定义艺术：重返功能主义. 当代文坛，1，4－16.

赵毅衡（2023）. 艺术符号学：艺术形式的意义分析. 成都：四川大学出版社.

朱光潜（2012）. 诗论. 北京：中华书局.

宗白华（2018）. 美学的境界. 北京：文化发展出版社.

Hasse J. （2011）. Emotions in an Urban Environment. In Heiko Schmid（Ed.），*Cities and Fascination: Beyond the Surplus of Meaning*，49－74. New York：Routledge.

Riedel F. （2019）. Atmosphere. In Jan Slaby & Christian von Scheve（Eds.），*Affective Societies: Key Concepts*，85－95. New York：Routledge.

作者简介：

魏云洁，博士，西安建筑科技大学师资博士后，研究方向为艺术符号学、美学。

Author:

Wei Yunjie, Ph. D., postdoctoral fellow of Xi'an University of Architecture and Technology. Her research fields include artistic semiotics and aesthetics.

Email: wyjwyj930711@163. com

文化转码：传统舞蹈资源当代转化的路径[*]

袁杰雄

摘　要：传统舞蹈资源当代转化是一种跨语境、跨系统的创造活动，其间经历着复杂的"文化转码"行为。转码是指跨系统符码转换，即从第一系统提取的模因脱离原初的符码系统，被置入新的主题语境重新组织。由于符码系统的转变，模因也具有了新的形式特点，携带上新的意义。舞蹈模因形成的形式依据源于第一系统中的文化原型，即具有某种规约性的形式元素。转码的前提是找准模因，巧用模因。选择模因既需注意它本身的形态特征及其蕴含的概念意义是否与人物、情景及主题相匹配，同时还需考虑它是否能够为作品主题意义的表达提供解释衍义的动力。转码还需注意舞蹈模因在变形中的度，无论是沿用模因原形、对模因进行拓扑变形，还是创造新的模因，其解构、重组的过程都不能脱离模因的"恒量"。守住其"核"，发展其"形"，这是保持舞蹈风格稳定性的前提，也是传统舞蹈资源当代转化的必然要求。

关键词：文化转码，传统舞蹈资源，模因，转化路径

Cultural Transcoding: The Path of Contemporary Transformation of Traditional Dance Resources

Yuan Jiexiong

Abstract: The contemporary transformation of traditional dance resources is a

＊ 本文为国家社会科学基金重大项目"当代艺术提出的重要美学问题研究"（20ZD049）阶段性成果。

cross-context and cross-system creative activity, during which it experiences complex "cultural transcoding" behavior. Transcoding refers to cross-system code conversion, that is, the memes extracted from the first system are separated from the original code system and reorganized into a new subject context. Due to the transformation of the code system, memes also have new formal characteristics and carry new meanings. The formal basis of the dance meme is derived from the cultural prototype in the first system, that is, the formal elements with certain rules. The premise of transcoding is to find the meme accurately and use the meme skillfully. When Selecting a meme, one should not only pay attention to its own morphological characteristics and the conceptual meaning it contains, but also consider whether it can provide a driving force for the expression of the thematic meaning of the work. Meanwhile, attention should be paid to the "degree" of deformation of dance memes when transcoding. Whether it is to extend the original form of meme, topological deformation of meme, or creation of new meme, the process of deconstruction and reorganization cannot break away from the "constant" of meme. Keeking its "core" and developing its "shape" is the premise of maintaining the stability of dance style. It is also inevitable for the contemporary transformation of traditional dance resources.

Keywords: cultural transcoding, traditional dance resources, meme, transformation path

DOI: 10. 13760/ b. cnki. sam. 202402012

当代中国传统舞蹈由民间走向舞台，实际上是由两种不同的系统（即不同的传承主体）在操持。如果将民间自然传衍的传统舞蹈视为"第一系统"，那么由创作者以该传统舞蹈为素材编创的舞台舞蹈作品就可视为"第二系统"。显然，从第一系统转换至第二系统，实质上是"由一种'生态'走向另一种'生态'的转换，即由'民间'向'都市'的生态转换。它的功能、途径和价值也会随之变化，功能的差异会影响到审美取向的差异"（尹建宏，2010，p. 111）。这应是传统舞蹈资源当代转化的显著特点。其实，由第一系统转换至第二系统，最明显的转变体现在组织规则上，这种组织规则被称为

"符码"（code），即第二系统的符码虽然脱胎于第一系统，但它已经在新的语境中具有了新的组织规定。循此视角，一部以传统舞蹈资源为基础生成的舞蹈作品，实际上经历了符码转换的过程，这种符码转换在文化符号学中被称为"转码"（transcoding）。本质上而言，基于传统舞蹈资源的舞蹈创作就是一种文化转码的组织创造活动。由此，转码的运作机制就成为研究传统舞蹈资源当代转化和发展的关键议题，也是揭示舞蹈意义生成规律的一个重要方面。

一、舞蹈中"符码"与"转码"的概念阐释

语言学家王宁（1993，p. 190）曾言："每一种舞蹈的民族和地域的特色，都蕴藏在这种舞蹈的与众不同的动作特点中，不描写这种特点，就无法解释它所表现的文化内涵。""与众不同的动作特点"指每一个民族独特的身体表征方式，这种身体表征受到特定民族、特定人群所属地域、生产方式、生活习俗、宗教、伦理、审美、价值观念诸方面的影响，它们共同作用、规限，造就了独具特色的舞蹈形态。这也是很多文化学者喜欢称"舞蹈的身体是文化塑造的身体"（鲍尔德温，2004，pp. 267－284）的主要原因。实际上，传统舞蹈与众不同的动作特点形成的依据是"文化符码"（cultural code），动作与动作之间遵循何种符码规定，决定了传统舞蹈呈现何种风格。可以说，传统舞蹈本身就是一种被符码化的表演文本，它蕴含着丰富的文化内涵和审美品质。

编舞家王玫将符码称为"密电码"，是指传统舞蹈中记载的人们的"种种记忆"和"生动活法"。在谈到传统舞蹈的现代性编创时，王玫（2015，p. 30）指出，"并不是一切舞蹈编创都可能演变为传统舞蹈，只有那些特殊的'密电码'式的舞蹈编创才能演变为传统舞蹈"。也就是说，无论是传统舞蹈，还是传统舞蹈的编创，都需有"密电码"的加持，现代性编创只有延续传统舞蹈的"密电码"，才有可能演变为明天的传统舞蹈。应当说，王玫这一观点极为敏锐地注意到第一系统转换至第二系统的符码连续性问题，遗憾的是，她没有对其予以展开。要强调的是，符码不是指编导的创作技法，它是舞蹈意义生成的组织规则与解释规则，主要由两种符码类型构成：一是风格性符码，规定动作与动作之间连接的形式，即动作遵循的运动规律；二是指称性符码，控制动作与动作之间语义的生成（包括情感意义），即动作遵循的语义规律。前者使动作具有了风格意义，后者使动作携带上指称意义。

通常情况下，传统舞蹈的风格性符码是在指称性符码基础上形成的，也即形式的组织规定都有其内在成因，它的形成不是无缘无故的，而是源于具体的意指实践（如情感、观念、目的等）。但在发展过程中，舞蹈的风格性符码越是趋于成熟，就越与对象指称拉开距离，这使得风格性符码具有了独立表达某种主题概念的潜力。这也意味着以传统舞蹈文化资源为前文本的舞蹈创作，实际上主要是对风格性符码的发掘、改造和拓展。

无论是第一系统还是第二系统，其符码都是成套出现的，它是由动作、音乐、服饰、道具等携带着的不同符码联合构成的，这些符码集合构筑起传统舞蹈的整套意义解释。从舞蹈本身来看，虽然易解难解并不是判断一部作品优拙的标准，但要引起接收者的共情，舞蹈本身就必须蕴含能够引起接收者理解或感动的因素，它须符合接收者的理解和认知范围（包括美感的接收标准），其中就包括风格性符码和指称性符码。这种特点也决定了创作者（包括舞者）预设进舞蹈的符码集合与接收者持有的符码集合须做到"部分重合"，形成交集。舞蹈的意义交流和传播如同语言的表达，要使自己的语言和身体姿势能够被人理解，就必须与他人共享相同或相似的符码系统。无论是对传统舞蹈风格性符码的识别，还是对指称性符码的理解，都需如此。斯图尔特·霍尔（2003，p. 25）曾言："语言绝不可能成为完全私人的游戏，我们私人所意向的意义，不论对我们自己有多么个人化，也必须进入语言的规则、符码和惯例中，以使之能被共享和理解。"罗兰·巴尔特（1992，p. 42）提出交流的"契约性"，强调的也是表达与接受之间须具有符码"通约性"，只有在此前提下，交流和对话才可能顺利进行，理解和共情才成为可能。

诚然，第一系统的符码突出文化的积淀与约定，它具有一种原真性、传统性、规约性，并伴随着模式化或程式化的表达。而第二系统的符码与第一系统的符码存在明显不同，它是创作者潜心学习、掌握、体悟、感受后，择取第一系统中的典型符号和符码片段，结合相应题材和主题，在个人创作经验基础上加工、再造的一套新的符码。简言之，传统舞蹈当代转化过程，是对第一系统中文化符码的激活、延续，是对某一社会历史文化的找寻以及再创造。这意味着从第一系统中择取的典型符号和符码片段会不可避免地在第二系统中变形，从而携带上新的意义和品质。第一系统成为第二系统的"转换资源"，它们之间存在着内在连续性。

因此，从第一系统转换至第二系统，最突出的特征是：它们之间经历了一种复杂的转码，即跨系统、跨语境的符码转换。这里涉及对"转码"概念的理解。"转码"的原意是"跨越解码"（赵毅衡，2017，p. 301）："解码"指接收者运用既定符码识别舞蹈的形态、解释舞蹈的意义；"跨越解码"则指接收者跨系统进行解码，即原先的典型动作或符码片段变成另一个意思，且具有了一种新的形式质感。此时，我们需要统筹两个系统的意义。就舞蹈的转码活动而言，专业创作者首先只能从第一系统的符号表象入手，一个个地去认识其中舞蹈动作的形态特征、音乐特点以及服饰样式，熟知它们的排列与组合规则，再进一步在典型动作或符码片段的运用过程中逐步获得深切的体验和独特的领悟（蒋原伦，1998，pp. 43 – 45）。只有充分识别、掌握、熟习第一系统，才能真正领悟其中某些典型动作与符码片段的形式特点及概念意义：它们能与何种类型的对象和主题相匹配，甚至主导主题的意义走向。可以说，找准第一系统中某些与表现对象和主题相贴合的风格性动作、音乐、服饰等，舞蹈的转码才能达到预定目的。很多舞蹈创作之所以会出现"文化属性的缺失"，是因为所选用的形式元素和符码片段脱离了这一文化所属的元语言系统，也即"无法用这一文化对该类型的文本已有的符码来做完整解释"（赵毅衡，2017，p. 298），这种现象就是"错位"。

实际上，以传统舞蹈资源为基础的舞蹈创作要经历形式与内容的"双重转码"过程：形式转码包括典型符号（动作、音乐、服饰、道具等）和符码片段的跨系统转换，也即第一系统的形式元素和符码片段在第二系统中得到重新组织，成为一种新的舞蹈形态；内容转码是指第一系统中的形式元素和符码片段脱离原有的语义结构进入一个新的表意系统，被赋予了一种新的意义，体现出跨语境转换的特点。从中可以发现，运用第一系统的典型元素和符码片段进行跨系统、跨语境的转换，需落实在舞蹈的形式元素和符码片段的巧用上，巧用的前提是舞蹈动作、音乐、服饰等的典型形态需与人物和主题相匹配。显然，传统舞蹈资源经由双重转码，实质上是从传统中汲取滋养来进行当代语言结构的转换，激活原有形式元素和符码片段的文化记忆，使其在当代语境下焕发新的生机。其当代性，就与舞蹈作品"跟观众所处的时代，跟创造性有关系，能够影响到社会"（张延杰，2018，p. 5）。由此，从第一系统转换到第二系统，本质而言是对择取的典型元素和符码片段进行重新组合与赋义的过程，也就是说，"舞蹈的符号化生产过程就是文化生产者从碎片化的符码系统中拾取出核心元素，并不断对其进行文化编码的过程"（陈钧，2019，p. 153）。其中，储存并延续特定传统舞蹈风格的核心元素，就是舞蹈"模因"（meme）。

二、模因：第一系统转换至第二系统的中介

"模因"是英国著名生物学家理查德·道金斯（Richard Dawkins，1976，pp. 206 - 208）基于"基因"一词提出的："模因是文化传递的单位，其核心是模仿，无论是有形的身体姿势，还是无形的、抽象的观念想法都可以通过模仿进而得到自我复制与传播。"道金斯说到的"有形的身体姿势"就包括有人参与并代代传承的舞蹈艺术，而舞蹈模因代代相传的主要方式便是重复，这与道金斯关于模因的定义相通。哲学家丹尼尔·丹内特（Daniel Dennett，1995，pp. 353 - 354）基于道金斯关于模因的定义继续指出："模因属于语义类别，并隐含着极具特色的语义信息。"模因具有语义性，这应是模因之所以被特定民族、特定人群代代模仿延续的重要原因，也是转码的重要前提。因此，文化的延续依靠的是模因，它作为一种"文化衍生因子"，通过模仿而代代传承，通过重复不断强化自身的形式属性和意指内涵。正是模因的存在，"保证了文化得以稳定延续"（Dawkins，1976，pp. 192 - 195）。由此，舞蹈的模因即是能够传递特定民族文化的形态因子，且携带着某种意义并能够在"文化的人群中传播的'意义单元'"（赵毅衡，2017，p. 299）。

针对如何提取模因，资华筠（2015，p. 26）的建议值得重视："提取民族舞蹈元素的创作型作品，应该尊重特定民族的审美基质和文化内涵。这绝非提倡亦步亦趋地固守原生形态，束缚创造意识，而是倡导在深入学习、继承、研究其优质基因的基础上，实现多样化发展。作者的心应该贴近赋予其创作性灵的民族文化源泉，而不是信手拈来，恣意作践。"资先生倡导的是：民间舞蹈创作应立足民族文化源头，应以第一系统中的优质模因为基础，所有脱离文化模因的创作，都会致使舞蹈"主脉"扭曲、变异。其实，资华筠在《舞蹈生态学》中提出的舞动构成因子（如节奏型、呼吸型、步法、显要动作部位及其动作等）就可视为模因的组成成分，当这些构成因子按照规定的符码组织方式连接在一起，就会形成相应的舞蹈风格。如田露（2009，p. 32）总结的：要体现各种民间舞蹈的民族特征，其动作特点需抓住三个方面：一是体态（生活习惯体态，包括民族服饰所产生的特殊形态）；二是动态，动作形态（包括民族服饰制约下的动态）；三是动律（运动规律）。这三点都是民族审美特征的具体体现，也即动作的风格特征。由此可知，舞蹈的动作模因最关键的就是体态和动律，也即上文所说的典型元素和符码片段。

舞蹈模因的成形需依托"文化原型"，也就是驻扎在特定民族心理意识

中的典型图式，是他们生活、劳作、习俗、观念中习以为常并烙印在心理无意识深处的一种经验系统。其中既包括特定民族身体动作中反复出现、沉淀而形成的具有普遍共性特征的习惯体态和动律，也包括那些或显或隐地深居于特定民族生活，如民族性格、生产劳作、各种民俗活动中的情感和身体经验系统。荣格（1997，p. 41）指出，"原型"是一种集体无意识的内容，它指的是"那些尚未经过意识加工的心理内容，是心理经验的直接材料"；"当原型采用特殊方式加以修改，就不再指无意识所包含的内容，而变为意识的公式或法则"。所以原型又被很多学者称为"母型"或"文化元语言"。

贾作光曾提到鄂温克族舞蹈作品《彩虹》的例子，深刻地揭示模因的形成需立足文化原型，同时也融会编导的个性化创造。由于鄂温克族的舞蹈语汇较少，如何提取其与蒙古族、达斡尔族舞蹈不同的元素，使其具有自己的风格成为首要问题。贾作光谈道，首先须从鄂温克族人民的生活基础出发，如：鄂温克族牧民性格憨厚、坚韧，生活劳动中他们经常有扭摆身体、蹲跳的动作，鄂温克族民歌音色清脆、节奏多变，等等。这些原本就存在于鄂温克族人民生活当中的原型，如果没有编导的有意识加工，就只是鄂温克族人民日常生活和仪式中的一部分。当编导有意识地对这些原型进行加工时，"原型就复活过来，产生一种强制性，并像一种本能驱力一样"（荣格，1997，p. 90），接受意识的选择和运用。这一过程就成为原型的提取再塑过程，也是被赋予意义的过程。如让"蹲跳""双摆手""垫步"等动作反复出现，在节奏上加以渲染、变形，进而形成鄂温克族舞蹈特有的"扭摆"动律，完成了从原型到模因的定形过程。对此贾作光（1992，p. 8）总结道："之所以这一舞蹈受到鄂温克族人民的热烈欢迎，原因是舞蹈语汇的发展没有离开自身特点和风格，是老百姓喜闻乐见的，语汇是新鲜的，生活气息是浓的。所以，发展舞蹈语汇不能离开生活，不能离开传统，并遵循应有的规范，这是一条应汲取的经验。"因此，提取特定民族舞蹈的典型模因，离不开对文化原型的捕捉、提炼和改造。诚如贡布里希（2000，p. 242）所说："要探寻起源、探寻原始知识和原始智慧，我们需要找到相关的可见标志作为依据。"这种"可见标志"即文化原型，舞蹈模因的形成以它为形式依据。

贾作光对蒙古族舞蹈模因群的构建，同样是从蒙古族人民的生活经验出发，提炼、组织、加工那些刻进蒙古族人民身体和精神世界中的形式元素。由此形成的模因才是属于这一民族的，也才能得到这一民族人民的普遍认可和喜爱。这也是贾作光个人创编的蒙古族舞蹈能够被称为"蒙古族的传统舞蹈"的重要原因。沿此思路，舞蹈的模因之所以在文化沉淀中成为普遍认同的"象征之符"，正是因为基于原型搭建的普遍领悟模式赋予了模因独特的品质，也即荣格（1997，pp. 10－11）所说的"原型象征"（architypal symbol）——"原型是典型的领悟模式，无论什么时候，只要我们遇见普遍一致和反复发生的领悟模式，我们就是在与原型打交道。"可以说，任何民族的舞蹈模因的形成，都离不开以原型为基础的创造活动，它是构建普遍认同、集体复用的基础性条件，也是保证舞蹈风格稳定的前提。

要特别强调的是，从第一系统提取模因进行创作，既注重对模因的继承，同时也强调对模因的变形发展，而不是单纯地再现或重复模因的外形。田露曾以葡萄和葡萄酒的例子生动地说明了这一点："葡萄酒和葡萄的关系，葡萄酒里看不见一颗葡萄，酿葡萄酒要把所有的葡萄榨干，提取精华再发酵，这是一个从提炼到转化，到再造的过程。那葡萄酒是不是跟葡萄没关系了呢？它依然是葡萄味、葡萄色，但不是葡萄的形状。作品创作对素材也要经过这样一个转化的过程。"（2023，p. 4）模因如同我们选择的那颗葡萄，而创作一部舞蹈作品犹如酿造葡萄酒，最后创作出的舞蹈形象，虽然可能不是模因原来的"形"，但我们总能从舞蹈形象中发现模因的"核"（即运动规律及其表现出的神韵特点）。换言之，舞蹈的模因在转化过程中，形状可以千变万化，但是其特有的运用规律总是万变不离其宗。由此，模因就成为第一系统转化至第二系统的中介或桥梁，从第一系统的提取到第二系统的转化、再造，实质上是对模因特有的形态、运动规律、神韵特点的发展和再造，而不是硬性地固守模因的外形。

三、舞蹈转码的逻辑运作方式

前面说到，从第一系统提取的模因一旦成为第二系统的构成成分，就不可避免地发生变形。表现人物、主题语境不同，意味着模因被置入了不同的符码系统当中，携带上不同的意义。要特别说明的是，模因的变形需建立在"拓扑恒量"基础上，"'恒量'所揭示的是诸多表面各异的功能和空间形态下掩盖着的一致性和集合性"（郑文东，2007，p. 59）。也就是：无论舞蹈的模因如何变形（即使将模因进行解构、重组），它们都须延续模因的某种"不变因素"（赵毅衡，2022，p. 158），"不变因素"的存在，使得舞蹈形成了独属于自己的"身份话语"。英国社会学家贝拉·迪克斯（2012，p. 30）曾指出，"宣称自己身份独特就必须要采用统一的身份话语"。"统一的身份话语"转换至此处，是指由舞蹈模因共构的身份语言。同时，舞蹈的动作模因也不是直接跨语境移置，它需要"艺术家在心中酝酿、沉淀、再经过升华把民间素材（即模因——笔者注）转化为舞蹈作品语言，最终体现于舞台之上"（田露，2009，p. 32）。笔者认为，从第一系统提取的模因用于第二系统，其转码主要有三种逻辑运作方式：一是沿用模因原形，赋予其新的意义；二是对模因进行拓扑变形，保留模因的神韵；三是借助某一对象的象征义，创造新的模因。三种类型的目的都是借助模因的形态特征及其携带的整体品质，实现跨系统、跨语境的意义生成。

第一种，沿用模因原形。从第一系统提取的模因直接运用至第二系统，在保留其原有外形的基础上，模因原来的意义会与新意义叠加，形成"意义合力"。例如，王舸创作的舞蹈作品《尼苏新娘》，将花腰彝的典型模因（拍手、对脚等动作）沿用至新娘出嫁的情感表达当中，拍手、对脚动作本身就可以表达高兴、愉悦之意，当它们与新娘出嫁、母亲送别、姐妹陪伴的情感相融合时，就突出了结婚的愉悦感和喜庆感，同时又将新娘对母亲的感恩之情朴实真切地表达出来。格日南加创作的舞蹈作品《阿嘎人》，沿用藏族劳动生活中的打嘎动作（木杵夯地），同时又加入了充满情趣的各种生活细节，如圆圈打嘎、被嘎压脚、双人打嘎对舞等，营造出团结协作、互帮互助的劳动场景，并赋予打嘎动作新的时代内涵。

可见，将模因原形置入新的主题语境当中完成转码时，模因本身蕴含的意义须与人物情感和作品主题相契合，如拍手、对脚→高兴、喜庆，集体打嘎→和谐劳动生活。在这一类型中，模因既是表现的媒介，也是创作的动机。很多编导恰恰是以模因的形态及深刻寓意为题材，完成了新的作品主题的构建。田露创作的《喜鹊衔梅》中，"喜鹊衔梅"原本是山东海阳秧歌中的一个典型模因，由民间艺人王发所创，这一模因"强调身体和扇子的突发而形成的瞬间'衔梅'动态，既有梅的静态形象，又有喜鹊的动态表现"（张荫松，田露，2012，pp. 216 - 217）。编导巧借这一动作模因发展出的整个动作语言不仅极为贴切地表现出"喜鹊"和"梅"的独特形象，同时又借助"喜鹊衔梅"在中国传统文化中的象征寓意——吉祥美好，实现了形、意、情的联合，既突出了海阳秧歌动作模因的典型特征，又很好地借助象征实现了作品主题意义的表达。简言之，沿用模因原形，既需守其"形"，同时也需挖其"意"，只有两者兼具，转码才显自然、有深意。要特别强调的是，一部舞蹈作品不是模因类型越多表意越丰富，相反，有时充分运用某一种类型的动作模因（如王玫创作的《独树》），将其恰到好处地融入形象塑造、情景营造和情感表达中，也能生动自然地将作品主题表达出来。

　　第二种，对模因进行拓扑变形，也即田露所说"化形留律"，化掉模因的外形，留住模因的韵律或神韵（即"拓扑恒量"），既使舞蹈不丢失特定民族的风格韵味，又给观众造成了一种陌生感。对动作模因进行拓扑变形完成舞蹈的转码行为，实质上是借助模因的图式像似来构建特定对象和主题。例如，田露创作的《骏马图》，从动作外形上看不到明显的中国古典舞的规约性动作（如云手、冲靠、燕子穿林、云肩转腰等），但所有动作（如俯身、站立、昂头、甩头、后撩腿、奔跑等）的连接和转的动势都符合中国古典舞身韵的要求。在这一图式的规限下，作品具有了浓郁的中国古典舞风格。更为重要的是，中国古典舞的图式本身与"马"的形象很难在直观上形成像似关系，它不像蒙古族舞蹈有牧骑动作再现马的形态，但整个动作在中国古典舞图式（包括古琴音乐）的规限下，透露出一种克制、蓄力、理性、坚毅、谨严的概念意义，这种概念意义恰恰暗合马的坚韧、沉着、奋勇、刚毅、忠诚的精神。基于此概念像似性，作品意义又可映射至中华民族在苦难中抗争、拼搏、奋进的精神品质，贴近田露以徐悲鸿《奔马图》为先文本的创作语境。

　　赵铁春和明文军创作的舞蹈作品《东方红》，是将男子鼓子秧歌劈鼓子动势从向前劈砍变形为向上快速甩抛，将女子胶州秧歌原本双手胸前8字圆扭动的动势变形为如刀砍般的左右快速有力摆动。动作的变形、力量的改变使这些动作与主题意义更加契合，一种无畏、坚韧、勇敢、拼搏、不惧困难的民族精神在红绸的甩抛和劈砍中表达了出来。从中我们看到，鼓子秧歌和胶州秧歌的动作外形虽然变了，但它们的"稳、沉、押"和"拧、韧、碾"的身体韵律保留下来，从而使舞蹈的风格得到清晰辨认。同时，作品又巧妙地将鼓子秧歌动作图式蕴含的豪迈、勇武与胶州秧歌动作图式蕴含的韧性、内劲特点，融含在主题的表达当中，升华了作品主题的意指内涵。由此看来，舞蹈模因拓扑变形不是无根据的，它需要依据作品表现的人物、主题，在不改变其"恒量"的基础上予以创造性转化。具体而言，这种模因转码需要注意两个方面：一是动作模因的外形需与对象具有形似关系，二是动作模因蕴含的品质意义需与作品主题达成契合关系。这应被视为舞蹈转码逻辑生成的一条准则。此外，留住动作、音乐、服饰的韵律图式，实际上也是继承和发展特定民族文化。如田露（2023，p.5）所说："'化形留律'的更深一层是挖掘传统文化精髓的当代艺术创作，我们不能割裂文化精髓和文化精神，不然就找不到自己的魂魄和血脉。"留住其"律"，才能延续文化精神，这再次说明模因是舞蹈承载文化记忆（即文化意义）的关键元素，是舞蹈在转码过程中必须保留、延续、传递的文化信息单元。

第三种，创造新的模因，即借用某一民族特有的象征符号进行发展创造，生成具有个性特质的舞蹈模因，进而完成新的符码系统的构建。将此种转码方式做到极致的当属杨丽萍。如她创作并表演的舞蹈作品《雀之灵》，借用傣族民间象征幸福、吉祥、和平、美好的孔雀形象，表达自己的创作个性和观念。在这部作品中，除孔雀手型外，所有体态、动律都不同于傣族传统民间舞蹈语汇，模因的创设都带有"杨丽萍标识"。但从另一角度来说，虽《雀之灵》中很多动作没有傣族传统民间舞蹈的特点，但杨丽萍逼真地再现了孔雀的圣洁、高雅、肃穆的形神态，同时从舞蹈的动作、音乐、服饰等联合表意中，让人感受到暗含的傣族南传佛教文化，使得这一作品仍具有傣族文化的标识。可以看出，杨丽萍之所以能够创建新的动作模因，并能够得到观众的认同和喜爱，主要原因在于她深谙孔雀的生活习性、性格及身体形态，同时对孔雀形象有着自己独特的理解和感悟，这些都离不开杨丽萍前期累积的经验元语言。

当创作者对某一对象有了深刻的感悟，但传统舞蹈模因不能很好地表达这种感悟时，创造新的模因就成为不得不做的一件事。当然，创造新的模因不是随意捏造，它同样须有事实和文化依据。霍布斯鲍姆和兰格在其合著的《传统的发明》一书中提出"传统是可以'被发明'"的观点，他们指出，"那些声称古老的'传统'有时是近期被发明出来的。'被发明的传统'意味着一整套通常由已被公开或私下接受的规则所控制的实践活动，它具有象征的特性，在确立之初，需要通过重复来灌输一些价值和行为规范，并暗含着与过去的连续性"（2004，pp. 1－4）。无疑，《雀之灵》动作模因创新有着"被发明的传统"的特点，因为从其动作、服饰、音乐中仍能看到与孔雀和傣族文化的连续性，既有传统的影子，又符合当下的审美追求。"传统是受一整套规则所控制的实践活动，它不是古代流传下来的不变的陈迹，而是当代人活生生的创造。"（2004，p. 4）一旦舞蹈作品中各模因成分透露出某种民族气质和文化精神，无论它们是直接延用，还是拓扑变形，甚或是新的创造，都会向我们传递出与此民族紧密相关的文化记忆和文化内容。

结　语

总之，以传统舞蹈资源为基础的舞蹈创作，其转码活动需注意两个方面的要求。其一，转码的前提是找准模因，巧用模因。舞蹈模因的形式依据源于第一系统中的文化原型，这使得模因带有有关过去语境的文化信息，当它被运用至新的主题语境下时，原有信息会被激活，这意味着编导在运用模因时，需注意模因的原有信息是否与所要表现人物、情景及主题相匹配，是否能够为作品主题意义的表达提供解释衍义的潜力。转码涉及对模因的重新组织与再造，它不是模因的直接堆积。无论是沿用模因原形、对模因进行拓扑变形，还是创造新的模因，出发点都是更好地塑造形象，表达主题意义。其二，转码需注意模因变形的度。舞蹈模因有着独特的运动规律，它既有形的特点，也有韵的品质。故将模因运用至具体人物塑造和主题表达时，变形就需在"恒量"基础上进行，守住其"核"，发展其"形"，这是舞蹈保持风格稳定的前提。很多舞蹈作品之所以"身份不明"，主要原因是作品中的模因、符码脱离了既定文化元语言范围，与其他文化系统相混淆。当今中国文化与外来文化处于一种相互交融和交锋的环境之中，传承和发展中华优秀传统舞蹈文化的工作者应意识到，有些边界是需要守住的。

引用文献：

鲍尔德温，阿雷恩（2004）．文化研究导论（修订版）（陶东风等，译）．北京：高等教育出版社．

陈钧（2019）．"学院派"藏族民间舞蹈的符号表征与实践．中央民族大学博士学位论文．

迪克斯，贝拉（2012）．被展示的文化：当代"可参观性"的生产（冯悦，译）．北京：北京大学出版社．

贡布里希（2000）．秩序感——装饰艺术的心理学研究（范景中，杨思梁等，译）．长沙：湖南科学技术出版社．

霍尔，斯图尔特（2003）．表征：文化表象与意指实践（徐亮，陆兴华，译）．北京：商务印书馆．

霍布斯鲍姆，E.，兰格，T.（2004）．传统的发明（顾杭，庞冠群，译）．南京：译林出版社．

贾作光（1992）．贾作光舞蹈艺术文集（闻章，鲁微，关正文，编）．北京：文化艺术出版社．

蒋原伦（1998）．传统的界限——符号、话语与民族文化．北京：北京师范大学出版社．

荣格（1997）．荣格文集（冯川，译），北京：改革出版社．

田露（2009）．民族民间舞蹈创作谈．北京舞蹈学院学报，4，31－32．

田露，黄际影（2023）．传统文化精神的当代转化——田露访谈．北京舞蹈学院学报，3，1－6．

王宁（1993）．宏观舞蹈研究中的语言学方法．中国社会科学，3，189－194．

王玫（2015）．平凡的记载——对舞蹈编导教学的理解与思考．北京舞蹈学院学报，4，

29 – 34.

尹建宏（2010）. 中国民间舞舞台编创的文化处境与价值追求——访北京舞蹈学院郭磊教授. 北京舞蹈学院学报，2，106 – 115.

张荫松，田露（2012）. 山东海阳秧歌教程. 上海：上海音乐出版社.

赵毅衡（2017）. 哲学符号学：意义世界的形成. 成都：四川大学出版社.

赵毅衡（2022）. 艺术符号学：艺术形式的意义分析. 成都：四川大学出版社.

张延杰（2018）. "艺术家的使命就是带动未来人类文化的发展" ——沈伟访谈. 北京舞蹈学院学报，6，3 – 6.

资华筠（2015）. 舞思. 北京：北京时代华文书局.

郑文东（2007）. 文化符号域理论研究. 武汉：武汉大学出版社.

Dawkins, R. (1976). *The Selfish Gene*. New York：Oxford University Press.

Dennett, D (1995). *Darwin's Dangerous Idea: Evolution and Meaning of Life*. London：Penguin.

作者简介：

袁杰雄，艺术学博士，南京艺术学院音乐与舞蹈学在站博士后，研究方向为舞蹈符号学、中国民族民间舞蹈教学。

Author:

Yuan Jiexiong, Doctor of arts, Postdoc. in music and dance, Nanjing University of the Arts. His research interests are dance semiotics and Chinese national folk dance teaching.

Email: 780087952@ qq. com

传播符号学 ●●●●●

地方性知识如何参与乡村媒介行动：
"土味" 短视频传播的人类学考察*

李 菲 李士艳

摘 要：人类学有关地方性知识的论说，以"情境""特定""专属"
等特征与前现代/传统社会的特定时空、地方和人群相联系。在
传媒技术、话语生态快速迭代的当前社会语境下，众多"土
味"短视频凭借低门槛、高弥散的媒介技术属性全面介入日常
生活，也在中国城乡关系的重构过程中拓展了地方性知识嵌入
媒介社会行动的新讨论空间。本研究凸显媒介空间地方性知识
的实践面向，基于一个西北乡村媒介生活图景的民族志深描，
从符号人类学视域出发考察乡村日常生活的符号化与媒介化的
具身实践，观照"刷"短视频这一微观身体操演中隐含的知识
平权、信息扁平和基层主体身份意识的建构和表达，从而在媒
介符号"可见性""可供性"与"可刷性"的复杂关联中看
到，地方性知识不仅作为一种知识要素嵌入了"土味"乡村的
媒介符号图景，也作为重要的行动路径折射出乡村民众从"地
方"这一特定历史位置参与当下媒介世界的复杂经验和主体
意义。

关键词：地方性知识，媒介行动，"土味"，符号人类学，乡村

* 本文为教育部人文社科重点研究基地"十四五"重大项目"中国俗文化研究的跨学科理论与
方法探索"（22JJD850015）中期成果，中央高校基本科研业务项目"数字时代民族互嵌型社区铸牢
中华民族共同体意识的媒介构筑与表达"（31920220118）中期成果。

How Local Knowledge Participates in Rural Media Action: An Anthropological Examination of Short Videos with a "Local Flavour"

Li Fei　Li Shiyan

Abstract: The anthropological discourse on local knowledge, characterised by the concepts of context, specificity, and exclusivity, is associated with specific times, spaces, places, and populations in pre-modern/traditional societies. In the current social context of rapid iterations of media technology and discourse ecology, numerous "local flavour" short videos, with low-barrier and highly dispersive media technology attributes, have fully penetrated daily life. This phenomenon has expanded the space for discussing how local knowledge can be embedded into media-based social actions during the reconstruction of urban-rural relations in China. This study highlights the practical aspect of local knowledge in the media space. Based on an ethnographic deep description of social media depictions of daily life in a village in northwestern China, the study examines the embodied practices of symbolisation and mediatisation of rural daily life from the perspective of symbolic anthropology. It considers the implicit construction and expression of knowledge equality, information flattening, and grassroots subject identity awareness in the microscopic bodily practice of "browsing" short videos. Within the complex association of media symbols' visibility, affordance, and browsability, it is observed that local knowledge not only embeds itself as a knowledge element in the media symbolic landscape of rustic villages, but also represents an important action path, reflecting the complex experiences and subjective meanings of rural people participating in the current media world from the specific historical position of locality.

Keywords: local knowledge, media actions, "local flavour", semiotic anthropology, rural areas

DOI: 10.13760/b.cnki.sam.202402013

引言：综述与问题

"地方性知识"的观念早在古希腊哲学思想中即已存在，但明确将其作为一个学术概念加以研究并引发国际学术界广泛讨论的学者当属美国人类学学者格尔茨。以格尔茨为代表的人类学地方性知识主要指一种与地域和民族、民间相关的知识和认知模式，带有浓厚的后殖民色彩。作为人类学为人文社会学科锻造"元方法"的又一重要贡献，"地方性知识"概念迅速引发学术界的跨界应用和激烈讨论，尤其在中国本土语境中形成了几种代表性的研究取向。（1）将地方性知识视为一种科学实践哲学。在不同的哲学语境中，地方性知识有不同的指称，如"殖民化的"（对应"西方的"）、"前现代的"（对应"现代的"）、"情境化的"（对应"普遍性的"）（刘大椿，赵俊海，2016），等等。科学实践领域的地方性知识理论以科学知识为主体，力求在普遍的科学知识中带入地方性情景，而非简单地用从普遍到特殊的知识结构来理解科学（莫愁，2020）。（2）将地方性知识视为一种"知识观念"。这里的地方性知识，不是指任何特定的、具有地方特征的知识，而是一种新型的知识观念，包括特定价值观念、立场和视域等（盛晓明，2000）。地方性知识的确认对于传统的一元化知识观和科学观具有潜在的解构和颠覆作用（叶舒宪，2001）。（3）尤其重视地方性知识与"本土""传统"等知识形态的承继与关联，提升"本土知识"（张永宏，2009）、"民间知识"（陈爱国，2015）、"土著知识"（游承俐，孙学权，2000）、"传统知识"（薛达元，郭泺，2009）的当代价值意义。这些地方性知识往往强调植根于当地人深厚的传统知识体系中，与正规或抽象的专业知识不同，是行动者自己的"常识"或"一般的情境化知识"，而并非只是"土话"或"琐事"（Mitchel，1997，p.2）。

上述以人类学为代表的人文社科领域有关地方性知识的论说，均以"情境""特定""专属"等特征与传统社会特定时空和地方相联系。正如格尔茨本人的立场——地方性知识是一种后现代主义话语，其目的在于提供矫枉现代化和对抗全球化的工具和武器（2000，p.19）。本研究的问题意识也在上述讨论的基础上导向三个值得商榷的重要方面：（1）当下媒介世界正是滋生于格尔茨意欲批判的全球化进程和现代化情境内部，地方性知识能否在媒介世界找到自身存在的合法性？（2）以"流动性"为本质的媒介世界中，传统意义上专属、特定的地方性知识如何被呈现和表达，被看见和感知？"地方性"与"流动性"如何互嵌？（3）充分揭示地方性知识的知识哲学、知识观念、知识形态的多重"知"之属性之后，能否超越"知识/话语"路径，理解地方性知识如何参与媒介行动，从知识论立场迈向"行"的实践面向？因为地方性知识本质上必然从实践出发而归于实践。

值得注意的是，格尔茨既是人类学有关地方性知识的重要论述者，也是人类学符号研究的重要贡献者。他在《文化的解释》（1973）一书中首次援引符号学的概念进入人类学领域，指出文化是由人编织的意义之网（2014，p. 65）。卡西尔敏锐地看到了符号化思维和行为在人类生活中的重要意义（1997，p. 35）。符号学和人类学二者在探究意义的层面共同导向对意义结构的文化分析。本文沿着格尔茨的路径，将符号、符号化作为民族志深描方法和阐释人类学分析重要基础之一，对地方性知识与人类学符号研究加以关联讨论，以中国西北乡村媒介生活图景为个案，考察个体符号化、媒介化具身实践。已有大量研究讨论区域社会整体媒介转型变迁的个案，因此本文并非以勾勒村落媒介实践的现象为目的，而是以深描村落媒介实践为研究起点，深入讨论媒介空间地方主体的行动策略，从"行动"的意义上考察地方性知识。文中所讨论的地方性知识并非智识主义立场的"知识"，而是媒介空间具像化的"知行"符号实践。当快手、抖音等短视频平台成为重塑乡民具身嵌入和参与内外世界的行动逻辑，方寸指端的"刷"视频就成为一种隐含知识平权、信息扁平化、底层主体意识建构和表达的重要微观身体操演。从媒介学视域出发，在可供性、可见性、可"刷"性的复杂关联中，我们看到作为社会行动的"刷"视频和地方性知识，进一步考察地方性知识作为知识要素嵌入"土味"乡村的媒介符号途径，以及乡民在"地方"这一特定位置参与当下媒介世界的"知行"经验和主体意义。

一、打柴沟村：一个西北乡村的媒介生活图景

研究选取天祝藏族自治县打柴沟镇打柴沟村作为田野调查点，主要采用"线上＋线下"田野考察、参与式观察、深度访谈的方法，关注乡民围绕短视频的媒介生活实践。① 打柴沟镇距县城 19 公里，打柴沟村是打柴沟镇 17 个

---

① 田野调研时间为 2021 年 10 月至 2022 年 10 月。

行政村之一，是镇政府所在地，村内常住人口 215 户 834 人①，有藏族、土族等少数民族，属于汉族与其他民族杂居社区。该村紧邻 312 国道，地理位置优越，交通便利，乡民多采取半工（周边务工）半农（农业种植）半牧（畜牧养殖）模式维持生计，经济发展水平高于周边其他村庄。自 2005 年开始，个别富裕家庭陆续接入宽带，配备台式电脑，截至 2022 年底，打柴沟村宽带和电脑普及率达 60% 以上。调查期间，笔者抽样的 215 位调查对象中，201人持有手机（190 人手机中安装了微信、抖音、快手、西瓜视频等 App，其中尤以抖音、快手深受喜爱），13 人表示家里人有手机，1 人（孤寡贫困户）没有手机。选取打柴沟村作为田野点，原因在于：其一，该村手机和互联网覆盖率较高，网络基础设施建设日益完善，能为理解短视频媒介在乡村社会的嵌入提供充分的材料；其二，短视频已然跃升为一种现象级的文化实践，打柴沟村异质行动者热衷使用短视频的媒介实践行动，嵌入了乡村内生性发展的过程，对媒介空间地方性知识的重塑有重要影响，具有一定典型性和代表性。

改革开放以来乡村媒介历经广播、电视及以微信、短视频为代表的移动终端的不同发展阶段。近年来，在国家"数字基建"顶层制度设计和基础建设实践迅猛推进的背景下，智能手机以不可抵挡之势占领乡村，网络通信设施逐渐成为和家屋、农田等其他物质同等重要的村民日常生活的基础设施之一。访谈中乡民表示，手机基本都随身携带，田地里、院落里乡民"刷"视频的身影随处可见。手机和短视频同其他物质一同构成人们日常生活的场景，自然地嵌入个体的生活空间，"刷"视频日益成为人们消磨时间的首选。可以说，媒介技术的发展重塑了社会行为、关系和结构，也改变着人们认识、走进"地方"的方式。

"地方"作为人类学、社会学、人文地理、媒介地理等学科的重要研究母体，承载着社会和文化的意义。媒介的崛起颠覆和消解了地方的传统意涵，媒介文本建立了观看世界的方式，建构起地理的想象（克朗，2004，pp. 107-130）。反观打柴沟村的媒介生活图景，既有强调地方本身客观属性的物质性要素，如自然、农田、村舍等地方文化符号表征；又有在地生活场景的可视化生产，与日常生活紧密相连的耕田插秧、美食制作、牧马放羊、上山进城等实践性要素；更有人们通过日常生活实践构建的地方经验和生命

---

① http://www.gstianzhu.gov.cn/art/2023/2/3/art_ 6183_ 1047901. html. 浏览时间：2023 年 3 月 18 日。

感受，以及节日习俗、民意风情、手工技艺等围绕"地方"锻造出的文化景观。媒介空间将承载地方性知识的"事""物""意"转化为文字、声音、影像等丰富的视听表征符号，绘制出乡村地方生活图景。

二、短视频中的地方性：乡村生活的符号化和媒介化编码

保罗·亚当斯（Paul Adams）认为，地方意味着传播所"承载和传输的社会现象和经验"，经过传播的现象和经验包含了"媒介化经验和直接经验"，进而产生了地方意象，具有一定的社会建构性。（2020，p.5）物理空间是建构异质性媒介空间的基础，短视频在乡村的下沉，将媒介与地方密切相连，虚拟/现实、线上/线下互相嵌套，蕴含"土味"的物质要素、实践行动、非物质文化被转译为可观看的符码。

（一）活在乡村：村民媒介生活的流量密码

当地人短视频使用的情况，大致可分为三类：一类既"看"也"被看"，既观看视频也参与拍摄和发布；一类以"看"为主，他们较少发布作品，热衷于观看和收藏，属于"沉默用户"，在当地短视频使用中占据主流；还有一类主要是老年人（≥60岁）和儿童（≤12岁），一般作为拍摄对象或背景存在。为了更系统、整体地了解当地乡民媒介生活图景，笔者深度参与并观察乡民的短视频媒介行动，主要采取目的性抽样法及滚雪球抽样法，选取10位具有不同职业身份、文化水平等的乡民，覆盖该村短视频媒介接触的各类人群（当地网红、普通用户、新农人、返乡青年、农牧民、大学生等），其中女性3人，男性7人，年龄集中在25~60岁；访谈形式为无结构式访谈，每次访谈时间均保持在20分钟以上。具体情况如表1所示。

线下田野调查期间，笔者参与观察乡民使用短视频的具体场景，将多元主体短视频媒介实践放置于乡民日常生活的脉络中观察行动者的媒介实践。同时，线上不间断观察乡民短视频平台上的粉丝参与度、视频播放量、直播带货销售量等。

表 1　受访者信息

受访者	性别	年龄	职业	民族	文化水平	短视频使用平台
A1	男	45	司机	土族	高中	快手
A2	男	50	农民	汉族	本科	快手
A3	男	41	农民	藏族	初中	抖音
A4	女	58	农民	土族	初中	快手
A5	女	40	粉刷匠	汉族	初中	快手
A6	男	37	村干部	藏族	本科	抖音
A7	男	40	牧民	藏族	初中	抖音
A8	女	30	农民	汉族	初中	快手
A9	男	28	个体经营者	藏族	大专	快手抖音
A10	男	35	农家院老板	汉族	初中	快手

那么，媒介空间多元主体如何以具身实践表达地方性知识？对此，下文聚焦个案进一步阐释，并在个案研究基础之上，整体性分析打柴沟村的地方媒介生活。

受访者 A9，"90 后"，藏族，大学毕业后返乡创业，在县城经营一家土特产销售店；注册了抖音、快手账号，是"新农人"的典型代表。随着网络平台的崛起，他开始使用短视频，除拍摄生活日常外，逐步开始网络直播带货，粉丝量可观（表2）。

表 2　A9 短视频账号数据①

统计项目	抖音平台	快手平台
获赞数	73.1 万	95.7 万
发布作品数	181 件	182 件
粉丝数	5.7 万	12.9 万

分析受访者 A9 的账号内容，"剪羊毛""挖虫草"等生活视频占比较大，此类日常实践行为是镌刻于当地人头脑中的一套文化系统，经当地人对所在

---

① 数据统计截止日期为 2023 年 4 月 13 日。

地深入观察、细致体悟、经验积累形成具体知识体系，是指导当地人实践行为的基点，内嵌于当地人的日常生活之中。

传统乡村社会女性经济不独立，较少参与社会活动，短视频为乡村女性进入公共空间提供了更多可能，一定程度上提升了乡村女性的地位。受访者A8，是一位"90后"家庭主妇，爱好跳舞，2018年注册快手账号，起初以"看"为主，2018年底发布第一条作品，截至目前发布作品500余件，粉丝17.3万，获赞121.4万次。[①] 田间地头、房前屋后、山间野外都是她的直播场景，凸显自身"农人"身份，发布展示个人才艺、"泛生活化"视频，虽内容琐碎，但恰因极具生活底色而吸引围观者，将原本处于"后台"的内容"前台化"。

（二）"土味"：媒介空间中的乡村符号化编码

约翰·哈特雷（John Hartley，1999，p. 218）最早明确提出"媒介空间"概念，他将媒介空间视为符号空间，认为媒介空间充满了符号运作和象征性实践。媒介中的"地方"往往被塑造为"符号的地方、场所的地方和消费符号的地方"，媒介的这种地方性是由"地方"和"空间"同时在场决定的（邵培仁，2010）。短视频作为乡村景观的"取景器"，沉浸在乡村日常生活中，将人们带入丰富的视听语言和符号呈现中参与媒介消费。

媒介文本的符号表意，首先要将对象符码化，经过编码之后的符号文本才能携带发送者的意图。符号文本的意义以"媒介再现"展示在接受者面前，通过接受者对符号文本的解码，实现意义的传递。有学者（徐新建等，2020）主张，乡村生活的本体论价值在于乡民主体在场的生活世界本身。乡民随时拍摄、剪辑、上传视频，展示乡村生活，个体媒介实践行为背后是活生生的地方生活场景，将生活世界中可操作的经验转化为媒介空间符号化的信息。在一系列的短视频里，鲜活的农人形象、传统的游牧生活场景、充盈地方实践智慧的人与自然相处之道，无不折射着地方性知识，体现出日常生活的地方韵味，展现具象的乡村景观与多元的视觉符号。

（三）媒介化：多元行动者的具身实践

法国学者雷吉斯·德布雷（Régis Debray）将人类文明史划分为文字（逻各斯域）、印刷（书写域）和视听（图像域）三个不同的媒介域（2014，

---

① 数据统计截止日期为2023年4月13日。

p. 48），德布雷曾用极富文采的语言描述视听（图像域）对文字（逻各斯域）、印刷（书写域）造成的冲击，即"活生生的肉体战线恢复了力量，它使干瘪的语言战线变得哑口无言"（p. 47）。从媒介的特性来看，短视频突破了文字的藩篱，其诉诸视听文本而非书写文字的形式大大降低了信息传受的门槛，激发了普通人的传播本能，重构了信息传播路径。

乡村媒介实践行动中，新农人、驻村书记、村镇干部、普通乡民、大学生等异质网络行动者们不断形塑乡村媒介化的动态传播图景，生产出大量乡村的微记录。如受访者 A1 的作品"看社火和灯会"，再现了乡村传统民俗活动。他表示"以前也想发布，但不知道怎么写，就没发过。现在有了短视频，简单好用，可以随时发布"。受访者 A6 发布当地藏族手工编织物品，传统藏族手工编织是藏民族生产生活实践中形成的本土智慧和文化生活，地方对于"物"的实践，蕴含着丰富的本土文化。

乡民们的短视频大多文案朴实无华，也没有刻意的拍摄技巧，透过个体微观而具体的感官体验，体现出日常生活的价值。乡村网络行动者的媒介实践，让地理空间不再局限于静止的位置坐标，乡野、农家、田园等乡村景观成为"地方"的标签，激活身体活动的通感体验，展现出"自在"的乡土生活。

三、"刷"视频：乡村地方主体的媒介参与与流动的社会关系

有研究者（关琼严，2020）通过对新中国成立后农村媒介实践史的考察指出，"媒介主体性"在中国本土语境中始终承载着"乡村媒介启蒙的核心意涵"；乡村媒介空间中人的主体性的生成与发展是媒介技术启蒙与国家培育共同发挥作用的结果。在全球化、市场力量、现代媒介技术介入等多重因素影响下，在乡村媒介环境从传统向现代转型的过程中，技术给乡民带来了全新的体验，孕育出乡民强烈的媒介参与意识，媒介实践逐渐转化为乡民日常的生活惯习。

"刷"视频的阅读习惯不同于传统的"读""看"，从阅读行为和意愿来看，"刷"较为随意，随时可进入；从阅读体验来看，"刷"强调快，快速浏览、快速跳跃；从阅读主体而言，"刷"这一行动更强调主体能动性。"刷"短视频已然进入乡村日常生活的实践领域，成为形塑个体社会行为并建构新的社会关系的重要介质，折射出当代媒介世界和媒介行动前所未有的广度和深度。

（一）"刷"视频：媒介行动的基层参与与数字平权

文化政治学视角下的底层群体，尤其是乡民群体，在既往的权力结构中处于弱势地位，普遍缺乏话语权。短视频时代信息的创生与获取引发巨大变革，任何人——消弭教育背景、经济实力等的障碍——都可以借助短视频参与媒介实践，拉平了个体间的信息鸿沟，乡村获得了自我言说的媒介机遇。"去专业化"的个体表达，促推平民化、碎片化信息的生产，形成了源源不断的信息流。"去中心化"的传播格局，赋权普通人社会话语的表达权，极大拓展了个体媒介实践的平权。借助短视频平台，乡民不仅可以向政府部门表达诉求、反映民生问题，也可以获取政务信息，讨论公共事务，学习农业知识传播和技能等，彰显乡民主体性和公共意识的觉醒。从媒介参与的具体路径来看，"刷"视频的行动包含发布、搜索、关注、点赞、评论、转发等。调查获知，乡民每天将一定量的时间投入短视频，在丰富的视听符号呈现中参与媒介消费，进入社会信息交互。

发布：乡民发布的作品主要以具体的位置坐标和空间景观出现。位置坐标聚焦于承载文化的地域、场所等载体，空间景观以物质和非物质场景的符号化再现。如荒野山头砍柴、生火，就地选择食材制作传统美食，日常养猪喂鸡等纯粹生活场景的记录，将乡村转化为具象的被观看、凝视、消费的对象。

搜索：通过关键词或主题可以快速进行内容搜索。短视频虽提供丰富信息，但内容质量参差不齐。

点赞、评论、关注：在抖音、快手等短视频平台中，一键即可轻松关注，"一般会关注自己感兴趣的内容，方便下次观看"（受访者 A2）。点赞、关注是对博主的肯定，传递出积极的意义，评论则提供了表达与互动的可能性。

转发：通常是分享自己认为有价值或感兴趣的内容，实现信息裂变传播，延伸传播范围。

点赞、评论、转发等外显文本是视频传播效果、热度、能力的量化体现，数字越大，裂变式传播能力越强。点赞数代表认可度，评论数是话语互动实践的表现，转发数的多少意味着裂变传播的强弱（王小英，祝东，2023）。短视频强制性携带的这些外显数字，是其突破意义空间的"社交＋互动"传播机制的展现（晏青，罗小红，2019），同时也是媒介技术介入日常生活，推动传统中国社会差序格局和城乡阶序关系发生数字转型的重要途径。

（二）"刷"出来的关系：媒介关系与乡民交往实践

短视频成为乡村社会文化呈现的重要介质，闲暇时间乡民会看视频或拍视频，既在网络空间"流动"，也将个人日常生活编织进媒介空间。丹尼尔·米勒（Daniel Miller）指出"数码定位并不意味着空间的消亡，反而，这意味着无法磨灭的空间烙印"（米勒，霍斯特，2014，p. 36）。受访者 A10 表示"看视频时，会看村里认识的人，看他们发什么"；受访者 A7 表示"看熟人的视频看得多，有时也会看看陌生人"。从表面上看，"刷"视频是被商品世界界定的媒介行动，媒介提供什么，用户"刷"什么。深层次展开发现，用户"刷"什么，怎么"刷"，仍取决于行动者的主体能动性。一般来看，乡民"刷"视频时趋向于关注与自己相关的、附近的生活化内容，通过具身体验确立个体的主体性地位。

就乡村内部媒介关系而言，这涉及集体化时代的媒介参与模式改变之后，如何确保农村公共媒介空间媒介工具理性和价值理性的持续均衡发展。调研结果显示，当地人"刷"视频的行为中，点赞、评论、分享的视频来自亲人或同村、同镇的人居首，陌生人次之。短视频连接起具有强关系的用户，重构"熟人"间的跨时空关联，呈现出熟人连接的新形态，熟人关系逐步从线下延伸至线上，助推重建以现代媒介为中心的乡村媒介公共空间，"地方"由此纳入网络空间，网络空间以新的逻辑反作用于"地方"。

就乡村外部媒介关系而言，形成以趣缘关系为纽带的群体，为乡民再现超经验和超地域的外部世界。受访者 A5 表示"喜欢手工技艺，关注了织毛衣、剪纸艺人"。网络空间中个体可随时依据自身的身份、利益、爱好、情感、价值等因素与他者建立或中止连接（喻国明，耿晓梦，2021），社会关系的建构越来越不受地点的限制或物理位置的束缚，短视频逐渐成为乡村社会与外界共享、交换、交往的通道，拓展与外界以及更广泛的世界联系。总之，当代视觉文化不再被看作只是"反映"和"沟通"我们所生活的世界，它也在创造这个世界（拉康，鲍德里亚，2005，p. 12）。

四、可供、可见、可"刷"：作为媒介行动的地方性知识

"可供性"理论源于生态心理学，由詹姆斯·吉布森提出，后引入传播学领域，成为讨论新媒体技术影响的重要视角。短视频自由编辑的操作界面提供了信息生产的可供性，实现了乡村的"出场"；快速传播的移动可供性

使不同圈层的人参与其中，突破"在场"之维，建构起强劲的关系链条，提供连接的可供性，内容生产者和消费者间的点赞、评论、分享等显性社交行为疏通了媒介行动者的关系网络。总之，媒介世界的乡村具备了可供性的潜在全方面可能。"可见性"是媒介可供性讨论中的伴生词汇，丹尼尔·戴扬（Daniel Dayan）指出"可见性"是"被看见的、以自己的方式被看见以及让他人可以被看见"（2013，pp. 137 – 153）。地方性知识的可见性与媒介提供的"可供性"资源紧密相关。

（一）乡村主体主导的"被看见"

以受访者 A9 为例，他透过乡村日常生活，呈现出与生计相关的地方性知识，展现出基于共同地域，并经过长期生活实践留下的独特生活标记、制度规范、宗教信仰、生态知识等的总和，是具有实用价值和本土特色的生活实践本相。乡民的短视频媒介实践可视为技术赋权语境下追求可见性的一种能动体现。能动指涉乡民的主体性实践，可见性的获得将乡民塑造为乡土社会的传播主体，他们历经"自在""自为""自觉"的意识转变，激活个体"显示自己，让自己被看到"（Zizek，2012，p. 701）的欲望，进入短视频构建的展示与观看、描述与想象的关系之中。在远处的其他人可以在几乎相同的时间框架内变得可见，即可以在他们说话的时刻被听到，在他们行动的时刻被看到（Thompson，2005）。

长期以来，我国城乡的二元结构、农村话语权和话语生产能力的缺失，导致媒介传播格局呈现高度的城市中心主义，乡村成为传播中的"他者"，乡民成为"沉默的另一半"（杨慧，雷建军，2018）。短视频在乡村的下沉，使身处不同时空的个体变得可见，作为边缘群体的乡民在信息传播系统中得以凸显，通过主动参与短视频媒介实践获得可见性，同时，原本遮蔽在传统媒介空间中的"土味"也"被看见"。这在微观层面上为乡村生活进入更大平台提供了机遇，乡村从被言说、被定义的状态中挣脱出来，看似无意义、无价值的日常生活的呈现，统合形成乡村的意义，一定程度上"看不见的乡村"走向"随处可见的乡村"。短视频"平等普惠"的价值观和独特的人工智能推荐算法，打破一直以来由精英阶层主导话语场的局面，打破信息壁垒，增加个体"被看见"的可能性。可见，经由媒介技术赋能，越来越多的乡村主体主导了选择哪些地方生活"被看见"的路径，不仅在流动的媒介空间中扩展了地方的"数字化在场"，也表征了乡民的数字公民权。

（二）反凝视与地方性知识的"她叙事"

雪莉·奥特纳（Sherry Ortner，1972）主张从自然与文化二元结构入手思考人与自然之间的关系，分析社会性别关系的建构，认为男人和女人没什么不同，而事实与差异只有在文化界定的价值体系框架内才具有"优越的/低劣的"这种对比意义。传统社会秉持男主外女主内、男尊女卑、男主女从等性别偏见，女性的经济地位和话语权往往被忽视和压制（Judd，2009）。随着女性地位的不断提升及媒介技术的迭代，技术的可供性提高了乡村女性的媒介可见性。

有研究显示，在快手这个格外被农村用户偏爱的 App 中，农村青年女性网民的增长最为迅速（He，2020），新媒体为广大农村女性提供了信息供给和接受的渠道（何晶，2015），为乡村女性提供了一个延伸的现代空间。在短视频平台，乡村女性获得了前所未有的展演机会，平时"看不见"的乡村女性，在媒介空间"随处可见"。乡村女性发布的作品中，既有村里吃酒席、下地干农活、放学接孩子、在家做针线、饭后跳广场舞等内容，也有编织、刺绣、剪纸、缝纫等传统中国乡村社会的"女红"文化。从地方性知识生产的视角来看，女性经验是地方性知识的重要成分，是女性根植于复杂社会生产劳作及生活实践中积累起来的经验结晶。乡村女性生产的短视频内容体现出传统农耕文化生存与发展的智慧，凸显了地方性知识的女性主义认识论的价值和意涵，激发女性价值观念及"她意识"的觉醒，跳脱出以男性为主的权力凝视运作逻辑，走向女性视角的反凝视，赋予女性更多性别潜能的释放，改变了大众传播时代女性形象的"象征性歼灭"（斯特林纳提，2001，p. 198）。

（三）地方性知识的媒介可供性、可见性与可"刷"性

可供性强调客观环境赋予主体行动的可能性条件，适用于考察媒介环境变革对媒介实践主体及其行动所产生的影响（Gibson，2014，p. 10）。乡村网络基础设施建设的推进和智能手机的普及，大大提升了乡民的媒介接近权，拥有一部智能手机即可进入短视频，扩展了个体媒介实践的可能半径，为"土味"文化的传播提供了技术可供性。从传播层面看，短视频固有的扁平化特征在于"短""碎"。"短"是时间短，短视频时长几秒至几分钟，开启应用界面，上下滑动手指，无需点击视频即可切换播放信息，随时开始，随时结束；"碎"即打破传统线性叙事基本逻辑，在有限的时间以拼接的形式

重构叙事话语，直接呈现亮点，抓住受众注意力。这种毫无障碍的交互方式和技术框架，为用户提供了极大的使用便利和无缝接续的休闲体验，符合碎片化时代用户接收信息的需求。

近年来，响应乡村振兴、数字乡村建设等官方政策支持，以抖音和快手为代表的短视频平台加大对"三农"短视频创作的扶持力度。从长时段的历史考察来看，短视频让很多处于"失语"状态的"无名者"不再被忽略，普通人在短视频平台也能够得到展示机会，出现了无数的"平民起居注"（潘祥辉，2020），构筑了一个"生活史的博物馆"（快手研究院，2019，p. 200）。处于边缘的乡民涌入大众视野，将短视频作为个人生活记录、自我表达的新手段，创造出海量生活化视频，生成大量"三农"议题，与精英文化形成对抗。

作为本文核心的可"刷"性，就是乡民"拍"视频和"看"视频行动中的地方性知识。那么，为什么地方性知识可以作为媒介行动？从内容生产者的角度而言，乡民的地方性知识媒介行动影响了媒介空间的可"刷"性，乡民将基于个体生活经验、实践感知、情感体验的地方性知识，转化为媒介空间中可感的视听符号，媒介空间的可"刷"性进而成为可以由内容生产者控制的可见性。所以，地方性知识不是一个干巴巴的关于地方的知识和现象，而是经由主体内化以后带有个体情感投射、生命体验、意向指引的知识，这种地方性知识可能不在乎流量，不具备表演性或者是抵抗性的。由此可见，此时的地方性知识不再是专属于"地方"的知识，而是体现在个体身上。正如本文受访者 A9 作为众多牧民中的一员，他在短视频里呈现的地方性知识既是有关牧民的地方性知识，也是独具特色的具身化地方性知识。可"刷"性由此获得了一种可行动性，重构了媒介空间地方性知识的"知行"实践。

结 语

短视频和网络直播等新媒介技术在乡村社会无差别的介入，拓展了地方性知识的既有认知。原本处于各自区域、自成体系的"地方"知识系统，在媒介空间有了多重含义。人类学家强调"地方性"，重视"深描"的显微研究法。本文通过对西北乡村社会典型媒介行动个案的阐释，超越地方性知识的认知论立场——"知"，迈向实践论立场——"行"，从社会行动的视角考察媒介空间地方性知识如何作为知识要素重塑乡民具身嵌入和参与内外世界的行动逻辑。地方性知识作为重要的行动路径折射出乡民从"地方"这一特定历史位置参与当下媒介世界的复杂经验和主体意义。世界各地正在进一步扩大互相联系，而这一过程导致了相互作用和相互依赖的复杂形式（Thompson，1995，p. 149）。事实上，媒介空间多元异质行动者"刷"视频的媒介行动中隐含着被忽视的地方性知识的情感面向，在此，地方性知识并非空洞的"知"，而是连接主体的情感因素，透过媒介空间乡民朴素的、生活化的、日常性的短视频，折射出个体的生命情感和生活意蕴，体现出地方性知识由"知"而"行"的实践面向。

引用文献：

陈爱国（2015）．民间知识视野下的环境问题——以湖泊渔民的"想象力"和"生活经验"为中心．文化遗产，1，112 – 119 + 158.

德布雷，雷吉斯（2014）．媒介学引论（刘文玲，译）．北京：中国传媒大学出版社.

格尔茨，克里福德（2000）．地方性知识——阐释人类学论文集（王海龙，译）．北京：中央编译出版社.

格尔茨，克里福德（2014）．文化的解释（韩莉，译）．南京：译林出版社.

关琼严（2020）．乡村家庭媒介空间中人主体性生成的历史考察——以甘肃省滋泥水村为例．新闻爱好者，6，31 – 34.

何晶（2015）．新媒体与农民工的信息化路径分析．现代传播（中国传媒大学学报），37（2），129 – 134.

卡西尔，恩斯特（1997）．人论（甘阳，译）．上海：上海译文出版社.

克朗，麦克（2004）．文化地理学（王志弘等，译）．台北：巨流图书.

快手研究院（2019）．被看见的力量：快手是什么．北京：中信出版集团.

拉康，雅克；鲍德里亚，让；等（2005）．视觉文化的奇观：视觉文化总论（吴琼，编）．北京：中国人民大学出版社.

刘大椿，赵俊海（2016）．科学哲学的经验主义新建构．中国社会科学，8，47 – 65 + 205.

米勒，丹尼尔；霍斯特，希瑟（2014）．数码人类学（王心远，译）．北京：人民出版社.

莫愁（2000）．从格尔茨"地方性知识"理论出发阐释民俗学关键词"地方性"．温州大学学报（社会科学版），33（3），47 – 53.

潘祥辉（2020）．"无名者"的出场：短视频媒介的历史社会学考察．国际新闻界，42（6），40 – 54.

邵培仁（2010）．地方的体温：媒介地理要素的社会建构与文化记忆．徐州师范大学学报（哲学社会科学版），36（5），143 – 148.

盛晓明（2000）．地方性知识的构造．哲学研究，12，36 – 44 + 76 – 7.

斯特林纳提，多米尼克（2001）．女权主义与大众文化（高燕，译）．载于陆杨，王毅（选编）．大众文化研究，197 – 208．上海：上海三联书店.

王小英，祝东（2023）．微文化·交互性·像似符：短视频的符号互动与文本构成．福建师范大学学报（哲学社会科学版），1，102－110＋120．

徐新建，孙九霞，李菲（2020）．民俗·遗产·旅游：乡村振兴的实践与思考．西北民族研究，2，35－52．

薛达元，郭泺（2009）．论传统知识的概念与保护．生物多样性，17（2），135－142．

亚当斯，保罗（2020）．媒介与传播地理学（袁艳，译）．北京：中国传媒大学出版社．

晏青，罗小红（2019）．流动的意义：传统文化移动传播的符号学阐释．中州学刊，1，166－172．

杨慧，雷建军（2018）．乡村的"快手"媒介使用与民俗文化传承．全球传媒学刊，5（4），140－148．

叶舒宪（2001）．"地方性知识"．读书，5，121－125．

游承俐，孙学权（2000）．"土著知识"研究．中国农业大学学报（社会科学版），1，36－41＋45．

喻国明，耿晓梦（2021）．"深度媒介化"：媒介业的生态格局、价值重心与核心资源．新闻与传播研究，28（12），76－91＋127－128．

张永宏（2009）．本土知识概念的界定．思想战线，35（2），1－5．

Dayan, D. (2013). Conquering Visibility, Conferring Visibility：Visibility Seekers and Media Performance. *International Journal of Communication*, 7, 137－153.

Gibson, J. J. (2014). *The Ecological Approach to Visual Perception: Classic Edition*. New York：Psychology Press.

Hartley, J. (1999). *Uses of Television*. London：Routledge.

He, L. (2020). "The Toad Wants to Eat the Swan?" A Study of Rural Female Chibo through Short Video Format on E-commerce Platforms in China. *Global Media Journal*, 18 (35), 1－6.

Judd, E. R. (2009). Starting Again in Rural West China：Stories of Rural Women across Generations. *Gender & Development*, 17 (3), 441－451.

Mitchell, B. (1997). *Resource and Environmental Management*. New York：Routledge.

Ortner, S. B. (1972). Is Female to Male as Nature is to Culture?. *Feminist Studies*, 1 (2), 5－31.

Thompson, J. B. (1995). *The Media and Modernity: A Social Theory of the Media*. Redwood：Stanford University Press.

Thompson, J. B. (2005). The New Visibility. *Theory, Culture & Society*, 22 (6), 31－51.

Zizek, S. (2012). *Less than Nothing: Hegel And the Shadow of Dialectical Materialism*. London and New York：Verso.

作者简介：

李菲，教育部人文社科重点基地四川大学中国俗文化研究所教授，研究方向为文学人类学、非物质文化遗产、西南少数民族文化。

李士艳，四川大学文学与新闻学院博士研究生，西北民族大学新闻传播学院教师，研究方向为文学人类学、媒介人类学。

Author:

Li Fei, professor of Institute of Chinese Secular Culture, Sichuan University, Key Base of Humanities and Social Sciences, Ministry of Education. Her research fields are literary anthropology, intangible cultural heritage, and ethnic culture of southwest China.

Email: fz75420@ 126. com

Li Shiyan, Ph. D. candidate of School of Literature and Journalism, Sichuan University, teacher of School of Journalism and Communication, Northwest Minzu University. Her research fields are literary anthropology and media anthropology.

Email: 448978023@ qq. com

光影与算法：人工智能类摄影图像的
拓扑像似研究[*]

张沛之

摘　要：本文在人工智能与摄影相交融的背景下，借助符号美学理论，深入探讨人工智能所生成的类摄影图像与传统摄影之间的内在关联。通过"拓扑像似"这一概念，将人工智能生成的类摄影图像细分为"文字转换的邻域拓扑""历史解构的集群拓扑"以及"影像本体的时间拓扑"三个层面，分别从文本阐释多样性、艺术风格转变以及时间意义重构等角度出发，剖析人工智能类摄影图像在视觉表现和文化意义上的独特之处，旨在为探究这一图像类型提供新的理论视角和研究路径，丰富和发展当代艺术与科技交叉领域的研究。

关键词：拓扑像似，人工智能，摄影，符号学

Light and Algorithm: Topological Similarity Research on AI-Generated Photographic-like Images

Zhang Peizhi

Abstract: In the context of the convergence of artificial intelligence (AI) and photography, this paper delves into the intrinsic connection between AI-generated photographic-like images and traditional photography, drawing on semiotic aesthetic theory. By introducing the concept of

＊ 本文为国家社科基金重大项目"当代艺术提出的重要美学问题研究"（20&ZD049）的阶段性成果。

"topological similarity", AI-generated photographic-like images are subdivided according to three aspects: "textual transformation neighbourhood topology", "historical deconstruction cluster topology", and "image ontology temporal topology". These aspects are analysed from the perspectives of the diversity of textual interpretation, the transformation of artistic style, and the reconstruction of temporal meaning, respectively, to examine in depth the unique visual representation and cultural significance of AI-generated photographic-like images. This study aims to provide a new theoretical perspective and research path for exploring this type of image, enriching and developing research at the intersection of contemporary art and technology.

Keywords: topological similarity, artificial intelligence, photography, semiotics

DOI: 10. 13760/ b. cnki. sam. 202402014

在银盐与像素交织的时代，摄影作为描绘和定格世界的语言，曾是证明现实的重要手段。然而，随着人工智能技术的迅猛发展，一种新的"摄影"形式悄然兴起，它不再受限于镜头捕捉和光线投射，而是由算法和数据编织出魔法世界（Welt der Magic）。（弗卢塞尔，2017，p. 10）虽然没有摄影作为绝似符号所带来的再现性，但其背后的运作机制也指向了数据集中的真实影像。当 Open AI 已经完成了语言、图像与视频三大模态的能力，正在朝着第四步"世界模型"前进之时，Sora 发布了。Open AI 认为 Sora 验证了通过模型模拟真实世界的可行性和基本路线。当德国摄影人鲍里斯·埃尔达森（Boris Eldagsen）的作品《虚假记忆：电工》在索尼世界摄影大赛上被揭露为 AI 的杰作时，我们不禁要问：这究竟又是一场技术的狂欢，还是摄影艺术边界的拓展？难道摄影也要进入"后时代"了吗？AGI 真的要到来了吗？也许世界模型的创立目前还只是一种假设，但是不妨回到人类早期对现实的模仿，即"摄影"这一维度探寻问题的本质。

在摄影诞生的 150 年后，乔弗里·巴钦（Geoffrey Batchen）于《热切的渴望：摄影概念的诞生》（2016，p. 10）一书的尾声里写道："摄影今天面对着两个危机，一个来自于计算机影像引入后的技术，而另一个危机，则是伦理观、知识和文化广泛变化所引起认识论上的改变。"从历史的维度考量，摄影是伴随着启蒙运动的终结而诞生的，它作为一种基于光学原理与化学过程的技术，提供了一种新的视觉体验和知识获取途径。但数字影像的出现，也导致传统摄影不可避免地走向衰败。

就这一问题继续追问下去，当 AI 伪造的类摄影图像大规模进入人类的传播领域时，数码摄影也会开始走向衰退吗？在鲍德里亚提出"海湾战争从未发生"之时，作为一种具有真实参照的符号系统，海湾战争却变成了媒体通过图像和叙述创造的理论意义上的拟像与仿真。当 AI 能够调用的数据库足够庞大之时，很难说下一场战争的新闻影像不是 AI 基于现实中海量文本"伪造"出来的。战地记者冒死深入前线拍摄的现场照片和这些伪造图像近乎一致，甚至伪造图像在拍摄角度、细节上还更胜一筹的时候，到底哪个图像才是"真实的"，而哪些又可以被定义为"虚构的"呢？这是一个看似简单，但实际上涉及多个层面的问题，需要回到摄影的定义、历史和功能等多方面进行深入分析。

一、摄影符号的"像似"与"绝似"

（一）从像似到拓扑：摄影的再现与超越

再现作为艺术的重要功能，其理据主要来源于像似性，是艺术作品在形式和内容与表现对象之间的一种程度关系。作为一种朴素的唯物主义观点，模仿说在艺术学界一直占有重要的地位。虽然过分强调此种性质，会在某种程度上忽略艺术的创造和表现性，但是艺术作为一种像似符号，其模仿性在很大程度上是作为再现的基础而存在的。讨论艺术文本的表现形式也无法离开再现问题，具有绝似特征并强烈依附于再现形式的摄影媒介就更是如此。

因此，当影像作为一种绝似符号存在时，就不可避免地触及镜像符号作为影像基石，并以其独有的绝似特性指涉外在对象本质的问题。镜像符号作为一种特殊形态的符号，在无需考虑对象内容和深层意义的情况下，几乎完全复制了对象的表象，其像似程度是最高的。但是，关于镜像是否可被冠以符号之名，学界曾掀起过漫长的争论。翁伯托·艾柯（Umberto Eco）就曾明确表示，镜像不能称为符号，并在《符号学与语言哲学》一书中用最后一章专章讨论了此问题，提出了著名的"艾柯七条"论断（Eco, 1986, p. 224）。他反对的理由主要是镜像与对象之间缺乏规约性，仅是一种空洞的自然反射。艾柯所描述的绝对真实状态，是一种近乎"零度镜像"的构想，必须满足同一的绝似、距离在场、二元封闭的自指以及唯一的元认知性才可以成立（胡易容，2015）。若盲从艾柯之说，否认镜像为符号，则在某种程度上瓦解了符号与对象之间的内在逻辑关联，以及这种关系是否需要依赖特定的规约或文化契约来维持的问题。艾柯的立场强调规约的重要性，却忽略了影像在传达信息时的实际作用以及在塑造人类的世界观和认知结构时的影响力。

镜像和影像在表意过程中的复杂性也挑战了艾柯的"零度镜像"概念。由于现实因素的影响，每一个影像都有所不同，且无法达到"零度"状态，差异由此产生。这些差异本身就是信息载体，为每个影像赋予了独特的符号功能。从而产生了诸如直接指涉、指示性指涉或象征性指涉等一系列关系。

固然影像符号与对象之间存在着多种复杂的指涉方式，但皮尔斯（Charles Sanders Peirce，1932，p. 448）主张像似性作为第一性与艺术符号和对象相连接，"（艺术）表达为创造的理性，却给人完全无法分析的印象。它是纯感性，却是一种以创造的理性给人深刻印象的感情。它是真正属于第三性并在取得第二性的过程中出现的第一性"。也可以说，艺术符号的像似性意义并非固定和自明的，而是一种需要借助指示性和规约性来加以锚定的相对意义，即"像似性要通过艺术文本携带的意义解释才能得到，必须应和特定时代和社群之下的解读惯例，因此必然有社会文化的规约性"（赵毅衡，2023，p. 168）。换句话说，这种"弹性像似"关系使得艺术符号的像似性意义在不同时代和社群中产生不同的表现和解释。作为一种基于像似的符号范式，艺术符号的形式或结构在连续变形下保持不变的特征，正是拓扑结构的生动体现。赵毅衡（2021）同时指出，若以人脸特征作为肖像识别的基准点，在像似性作为艺术评判标准的前提下，证件照无疑可被视为"最佳艺术"。而毕加索的立体主义作品，则因其拓扑性而使符号文本的变异范围大为扩展。这种弹性的像似关系，不仅为艺术符号的意义解读提供了广阔的空间，同时也暗合了下文将探讨的影像所具备的拓扑像似的变形潜能。

回顾摄影史可以发现，摄影这一媒介正在变得越来越"富有弹性"，不论是创作手段还是表现形式，似乎正在经历一种从"绝似"到"不似"的过程。因此，以拓扑像似为基点深入影像领域进行研究有着积极意义，尤其是摄影作品作为一种在本雅明意义上经过机械复制而诞生的"绝似"符号（胡易容，2014，p. 43）。但是经过一百多年的发展，摄影文本的构成已经变得十分庞杂，仅从"似与不似"的维度探讨已经不足以维持其理论深度。可以在各类艺术领域中见到的拓扑像似，用于不同摄影题材的变形方式分析，会更加行之有效。

（二）从古典到智能：像似与离散拓扑的影像演进

在像似的诸般层次中，绝似、镜像与副本等极端形态，以摄影为媒介载体，得以具体显现。正如古典画作在透视法盛行前的平面性所展示的那样，每个时代对像似的解读都有其独特之处。然而，摄影术的诞生，被德拉罗什（Paul Delaroche）视为绘画走向衰落的起点。

摄影所具备的拓扑像似性以其媒介的透明性呈现，主要指照片和对象之间的关系以一种"透明"的方式再现，这是摄影区别于其他类型图像的一种像似或指示性关系。一张照片并不只是一个影像或者对于现实的解释，而是一条直接从现实拓印下来的痕迹。（桑塔格，2010，p. 145）正因如此，"这样的照片永远不能和所拍摄的对象（即和照片再现之物）区别开，至少不能一下子就把照片和所拍摄的对象区别开"（巴特，2011，p. 6）。这种再现透明性使得符号与对象的关系变得十分明晰，至少在摄影领域是一种"自然而然"的指示关系（赵毅衡，2016，p. 77）。其中，不论对象是否在现实中存在，像似符号都具有借助自己的特征去指称对象的能力。并且，"像似符号不必依靠对象的实在性，可以是纯粹虚构的存在"（Peirce，1932，p. 531）。

此类关系也可以在皮尔斯的符号学体系中找到相应的线索。符号按和对象之间的关系被分为像似符号（icon）、指示符号（index）和规约符号（symbol）。但是，照片无法被单一归入三者中的某一类。它的像似性并非单纯由形式界定，而是与其生产方式紧密相连，这种方式强制性地要求照片与自然之间存在一种"不可颠覆的对应"。而照片在另一方面作为一种指示符号所具有的指示性同样也让照片更加"透明"，这是因为指示符号具有"一种能够真实反映并且指称对象"的能力，这种能力来自指示符号与对象天然的物理联系以及与解释者的解释能力所具有的内部勾连。（皮尔斯，2014，p. 56）而在符号论域之内，摄影最为突出的特性就是作为像似符号甚至绝似符号而存在，且不会因为物理性状的改变而改变（胡易容，2014，p. 43）。

进一步讲，影像的像似和绝似问题其实是照片作为一种视觉表征，在现实世界的转化与呈现中，对于内在结构关系的拓扑体现。而摄影最为基本的拓扑映射功能就是将三维空间中的点和线映射到二维平面上，在形成独特空间结构的同时保留现实世界中的基本关系和特征。此种关系暂且按下不表，其实当摄影从模拟步入数码之时，其拓扑属性就因影像的编码方式发生过一次重大转折：从连续（continuous）的流动转变为离散（discrete）的断裂。（Trachtenberg，1980，pp. 37–38）模拟影像所展现的，是一种连续变化的影调，这是光影的细腻过渡、线性的延伸与空间透视的层次感。相对而言，离散性则代表了数码影像的核心特质——经过编码处理的数字序列。在这一转变中，原本绵延不断的影调被割裂成了离散的色阶，如同由无数色彩小块拼凑而成的马赛克图案，每个单元的色彩都被赋予了固定的数值标签。

这种转变意味着对现实的再现被框定在有限的范围内，照片边框内的每一个像素及其所承载的信息量都被严格限定。从影像复制的角度来看，模拟影像因其影调变化的无限性，在复制过程中不可避免地会损失细节，导致图像愈发模糊。而数码影像则以其有限的数据量为基础，实现了原封不动的无限复制，无需担忧数据的丢失或损耗。因此，数码照片的拓扑性质显得尤为精确，它能够出色地维持现实世界中的拓扑结构不受侵蚀。无论是两点间的距离还是集合的边界，数码照片都能准确再现。然而，这种精确指示也带来了固有的局限性：由于每个像素点只能表达一种颜色，数码照片的拓扑结构显得离散且有限。这意味着它无法完美地呈现连续的色阶与细腻的细节。相比之下，传统胶片摄影的拓扑空间结构则展现出一种截然不同的连续性。这种连续性使得胶片作品在理论上能够被无限放大，再现出无穷无尽的点和色彩。换句话说，胶片摄影作品能够更为真实地还原现实世界中的色彩过渡和层次，从而与人眼的视觉感受契合。

（三）拓扑像似：人工智能类摄影图像的基础

照片暗含了光线和化学物质所遗留印记的直接关系，而在人工智能所生产的类照片中，由于黑箱（Black Box）的存在，这种关系变得非常复杂。摄影与现实的关系不再是"一对一"，而是演变成了"一对多"的数据集与文本指令间的互动。这种转变实际上揭示了现代技术背后操作以及数据上的双重黑箱性质。以 DALL · E 这类基于卷积神经网络的人工智能图像生成系统为例，我们可以观察到的是输入层与输出层之间的操作。然而，为了提取和转换数据的特征与信息，隐藏层中的复杂计算，如卷积（convolution）、池化（pooling）、全连接（fully connected）等，却因为不可观测而变成了无法被直接观察到的存在（冯志伟，丁晓梅，2022）。如果想要生成一张猫的图像，就需要在隐藏层对一段文本描述进行以上操作，得到一个与猫相关的特征向量，然后输入神经网络的下一层。以全连接为例，这是一种将输入数据的所有神经元与输出数据的所有神经元相连接的过程，它将输入数据的特征信息转化为输出数据的预测信息。可以把全连接想象成一种整合的过程，就像是在一张纸上用笔画出线条，我们虽然可以看到线条的连接和结果，却无法看到画笔背后的决定因素和过程。这是因为神经网络用的权重和偏置是由机器决定的，并且其实现过程无法被观察。

但是内部运作的黑箱并不意味着无法被理解，拓扑像似作为一种在两个拓扑空间之间存在的连续双射，为人工智能生成的类摄影图像提供了一种新的理解范式。在此范式下，数据集本身被看作一个拓扑空间，其中的每一个数据点都拥有颜色、大小和形状等属性，这些属性在拓扑空间中形成了复杂的关联和结构。同时，文本指令则扮演着映射函数的角色，它能够将数据集中的一个或多个元素映射到另一拓扑空间——图像空间。此时，这个映射函数的作用就是保持数据集中的拓扑性质，作为一种拓扑像似的变换，它将数据集中的一些元素变为空间中的一个元素，从而形成一张完整的图像。

然而，这种映射函数充满了不确定性和多样性。不同的文本指令会导致不同的拓扑像似变换，从而形成多种映射。这种不确定性正是人工智能生成摄影图像过程中"一对多"关系的根源所在。同一个文本指令往往能够生成多张不同的图像，这些图像在形式上可能截然不同，但都源于同一个数据集和同一个文本指令。此时，AI 的仿摄影图像不再是对现实的简单模仿或复制，而是经过了一系列复杂的拓扑像似变换后的新拓扑空间。

从图像的形式角度出发，人工智能生成的作品其实也是对拓扑联通（topological continuity）的一种印证。尽管不同的图像可能呈现出截然不同的形式，但它们都源于同一个数据集和同一个文本指令，因此在拓扑空间中仍然保持了元素之间的连续性和关联性，这也是为什么人工智能生成的摄影作品都会有风格上的"像似"表征。

二、人工智能"摄影"符号拓扑像似的三个维度

正如艺术的发展路径不断演化一样，摄影符号文本并非全然由像似性主导，而是逐渐倾向于拓扑像似。在人工智能创作的类摄影作品中，边界趋向于弹性的演化，主要呈现为时空结构和连续形变的拓扑像似，并试图展现出一种对于现实视觉效果的超越。赵毅衡（2023，p. 166）指出，"艺术的进展一直是在用创新的方式实行拓扑变形"，摄影艺术也在拓扑变形的推动下，不断探索新的表现方式和可能性，实现从形似到神似的转变。

（一）人工智能"摄影"概念的问题和界定

人工智能对摄影领域产生深远影响，从早期的用算法优化拍摄结果，到

如今能够依据文字文本创作出摄影级别的图像。这些由算法生成的"假照片",以其惊人的逼真度,悄无声息地融入我们的日常信息流中,对人们的辨识能力构成了严峻的挑战。AI 摄影技术的革新其实是对现今摄影理论的一种挑战,因为此类作品的意义指向非常复杂甚至是无限的。在深入探讨 AI 摄影与现实的联系时,拓扑像似概念为我们提供了一个全新的视角,以理解 AI 摄影作品与现实之间的复杂纠葛。然而,这并不意味着我们能够轻易地把握这种关系的本质。相反,AI 摄影作品在形态上与现实的潜在联系,往往被最大限度的变形所掩盖。这种变形不仅体现在图像的视觉呈现上,更深入到作品所承载的文化、社会和历史意义之中。

从宏观上说,人工智能创作的摄影作品在意向性上和现实中基于人类主观选择和意图的输入有所不同。意向性作为意识的先决条件,是一种心灵或意识指向、关于或涉及外部世界中的事物和状态的能力(塞尔,2004,p. 87)。在传统摄影的艺术实践中,摄影者通过选择拍摄对象,完成主观意向性的独特表达。人工智能的创作能力,并非源自人类的意识流动,而是基于数学逻辑的表达。算法通过模拟和生成的方式,根据给定的提示或条件构筑虚拟空间。传统摄影对于现实的拓扑像似基于从可观测的连续到离散的呈现过程,这是一种在过程和结果上双重透明的再现。但人工智能"伪造"摄影的出现,却使得这一过程走入了神秘的黑箱。

拓扑像似,强调的是形态和空间关系在某种连续性变换下的不变性,而非对表面细节的简单复制。尽管 AI 摄影作品作品在视觉上可以模仿现实世界的影像到令人难以分辨的地步,但它们与自然世界之间的拓扑像似关系却远非简单的模仿或复制所能概括。这种复杂性源于 AI 摄影作品在再现现实世界时,不可避免地融入了算法自身的逻辑和规则。算法如同一种隐形的编码,在塑造 AI 摄影作品的形态和空间关系的同时,也在无形中改变了它们与自然世界之间的拓扑像似关系。进一步来说,AI 摄影作品与自然世界之间的拓扑像似关系具有自我指涉的双重透明性。一方面,作品通过算法模拟了现实世界的影像,呈现出一种可观测的连续现实;另一方面,作品又因为算法的影响而展示了自身离散化的逻辑结构。这种双重透明性使得 AI 摄影作品在呈现现实世界的同时,也揭示了算法自身的逻辑和规则。

(二)转译与再现:文字转换的邻域拓扑

前文所探讨的拓扑像似性主要聚焦于图像艺术的范畴内,而人工智能所创作的摄影作品,实质上是由文字转译来的平面视觉产物。其中,如何从语言中有效地析出形象，就成为一个核心议题。"语象"一词最早可追溯至古希腊时期的词汇"ekphrasis"，意指"通过言辞实现的详尽描绘"（Kellyed, 1998, p. 86）。胡易容（2014, pp. 85 - 86）将其称为"赋像"，强调形象源于文字内容的赋予。赵毅衡（2021）则进一步指出，作者与读者共享的心理拓扑能力使得本无固定形象的语言文字在规约性的结构中能够再现几乎任何视觉形象。

在传统摄影的语境中，文字转换所形成的邻域拓扑鲜少触及这一领域，这是因为传统摄影扮演的是记录者和见证者的角色，其目的并非从文字中直接生成图像，而是忠实于眼前所见，呈现物质世界的实相。

影像作为人类与现实世界之间的中介，是一种具有意义的平面和象征符号的复合体，而影像生产的装置作为其创造者也在与文字的博弈关系中演化。传统影像在文本出现之前上万年就已经产生了（从具体世界抽象而来），之后传统影像抽象为线性二维文本，而技术影像则继续从文本中抽象而来，是科学文本的产物（弗卢塞尔, 2017, p. 13）。这相互依存与促进的关系，使得技术影像以文本为基础，通过科学的手段与方法使文本中的信息与意象可视，进而使得我们能够更加直观地理解与感知世界。同时，文本也为技术影像提供了丰富的素材与灵感来源，扩充了装置的可能性，使得影像创作能够更加深入地挖掘与表达现实世界的复杂性与多样性。

人工智能摄影与文字转换之间的关系并非基于以上逻辑，而是涉及语图融合意义机制拆解与再现的转换过程，从而实现了文字与图像间的复杂转换。值得注意的是，此处的"文字转换"并非简单地将文字直接转化为图像，而是通过某种方式将文字所蕴含的信息、意境或情感转化为图像的形式，实质上是将文本信息映射到一个高维的特征空间，再从这个特征空间映射到图像空间。

因此，人工智能摄影与文字转换之间的邻域拓扑关系体现在两个"连续性"上。首先是文本和图像之间的信息空间连续性。文本描述中的细微变化，如不同的词汇、语法结构或情感倾向，都会在这个信息空间中产生连续的变化，导致生成的图像的改变。这种连续性可以看作邻域拓扑中的一种特性，因为它保证了文本与图像在语义上的连贯性和一致性。其次是语义的连续性。在文本描述的拓扑空间中，相似的语义概念在高维特征空间中形成相近的簇或流形。当文本中的词汇或短语发生变化时，这些变化可以视为在拓扑空间中的微小扰动，而对应的图像生成过程则需要保证这些扰动在图像空间中产生连续且一致的变化。这种语义连续性确保了人工智能系统在处理相似文本时能够生成具有一致性和连贯性的图像。

（三）涌现与共鸣：历史解构的集群拓扑

摄影文本内部的构成往往以像似性或绝似性为基础，形成独特的拓扑结构。但这种像似性不单局限于单一文本内部，同样也会在不同文本集群之间呈现出复杂的内部勾连。摄影文本的拓扑集群（topological group）可以形成于同一作者的不同作品，也可以是不同作者的同一风格或流派内部的结构相似性。（赵毅衡，2023，p. 161）拓扑集群的形成并非基于文本与现实对象的相似性，而是源于文本之间内在结构的共鸣性。确切地说，文本各部分之间要先形成自身的邻接和连续，并达到一定程度的统一，才会涌现形成拓扑联通。这种联通性不仅打通了文本之间的连接，更在宏观层面上构建了一个庞大而复杂的文本集群网络。

在这个网络中，合成影像成为一种特殊的存在，它不仅关注照片与对象之间的关系，更深入地揭示摄影者与其所属摄影流派之间深层的拓扑结构相似。在以张大千为模特的集锦摄影《松荫高士》中，郎静山在很大程度上借鉴了中国水墨形式的拓扑像似结构，保持了以黑、白、灰为主色，以东方美学意境的拓扑共相，展现了道家文化的影响和张大千的超然境界。中国山水画经过两千多年历史，在重复的社会性变形使用中，积累了丰富的符用意义和深层文化内涵。

摄影艺术的风格变化在层层历史语境中叠加形成，这种变化背后其实是万千艺术种类历史性集群组合与聚合的结果。当集锦摄影作为一种新的艺术形式出现时，它便与国画形成了紧密的拓扑集群关系。被用于选材的图像之间存在着一种结构上的像似性，而这种结构依然依附于中国水墨画所特有的表现，拍摄和后期制作也遵循山水画的特征去完成。暗房的后期手法和水墨画的技法之间同样存在着技艺的拓扑集群关系。在集锦摄影中通过控制显影液和漂白液在底片上的作用时间和程度，可以改变不同区域的明暗和色彩，这种技术用来模拟水墨画中的墨色深浅和晕染效果，也有着异曲同工之妙。

人工智能所创造出摄影般的图像作品，作为像素级别的"集锦摄影"模块化再现与深度解构人类摄影艺术历史。这些图像在表面上与人类摄影者创作的作品呈现出高度的视觉相似性，然而在创作的机理与意义的层面上，却存在着根本性的断裂与重塑（沈浩，袁璐，2010，p. 4）。人工智能的合成影像不再局限于对现实对象的直接再现，而是通过对各种图像元素的组合、变换和再创造，构建出一种全新的视觉体验和意义空间。在这个意义空间中，合成影像不仅与传统的摄影作品形成了紧密的拓扑集群关系，更在与其他艺术形式的互动中展现出独特的魅力和价值。

（四）断裂与混沌：影像本体的时间拓扑

历史和时间是摄影艺术的价值来源和重要维度。桑塔格（Susan Sontag）（2010，p. 173）指出，存在着各种艺术，它们的大部分价值来自我们对作为历史的时间的意识，摄影即是如此。传统照片的时间性呈现为一种"内外在时间拓扑的同一性"。时间是摄影本体理论中的重要一环，巴特（2011，p. 160）甚至认为照片具有的证明力所针对的不是物体，而正是时间本身。客观来说，照片中的时间性本质上仍是作为空间中时间切片的叠加，只不过是"多与少"的问题。例如星轨照片无论如何呈现，其拓扑结构依然具有连续变形之下的不变特性。所以，传统照片的时间性可以被看作一种内外在时间拓扑的同一性展现。

这种拓扑性远非简单的形式相似或空间对应所能涵盖，它更深层次地涉及时间、记忆、意义与真实之间的动态交织。巴特所强调的照片的指示性，在这种框架下，也可以被重新阐释为在时间维度上展开的深刻拓扑性。具体而言，照片与客观现实之间的对应关系并非仅仅停留在表面的相似上。更本质地说，这种对应是一种时间的拓扑映射，它不仅捕捉了照片所记录的瞬间，更揭示了时间的流逝甚至历史变迁。然而，这种时间的拓扑性并非中立或客观的存在，它受到摄影者的时间观念以及观看者的时间认知的共同塑造（张容玮，2022）。因此，照片所呈现的时间性往往处于一种线性和断裂并存的复杂状态，这反映了人类对时间的非线性理解和体验。

同时，照片的指示性不仅指向一个具体的现实对象或事件，也指向一个更为广阔和复杂的时间性领域。这个领域充满了无数的歧义和可能性，每一张照片都成为一个开放的文本，邀请观看者进入其中，与其进行对话和交流。在这个过程中，照片的拓扑性和时间性共同构成了摄影作品的本体论意义，使得摄影成为一种独特的记录和表达时间的艺术形式。正如罗伯特·卡帕（Robert Capa）的摄影作品《战士之死》所展示的那样，西班牙战士被击中头部在考尔多巴（Cordoba）倒下，时间赋予了这个战士在被击中瞬间的姿态，同时也赋予了他生命之中完整的时间线，甚至指示了整个场景背后的历史事件。巴特（2011，p. 124）也认为，发明历史学和摄影的是同一个世纪。但历史是根据确实的史料炮制的记忆，是把神话时代破除了的纯学术论文，而照片则是确凿但转瞬即逝的证物。因此，传统摄影所体现的时间性是一种基于拓扑的时间感知，在照片的内在和外在时间的体现中都相对容易追溯。

但是，人工智能的类摄影作品是一种"模拟时间"的体现，其追溯变得间接且困难。作为黑箱意义上的合成影像，其中的时间来源主要存于图像数据的本身，机器只能通过学习数据，提取特征并且重新组合，模拟出摄影作品所对应的时间性特征，但并没有现实中相应的时间指涉。所以，作为一种在摄影时间本体意义上的拓扑结构，人工智能类摄影作品的时间性表现出了以下两大拓扑特征：

首先，人工智能的类摄影作品虽然表面上具有摄影作品所呈现的时间性，但其内在时间却呈现出一种拓扑性上的断裂与扭曲，重塑了时间的流动性，使之呈现出非线性的复杂面貌。从数据集中抽取的样本时间被打散重组，并再次表征为能够同时容纳无数个时间节点的时间构型。这种构型不仅保留了原始碎片中的时间印记，更在重组的过程中孕育出崭新的时间意涵，使得作品的时间维度变得更为丰富和多元。此时的时间不再单向、匀质地流动，而是如同拓扑空间中的曲线，可以被任意压缩、扭曲甚至循环往复，这是对线性时间流动性的重新诠释。

其次，人工智能所创作的类摄影作品带来的时间性表征为一种无法观测的内在时间所组成的"混沌时间宇宙"，是通过文字指令对人类心理时间的拓扑图解，只能作为一种"体验上的观者时间"而存在。此处"宇宙"并非物理意义上的，而是由算法、数据和人类心理时间所共构的虚拟空间。在这个空间中，时间以一种无法被直接观测的方式存在，只能通过作品本身来感受和体验。而"混沌时间宇宙"实际上是对人类心理时间的一种拓扑图解，通过文字指令的引导，人工智能试图捕捉并表达人类心理中复杂而多变的时间感知模式。然而，由于人类心理时间的复杂性和多变性，图解过程并非完全准确或可靠。它依赖于观者的个体经验、文化背景和心理状态等多重因素的作用，因此不同的人可能会在同一件作品中得到截然不同的时间体验，甚至可以将其理解为一种在格式塔效应下的局部时间感知。

结　语

摄影来自现实，但不是现实本身。通过像似关系，摄影在影像和物本身的勾连之中让事件本身的重要性彻底超越现实。而将影像的核心归结为基于现实的拓扑像似问题，也为探究摄影本体和定义人工智能类摄影图像提供了理论支撑。由此，符号学为我们提供了一种解析这些问题的工具。通过拓扑的视角，我们可以深入探讨传统摄影与 AI 生成摄影图像之间的像似关系，揭示它们在转译、历史和时间领域展开的一致性变形。这不仅是对传统摄影像似问题的延伸，更是对人工智能类摄影认识的深化。

引用文献：

巴钦，乔弗里（2016）．热切的渴望：摄影概念的诞生（毛卫东，译）．北京：中国民族摄影艺术出版社．

巴特，罗兰（2011）．明室：摄影札记（赵克非，译）．北京：中国人民大学出版社．

冯志伟，丁晓梅（2022）．自然语言处理中的神经网络模型．当代外语研究，4，98－110．

弗卢塞尔，威廉（2017）．摄影的哲学思考（毛卫东，丁君君，译）．北京：中国民族摄影艺术出版社．

胡易容（2014）．图像符号学：传媒景观世界的图示把握．成都：四川大学出版社．

胡易容（2015）．论镜像：意义奇点与符号演绎．中外文化与文论，3，50－62．

皮尔斯，C. S.（2014）．皮尔斯：论符号（赵星植，译）．成都：四川大学出版社．

塞尔，约翰（2004）．心灵、语言和社会：实在世界中的哲学．上海：上海译文出版社．

桑塔格，苏珊（2010）．论摄影（黄灿然，译）．上海：上海译文出版社．

沈浩，袁璐（2018）．人工智能：重塑媒体融合新生态．现代传播：中国传媒大学学报，7，8－11．

张容玮（2022）．作为当代艺术的照片：针对线性时间观的遭遇．天津美术学院学报，3，67－71．

赵毅衡（2016）．符号学：原理与推演．南京：南京大学出版社．

赵毅衡（2021）．艺术的拓扑像似性．文艺研究，2，5－16．

赵毅衡（2023）．艺术符号学：艺术形式的意义分析．成都：四川大学出版社．

Eco, U. (1986). *Semiotics and the Philosophy of Language*. Bloomington：Indiana University Press.

Kelly, M. (1998). *Encyclopedia of Aesthetics*. New York：Oxfoxd University Press.

Trachtenberg, A. (1980). *Classic Essays on Photography*. New Haven：Leete's Island Books.

Peires, C. S. (1932). *Collected Papers of Charles Sanders Peirce* (P. Weiss, A. W. Barks, Eds.). Cambridge, Mass.：Harvard University Press.

作者简介：

张沛之，博士研究生，四川大学符号学－传媒学研究所成员，主要研究领域为符号学、摄影学。

Author:

Zhang Peizhi, Ph. D. candidate, member of the ISMS research team. His research interests include semiotics and photography.

Email: zhangpeizhi@ vip. qq. com

短视频符号叙述原理及其主体美学批判[*]

颜小芳

摘　要："短视频"应特指新媒体语境下，时长为数秒乃至数分钟不等的以影像符号为核心的综合多种表达方式的叙述形式。短视频在影像叙述方面最突出的特征是：追求"刺点"，省略"知面"，并通过组合轴上的横向连接形成意义共同体。以追求流量和点击率为目的的数字媒体或短视频传播，其美学风格是征服、吸引、讨好和迎合，而不是批判和抵抗。

关键词：短视频，符号美学，主体

Semiotic Narrative Principle of Short Video and Its Critique of Subjective Aesthetics

Yan Xiaofang

Abstract: Short video is a new media narrative form synthesising multiple modes of expression with image symbols as its core, lasting for several seconds or several minutes. The most prominent feature of a short video in terms of image narration is that it pursues the punctum, omits the studium, and forms a community of meaning through syntagmatic relation or an axis of combination. The aesthetic style of digital media or short video communication, which pursues flow and clicks, is to conquer, attract, please and cater, rather than to criticise and resist.

Keywords: short video, symbolic aesthetics, subject

DOI: 10. 13760/ b. cnki. sam. 202402015

* 本文为广西壮族自治区哲学社会科学项目"论存在符号学电影批评理论的建构"（20FZW010）的中期成果。

在诸种新媒体平台兴起并主导运动影像传播的今天，短视频越来越疯狂占据我们的日常生活时空，它以微细、碎片化的方式，彻底改变了我们的生活，我们不仅进入了"后人类"时代——手机已经变成每个人身体的一部分，也迎来了"后电影"时代——传统电影已经势微，被外延广泛的"屏幕影像"（短视频是当之无愧的主角）全面碾压。截至 2022 年 12 月，我国短视频用户规模为 10.12 亿，较 2021 年 12 月增长 7770 万，占网民整体的94.8%（CNNIC，2023，p. 48）。

一、广义叙述学视域下短视频的定义及发展概述

从影像拍摄历史来看，最早的电影《火车进站》《水浇园丁》《工厂大门》等都是"短视频"。可以说电影的雏形就是短视频，而最早的短视频影像就是电影。然而，短视频到底有无本质？当发展到网络传媒时代，短视频以数量和点击量的最大优势，成为一种新的媒介形式。麦克卢汉说，媒介即内容。故而对短视频，只能从媒介本身去定义，而不能从"传统的内容"角度去定义。对于短视频而言，内容不具备本质性特征，而恰恰是形式决定了它的本质。所以，从广义叙述学或符号学出发，短视频的定义只能是功能性的。

叙述学是符号学的一个分支。传统或经典叙述学主要研究语言文学，而广义叙述学"讨论的是所有叙述体裁的共同规律"（赵毅衡，2013，p. 1），因此广义叙述学也可以看作"一般叙述学"（伏飞雄，2022，p. 6）。广义叙述学不同于跨媒介叙述：在玛丽－劳尔·瑞安主编的《跨媒介叙述》一书中，跨媒界叙述侧重的是"非文字"叙述；广义叙述学并不排斥文字叙述的经典地位，而是力图在各式各样的叙述中，归纳总结出共同法则。而短视频的实践与广义叙述学的理想非常一致。

本文所论短视频特指新媒体语境下，时长为数秒乃至数分钟不等，以影像符号为核心的综合多种表达方式的叙述形式。与文字相比，短视频通过音频、图像等更为透明、直观的媒介符号表达意义、传递信息，受众甚至无须思考和联想就能够明确把握视频符号的意义，故而短视频一般具有较高清晰度，具有麦克卢汉所说热媒介性质。

从媒介形式角度看，短视频的发展至少可以划分出四个阶段。

第一个阶段是影像诞生早期。这个时期的电影由于条件和技术限制，时

长大多比较短。早期的电影"短视频"因为稀少而具有先锋性质，这与新媒体时代短视频的井喷式生产以及大规模手机用户的参与所带来的巨大流量形成鲜明反差。从这个意义上看，短视频的精髓乃是新媒介形式下大众传播的狂欢，它的发生、发展，除了技术原因，一个根本要素就是群众力量的介入。网络短视频背后强大的群众基础，令专家学者为之惊叹，著名新闻传播学者彭兰（2019，p. 36）甚至将它定义为"一种自下而上的新文化运动"。

所以，网络短视频应该是短视频发展第二个阶段的产物。它是大众文化（世俗文化）进入新媒体时代之后一种新的媒介形式。大众文化自古以来就存在。在以诗歌为尊的古代，小说就是大众文化，它与老百姓的日常生活、伦理价值密切相关。后来，戏剧电影成为大众文化的代表。而今，网络短视频已成为手机用户的宠儿，其超高人气意味着新的无限商机。

由此短视频进入第三个阶段：商业操作化阶段。短视频生产者开始有意识地、自觉地追求点击率。如何在更短时间内抓住用户的注意力，已经成为短视频生产者和运营方共同关心的问题。短视频从粗犷、质朴的原生态表达，转向对刺激性叙述和高潮的追求，这样一来，短视频符号叙述就变得越来越有规律可循。实践证明，有意识地探寻短视频符号叙述规律的生产者或平台，往往能够在激烈的竞争中胜出。

如今，短视频种类繁多，内容丰富，无论是传统媒体平台，还是新媒体平台，都倚借短视频在商业化浪潮下博弈。2022年短视频综合人均单日使用时长为120分钟，自2020年底开始超越即时通信排在第二位（胡毓靖，2023-03-30）。短视频商业变现的模式主要有作为电商入口、作为营销载体、作为付费产品三种。

当短视频的影响力大到一定程度，它就迎来了第四个发展阶段，即政府引导阶段。政府部门不仅规范着短视频的内容生产，也对运营平台进行了有效管理。短视频越来越体现出符合主流价值观的正能量，同时在制作方面也越来越精良。在抖音短视频平台上，央视新闻、新华社、人民日报社等主流媒体的粉丝数、发帖数、点赞数都有了指数级增长。各个高校也纷纷进驻抖音等短视频平台，例如南宁师范大学的官方抖音就在2019年获评"抖音2019年度最具影响力高校"和"抖音高校官抖联盟首批成员"（甘友桓，邹舟，2021）。

随着短视频发展步入黄金期，短视频价值被逐步挖掘并放大，短视频生产也从最初娱乐用户的自发、随意、粗糙，逐渐步入商业运营、知识传播、价值引领等更为主流、专业、系统的生产模式。短视频逐渐成为政务宣传的重要形式，成为配合主题主线宣传、积极服务大局的工具，也成为助力乡村振兴的积极力量以及文化传播的有效手段。值得一提的是，网络短视频、短视频的商业化操作以及政府引导的短视频生产，三者之间并非泾渭分明，它们除了相互区别，也呈共生共时之势。

二、短视频符号叙述的四大特征

短视频形式多样，内容驳杂。就像美学对美的定义"美是难的"一样，要寻找短视频的本质规律，也相当难。但学者应当迎难而上，"知其不可而为之"。本文综合前人相关成果，试图在现有理论资源范围内，整合出适用于短视频叙述与传播的几点原则。

（一）追求"刺点"，省略"知面"

"刺点"（punctum）和"知面"（studium）是罗兰·巴特在《明室》（1996，p. 37）中提出来的一对概念，本意针对摄影审美，目前却在文化符号学中发挥了重要阐释功能。所谓"刺点"，可以理解为具有吸引力的细节或极富刺激性的片段，主要诉诸感官和欲望。而"知面"则多为叙述铺垫，发挥的主要是文化功能，诉诸理性和沉思。与"刺点"比较接近的是爱森斯坦（2003，p. 446）提出的"杂耍蒙太奇"。爱森斯坦早就看到了任何一种功利主义戏剧都负有将观众引导到预期方向（情绪）去的任务。引导的手段多种多样，但它们都统一到一点上，即"杂耍性"："杂耍（从戏剧的角度来看）是戏剧的任何扩张性因素，也就是任何这样的因素，它能使观众受到感性上或心理上的感染，这种感染是经过经验的检验并数学般精确安排的，以给予感受者一定的情绪震动为目的，反过来在其总体上又唯一地决定着使观众接受演出的思想方面、即最终的意识形态结论的可能性。"（p. 447）爱森斯坦说的"杂耍"既包含戏剧给观众带来的感性或心理上的冲击、感染，同时还肩负思想或意识形态使命。因此，"杂耍蒙太奇"包含"吸引"以及对"吸引"的超越，而前者相当于吸引力蒙太奇。吸引力蒙太奇诉诸感官冲击，例如《战舰波将金号》的"敖德萨阶梯"片段，它将具有画面冲击力的镜头组接在一起，使其反复出现，极具情感表现力，能最大限度唤起观众共鸣。

"杂耍蒙太奇"与"刺点"的相同之处都在于两者都对读者/观众产生强烈吸引力。不同之处在于前者更倾向于一种自觉的、有意识的建构，主要通过剪辑实现。例如张艺谋曾经拍摄的申奥宣传片，将不同人的笑脸、运动员夺冠时的激动瞬间用集合蒙太奇的方式组接在一起，体现出吸引力蒙太奇的特征。而"刺点"更侧重用细节吸引人，不仅如此，"刺点"对短视频受众的吸引力，往往还取决于短视频中的细节在整体传播语境中的陌生化程度。

2023年10月，于文亮因为在网络平台分享其"平凡但不羞耻"的日常生活而在网络爆红。在包装过度、以"奇"制胜的自媒体经济时代，"平凡"而"真诚"，反而变得少见、稀缺，竟反过来成为新媒体文化中的"刺点"，从而具备了一种反常的吸引力。这说明"刺点"是否吸引人，取决于它在文化系统中的位置，与它本身的特点反而关系并不大，而这恰恰是结构主义符号学的特性。

"刺点"的吸引力法则不仅可以揭示受众点击短视频的普遍原因，也同样指导着短视频创作。在罗兰·巴特原来的意思中，"刺点"与"知面"是互相矛盾又相互依存的一对共生概念。"刺点"的精神应该属于哈罗德·布鲁姆所说的审美原创力在艺术上的体现，它本质上是一种美学乃至精英式的追求；"知面"则代表这个具有突出审美原创价值的"刺点"所在的背景或赖以生成发展的环境。这两个层面在一幅具有美学意义的作品（尤其是摄影作品）中缺一不可。但在短视频创作中，由于某些生产者过分追求流量（商业价值），无论是创作者还是接受者，都无暇顾及短视频的"知面"（普通的、理性的、文化的一面），而只追求"刺点"。于是，陌生化的原创性审美价值在短视频中堕落成了"奇观"和"刺激"。对普通和庸常事物的抵抗，转变为对大众的服从，目的就是得到他人的点赞和转发。故而对于短视频而言，传播才是它从默默无闻的小卒一跃而成为万众瞩目的明星的主导性力量。而这种传播依靠的则是组合轴上的横向连接。

（二）通过横向连接形成同质性共同体

与聚合轴上的比较性选择相比，短视频叙述和传播主要依靠组合轴上的横向连接。在传播过程中，受众通过点击追求的是一种几乎同质化的意义共同体，例如学者肖珺、张弛（2020，p. 30）所言："短视频……在文化的共同解释项——即共通意义空间中建立互动机制，建构最大通约的同质性文化符号。共同解释项通过符号互动将各自为界的异质性符号转化为同质性符号，一定程度上能够拓宽文化共通的意义空间。"相较于肖珺、张弛的乐观，韩裔德国学者韩炳哲则对这一同质化的意义空间进行了批判。短视频生产与传播形成的是一种排斥他者的同质化共同体。天天"刷"短视频、为短视频贡献流量的大众，是资本（平台）管辖下同质化的个体。韩炳哲（2019a，

p. 8）将数字传播时代的这种经济环境，说成是新自由主义："今天我们每一个人都受到资本独裁的控制。"

资本主义社会的主要矛盾是资产阶级与无产阶级的矛盾。对于无产阶级而言，剥削他们的是作为"他者"而存在的资产阶级。而在韩炳哲所论述的新自由主义时代，作为他者的资产阶级隐匿了，真正意义上的无产阶级也身份不明了。于是，他者的剥削就变成了所有人的自我剥削。在经典马克思主义理论那里，他者剥削（资产阶级对无产阶级的剥削）是无产阶级专政的逻辑前提，但在新自由主义经济环境下，人们因为找不到作为他者的剥削阶级而变得意志消沉，无法振作。于是，他们就只能在整天"刷"短视频，在消遣中打发时间。

人们"刷"短视频，不是为了去获取积极能量，而是因为有多余时间，需要消磨时光或逃避现实，其自我生产能力降低，却为资本提供了可变现的流量，用户作为消费者而存在，并提供量化意义上的价值。数据、流量、资本均与韩炳哲说的新自由主义密切相关。短视频对于点击者而言就是流量数据的叠加，缺乏被讲述的生命（个体故事），因此点击者主体的存在是缺失的。所以，社交媒体越来越像福柯意义上的全景监狱，只不过是数字化的。

通过点击、点赞等积累人气、横向联结而形成的共同体，是一种同质性共同体，每个个体在这个共同体中的价值就是贡献流量，流量再转换成资本或生活资料。这种横向连接形成的群体中的每个个体有如"工蜂"（廉思，2012，p. 8）或"蚂蚁"（2009，pp. 31 - 32），渐渐只剩下类属性，而越来越丧失个体性，因为数字化生存正在将个体变成均质化、面孔模糊以及千篇一律的存在。只有个别短视频生产者或平台因为累积了极高的人气（流量、资本）而成为蜂王或蚁后。与马克思所说的"社会"不同，数字媒体时代基于点击、流量而形成的"共同体"中，个体并无深刻、激发思想自觉的行动与归属感。所以，数字媒体时代，即韩炳哲所说的"当今社会"，"是一个社会性、共同性、共同体性的普遍瓦解过程"（2019b，pp. 177 - 178）。那么，数字媒体时代的大众，也就并非我们一般意义上所说的"大众"（Masse），而是某个"数字群体"（2019c，p. 16），其中人与人之间的关系是偶然的，缺乏深刻的思想和灵魂。

（三）混剪、拼贴与二次创作

"混剪短视频"的英文名是"mashup video"（也称"video mash-up"），"是一种基于剪辑功能的二次创作短视频类型"（杨才旺，崔承浩，2020，

p.60）。这种二次创作的艺术形式，与作为母体的电影电视形成"引用"关系，正如电影《头号玩家》中的"彩蛋"，"引用"了许多经典电影片段，用"重复"的方式，给电影观众尤其是影迷带去熟悉而又陌生的体验。B站上有很多"鬼畜"视频，它们大多利用剪辑手法，快速重复画面、声音，音画同步以达到让观众"像鬼一样抽搐"的陌生化效果。"鬼畜"视频的题材大多来源于已有影视节目，故而本质上也属于混剪短视频。与某些平台完全照搬、剪辑电影、电视节目不同的是，混剪视频多少都会有一些"介绍、评论、说明、描述"等主体干预行为。例如台湾的谷阿莫通过个性化解说，将影视剧精心剪辑过后制作了短视频系列节目《×分钟带你看完电影》并在网络发布，全部作品几天内累计播放超过400万次。然而，谷阿莫走红之后，三家影视公司将他告上了法庭，理由是侵权。故而，混剪、拼贴视频这样的二次创作如何不侵犯他人权益，也是值得思考的问题。

二次创作几乎成了我们这个时代特有的创作方式。在白俄罗斯作家阿列克谢耶维奇看来，历史并没有随着时间的流逝而与现在截然断裂，今天的人们依然生活在历史事件所带来的深度影响和阴影中。而在文化创作方面，当今的创作者面临着一个前所未有的尴尬局面：他所遭遇的一切都有可能已被前人充分书写，那么他能够做的就是不断引用前人的东西，将之打碎、重新排列。这在短视频创作中尤其显得容易，早期的网络恶搞短片《一个馒头引发的血案》（胡戈创作，时长20分钟）就是这类二次创作的典型，也算"开风气之先"了。

如今，在生成式AI高速发展时期，短视频的二次创作就从以个人为主体的"混剪""拼贴"到以"非人"（或"后人类"）为主体的"数据库组合"。2022年底ChatGPT横空出世，引燃了公众对生成式AI的热情。OpenAI的首席科学家、ChatGPT背后的技术中坚伊利亚·苏茨克维（Ilya Sutskever）说，ChatGPT的学习对象是"世界模型"（丁磊，2023，p.6）。互联网文本是关于现实世界的指示符（index），那么ChatGPT通过将整个互联网文本纳入其程序系统（这个过程类似人类的"学习"），就获得了掌控世界的能力。所以，对ChatGPT而言，世界就是一个超级数据库，而生成式AI通过对数据库里的"物"（包括文字、图像、音频、视频等数字空间中的一切）进行选择、分析、排列和组合（模仿人类的决策过程），可以生成各种新"物"。这种新"物"在现实世界不存在，也不完全等同现实物经过一次创作后符号化的"物"，它们是独特的，也即韩炳哲（2023，p.2）说的"非物"："我们今天正处在从物时代向非物时代的过渡。""非物"是可以不断生成的，类似

187

于皮尔斯符号三元关系中的解释项，只要人类的意义活动不停止，"非物"就会在"物"的基础上无限衍义，就像电影《蚁人与黄蜂女：量子狂潮》中的量子世界，其中的可能性风暴能够让一个人瞬间分裂出无数替身。这种分裂与人类制造符号的意义活动一样无止境。

2023 年 1 月 31 日，AI 动画短片《犬与少年》发布，结尾处字幕上的署名出现了"AI + Human"。这应该是第一部由 AI 参与制作的动画短片，它的部分内容由生成式人工智能（AICG）完成。丁磊（2023，pp. 227 – 231）预言，生成式人工智能未来的发展趋势是走向通用人工智能（AGI）；对于短视频生产而言，通用人工智能将会在"跨模态感知""多任务协作""自我学习和适应""情感理解"以及"超级计算能力"五个方面重点发力，尤其在"情感理解"方面——凭借《水形物语》获得奥斯卡最佳故事片奖的导演吉列尔莫·德尔·托罗曾公开表示过对机器生成艺术的淡漠。从这个角度看，生成人工智能也好，通用人工智能也罢，它们要真正取代人类的创作，技术上还有遥远的路要走；而到时候，人类观看或玩短视频的方式也会发生巨变。

（四）娱乐至死，迫使意义在场结束

短视频的诞生，本是自下而上的一次狂欢，其驱动力绝对不是对意义的追求，而是对娱乐的需要。娱乐成为当代社会发展的必需，也成为商家拉动市场的最好招数。美国社会学家波兹曼的《娱乐至死》却充满忧患意识。当今社会，娱乐反过来取代了以往严肃的意义追求，成为最严肃的问题；人类经济的发展也到了必须靠娱乐来拯救的地步。"娱乐的特点，是除了当下的快乐，表面上没有其他意义。它并不指向一个意义的缺场，它的目的只是愉悦的当场实现，过后即忘，不再作无限衍义。"（赵毅衡，2016，p. 366）娱乐是一种只为表象而存在的符号，表象之外并无他物。娱乐与艺术的区别在于，艺术以其文本自身为目的，但娱乐文本本身并无价值。

娱乐泛滥，挤压甚至驱逐意义，后果是导致当下"刷"短视频的个体身体透支与精神空虚。与传统电影相比，短视频与日常生活的界限越来越模糊。吴冠军（2019，p. 4）曾分析传统电影与短视频的区别：传统电影的观看，是在黑暗中进行，观众面对的是"反射性的屏幕"，一般两个小时左右的观影活动结束后，观众从"梦境"返回现实和日常生活之中，电影中的世界与现实日常生活之间有着严格界限；当观看包括短视频在内的运动影像时，"观影者暴露在日常现实的各种影响之下，电影状态与日常状态不再有任何根本性、确定性的区隔"。这种没有边界、不划辖区的状态，在大众传媒的推动下，导致娱乐垃圾、符号垃圾的大量扩张以及对个体的侵袭。与笛卡尔时代的垃圾可以让人直接感知到的"臭"相比，后笛卡尔时代（数字媒体时代）制造出的垃圾却以"美"的面貌出现，例如那些引人注意的广告。

半个多世纪前，人们没有网络，也没有短视频，但人们可以花很多时间看电视。对于电视台而言，观众"看电视是创造价值的劳动，并且是无偿劳动"（吴冠军，2023，p.141）。那么，当下熬夜"刷"短视频的用户，他们耗费身体、掏空精神，也是在为短视频平台无偿"打工"。"娱乐至死"，也是数字劳工们的"劳动至死"。平台将所有人的时间吞食了进去。人文主义时代立体、血肉丰满的人，到了短视频平台，其价值萎缩到只剩下时间。每个人的一生，对平台而言，有价值的就是那有限的时间。质量不再重要，数量才是一切。当现实空间不够用的时候，就想到开发"元宇宙"，连虚拟世界都不放过，抢先用资本占领地盘。"元宇宙"可谓"内卷"的变态或极致形式：现实世界被"内卷"撑爆，元宇宙是"内卷"新拓展的外延，但内涵并没能增加。

三、短视频时代主体美学的凋零

人们在网络上主动暴露各种信息，但现实生活中却相当隔膜。人们的信息被进一步掌控，看似无限自由，实则都在监控之中。文化符号学将这种看似无限自由实则不自由的境况叫作"超宽幅"。根据个体自由的限度，可以将社会分为窄幅、宽幅与超宽幅主导的类型。"窄幅文化是束缚过紧的文化，个人面对生活中许多重要意义场合，没有多少选择；适当宽幅的文化，人们往往寻找某种权威意见……而过于宽幅的当代文化，意义领袖已经失语，人们跟着广告走，跟着娱乐名家走。"（赵毅衡，2016，p.368）赵毅衡说的"过于宽幅的当代文化"其实就是"超宽幅"文化。从某种意义上看，短视频也是一种"超宽幅"文化，因为当每个个体都是意义生产者时，太多的意义将会淹没个体，使其无从选择。互联网环境下，意义（符号）的全球化充分代替了经济全球化，某种意见通过互联网传播极容易成为"霸权"声音。在这种情况下，越来越多普通人的见解因为横向连接的不足而被淘汰。短视频无疑是传播能力最强的，因为它深度契合传播原则：短、平、快、浅、易。它势必要牺牲或压缩聚合轴空间，才能迅速并大量传播。对这种情况，符号学也给予了一个命名，叫"单轴旋转"："在这个围绕单轴旋转的社会中……一旦面临的选择段宽得无法掌握，选择就只能是机遇选择，即没有预设意义的纯然选择，作为选择主体的自我，只是自由状态的漂浮。……越是开放的体系，元语言组成复杂化，越是无法提供答案。符号泛滥的结果是形成'选择悖论'，即'开放后的自动封闭'。"（p. 368）于是，人们越来越倾向于只在乎横向连接的单轴行为，放弃聚合轴上的选择。而当人们"刷"短视频的时候，不是在聚合轴上选择意义，而是通过贡献流量而参与异化的意义活动。

总之，以追求流量和点击率为目的的短视频传播，其美学风格是征服、吸引、讨好和迎合，而不是批判和抵抗。所谓的主体间交往，在互联网环境下则成为基于点赞和转发的互动，这是一种浅层次的、多元走向的互动：随意性强，流动性强，无法满足和消除人的孤独感，反而会加深孤独感和虚无感。所谓点赞下的主体，不过是自我更深层的幻象（幻觉、镜像），它越美丽、越具有吸引力，就越反映出现实生活的单一和贫瘠，越说明现实主体的萎缩。"'点赞'（Like）就是以数字化的方式说'阿门'（Amen）。我们'点赞'的同时，就已经屈从环境威力法则了。"（韩炳哲，2019a，p. 17）久而久之，点赞和转发也会在无形中对个体形成绑架，从而使自由选择变成一种虚假社交。然而很显然，这是一种不可阻挡的潮流。个体生命变得平面化、单一化，因为痛苦的消失、对异己的排除、舒适感的增加、阻力的减少、愉悦的满足，都让个体人的生命变得单一而平庸。2020年12月"假靳东"现象骗局被揭穿。2023年10月，上海市某检察院对八名以假靳东身份实施诈骗者提起诉讼。《南方周末》针对"假靳东"的"情感骗局"专门写了篇调查报告（张锐，2023 - 12 - 03），多名老年女性沉迷于短视频中的"虚假人设"而无法自拔。这些老年人比年轻人更沉迷于短视频，恰恰是因为他们的主体更空虚、更寂寞。

短视频的盛行，并没有让人们发展出真正的游戏精神。生产要素的游戏化摧毁了通过游戏获得解放的潜能，它与席勒说的审美游戏的自由完全是两回事。短视频高度发展的大数据时代，是一个缺乏叙述的时代，个体被彻底分解成数据而失去意义，因为意义要在叙述中诞生，但数字不能叙述自我。对大数据的滥用意味着对人和自由意志的终结。数字化记忆只是对信息进行累加，却无法叙事。所以，短视频美学最终可以归结为一句话：始于对自由表达的向往，最终却成为新的规训的产物。个体主体拍摄短视频的初衷是追求表达的自由，但这种追求最后又沦为不自由——自由沦为一种符号，代表着自由的缺失。

当今世界已逐渐走向数字时代，每一个人都被数据包围，都可能成为《楚门的世界》中的主人公。那么人类主体是否还有救赎的可能？符号学家赵毅衡（2016，p. 371）认为，"人类会认清符号经济的本质，渐渐摆脱对符号的过度依赖，回到一种比较接近本真的生活"。韩炳哲（2023，pp. 17 - 18）也表达了相似的想法：要摆脱"非物"的状态，走出数字化的秩序而回归到大地的秩序；依靠手去劳动，而不是仅仅用手指去选择，毕竟"指尖的自由证明自身是一种幻象"，而"只有手有能力做选择，有能力达到作为行动的自由"。借助手，我们又回到海德格尔所说的"此在"，这是一个真正物的世界，而不是符号的世界；在这个世界，人们可以感受到物的那种朴实可靠的手感；回归物，就是回归海德格尔所说的"诗意的栖居"。然而，技术的发展是不可逆的，纯粹的、去除一切符号的物的世界，也是不可能的。毕竟，随着人工智能的快速发展，后人类时代已经到来，人类与非人类、物与非物、真实与虚拟、现实与想象将并存。就如量子力学所揭示的那样，看似矛盾的事物其实是可以亦此亦彼的，而人类个体本就能"两条腿走路"：一条腿踏着真实的大地，一条腿则迈进波谲云诡的虚拟世界。

引用文献：

爱森斯坦，谢尔盖（2003）. 蒙太奇论（富澜，译）. 北京：中国电影出版社.

巴特，罗兰（1996）. 明室：摄影札记（许绮玲，译）. 台湾：台湾摄影季刊.

CNNIC（2023）. 第 51 次《中国互联网络发展状况统计报告》. https://www. 199it. com/archives/1573087. html.

丁磊（2023）. 生成式人工智能：AIGC 的逻辑与应用. 北京：中信出版集团.

伏飞雄（2022）. 一般叙述学. 北京：中国社会科学出版社.

甘友桓，邹舟（2021）. 短视频和高校校园文化建设传播关系探究——以"南宁师范大学"官方抖音号为例. 传媒论坛，10，159 - 160.

韩炳哲（2019a）. 精神政治学（关玉红，译）. 北京：中信出版集团.

韩炳哲（2019b）. 暴力拓扑学（安尼，马琰，译）. 北京：中信出版集团.

韩炳哲（2019c）. 在群中：数字媒体时代的大众心理学（程巍，译）. 北京：中信出版集团.

韩炳哲（2023）. 非物（谢晓川，译）. 上海：东方出版中心.

廉思（2009）. 蚁族：大学毕业生聚居村实录. 桂林：广西师范大学出版社.

廉思（2012）. 工蜂：大学青年教师生存实录. 北京：中信出版集团.

胡毓靖（2023 - 03 - 30）. 《2023 年中国网络视听发展研究报告》：10 亿人在刷短视频. 获取自 https://baijiahao. baidu. com/s?id = 1761744950993394407&wfr = spider&for = pc.

彭兰（2019）. 短视频：视频生产力的"转基因"与再培养. 新闻界 1，34 - 43.

吴冠军（2019）. 爱，死亡与后人类："后电影时代"重铸电影哲学. 上海：上海文艺出版社.

吴冠军（2023）. 从元宇宙到量子现实：迈向后人类主义政治本体论. 北京：中信出版集团.

杨才旺，崔承浩（2020）. 中国微电影短视频发展报告（2019）. 北京：中国广播电视出版社.

赵毅衡（2013）. 广义叙述学. 成都：四川大学出版社.

赵毅衡（2016）. 符号学：原理与推演. 南京：南京大学出版社.

张锐（2023 - 12 - 03）. 订阅号的爱情陷阱：老年人深陷"互联网弟弟". 南方周末.

作者简介：

颜小芳，四川轻化工大学人文学院副教授，文学博士，研究方向为比较文学、文艺学、符号学。

Author:

Yan Xiaofang, associate professor, College of Humanities, Sichuan University of Science and Engineering. Her research interest is comparative literature, theory of literature, and semiotics.

Email: yanxiaofang@ suse. edu. cn

当代中国交响音乐的符号叙述策略探析

——以张千一的《我的祖国》为例*

张兆麟

摘　要： 张千一创作的交响套曲《我的祖国》在兼顾可听性与专业性的同时，利用标题建构音乐叙述框架，将新时代的丰富内涵和人文风貌作为展现祖国形象的重要路径，为大众进入《我的祖国》语义空间奠定了理解基础。本文以符号叙述学视角为切入点，分别从"标题指示与叙述分层""双轴操作与双层结构""音乐互文与情感言说"三个方面，揭示中国交响音乐聆听与阐发的更多可能性。

关键词：《我的祖国》，音乐叙述，祖国形象，符号叙述学，中国交响音乐

Semiotic Narrative Strategies in Contemporary Chinese Symphonic Music: Zhang Qianyi's *My Motherland*

Zhang Zhaolin

Abstract: The symphonic suite *My Motherland* composed by Zhang Qianyi, considering both listenability and professionalism, constructs a musical narrative framework using titles. It takes rich connotations and humanistic features of the new era as a pathway to showcase the image of the motherland, laying a foundation for the public to understand its semantic space. From the perspective of semiotic

---

* 本文为甘肃省哲学社会科学规划项目"当代中国交响音乐创作中的敦煌叙事研究"（2023YB098）阶段性成果。

narratology, this article delves into three aspects of the work, namely "title indication and narrative stratification", "dual axes operation and double-layer structure", and "musical intertextuality and emotional discourse", revealing further possibilities for listening to and interpreting Chinese symphonic music.

Keywords: *My Motherland*, musical narrative, image of the motherland, semiotic narratology, Chinese symphonic music

DOI: 10. 13760/ b. cnki. sam. 202402016

1916 年 12 月，萧友梅先生创作的《哀悼进行曲》问世，标志着中国交响音乐创作的开端（梁茂春，2008）。在随后的百年发展历程中，中国交响音乐伴随着近代中华民族的奋斗史一路成长，形成了自己独有的特色。其中，中华民族共同体特征和人们对祖国的强烈认同成为音乐创作题材的重要源泉。随着时代的发展，祖国形象的艺术呈现也与时俱进，新时代的丰富内涵和人文风貌成为当今作曲家们突破传统创作构思的重要表达途经。张千一创作的大型交响套曲《我的祖国》是近年来此类题材中最具代表性的作品，该作品一经上演便获得了广大听众和专业人士的一致好评，正如作曲家自己的感悟："希望在回应时代命题的同时，也能让普通观众和音乐专家都感到满意。"（杨燕迪，2020）然而，要处理好作品的内容与形式、可听性与技术性之间的关系却非易事。为了对该作品中祖国形象的艺术呈现进行深入彻底的分析，还需透过文本与文化的关系，将历史、语境、审美判断等要素联系起来，把文本置于广阔的视域内丰富其意义的解释，以此更好地把握当代中国交响音乐中祖国形象的精神特征。

一、标题指示与叙述分层

大型交响套曲《我的祖国》采用"标题音乐"（program music）的形式，是作曲家通过标题或者更加详细的文字说明，引导听众按照自己的构思与创作目标去认识纯器乐作品的一种方式（殷遏，2021，p. 112）。标题音乐相较于纯音乐，更加强调通过音乐形式来表现音乐之外的事物并将其演化成一种内在的精神营造。英国音乐学家戴里克·柯克（Deryck Cook）在其著作《音乐语言》（*The Language of Music*, 1959）中写道："如不借助解释性标题，音乐所表现的对象就不能立即被人识别。"（1984，p. 10）他还进一步借用滕尼孙的《诗数行》来证明标题对文本内容意指的重要性以及标题引起人们对音乐幻想的合理性。显然，作品的一级标题在符号意指过程中发挥了重要的指示性（index）作用，而每个乐章的二级标题又携带着相对独立的意义构成了单独的符号。这也符合作曲家以套曲形式构建祖国形象的用意，它既强调各乐章作为祖国形象的成分因素，同时也突出了各乐章在曲式结构中的独立性。并且就完整性而言，每个乐章都可以作为单独的作品来演奏。

音乐是否可以叙事，一直以来都是人们争论的焦点。从音乐的形式来看，它很难像语言文字一样准确地叙述一件事。尽管音乐和文学之间存在某种相似性，它却无法依靠自身的音响和组织结构来满足叙述的三要素。而文字标题的介入，使得音乐创作具备了跨媒介叙事的功效，两种媒介（音响和文字）共同组成了演示叙述的文本符号载体。相较于音乐本身，文字标题所携带的意义感知则更加明确，各乐章的标题共同组成了文本的叙述框架，同时它们也作为"框架隔断"来区隔指示符号，说明每个乐章都是被叙述的故事的一部分（赵毅衡，2013，p. 45）。

康德在谈及对美的鉴赏判断时指出，无标题的音乐是自由的美（pulchritudo vaga），而标题音乐则属于附庸美（pulchritudo adhaerens），即"作为附属于一个概念的（有条件的美），而归于那些隶属于一个特殊目的的概念之下的对象"（1963，pp. 67 – 68）。显然，在《我的祖国》中，音乐载体依附于祖国概念，各乐章标题建构出"祖国故事"的叙述框架，也正因为有了框架标记，叙述才能开始（赵毅衡，2013，p. 45）。这部《我的祖国》包含了器乐与乐队、女高音与乐队、混声合唱以及纯器乐等多种音乐表演形式，它们之间既相对独立又相互对比，为表达一个统一的祖国形象内涵而结合在一起。人们通过听觉感受和标题之间的相互关联就不难发现其中的情节性乐思，这也为该作品的叙述层次指明了推演的方向。因此我们可以看到，第一乐章《光荣与梦想》承载着中华民族伟大复兴的中国梦，第二乐章《东方诗韵》（钢琴与乐队）富含浪漫色彩和中国传统音乐特征，第三乐章《雪域抒怀》描绘了西藏雪域高原的壮丽音画，第四乐章《春到边寨》展现出一幅生机勃勃、春意盎然的边寨美景，第五乐章《丝路音画》（巴扬与乐队）奏出了西域新疆的万种风情。第三、四、五乐章调用了西藏、云南、贵州、新疆地区的少数民族音乐材料，呈现出中华民族共同体的多元一体特征。作曲家通过对不同地域人文风貌的刻画，勾勒出祖国的大好河山。第六乐章《大地之歌》（女高音与乐队）借由女高音的深情吟唱抒发对祖国母亲的赞美之情；第七乐章《我的祖国》结尾点题，形成结构上的前后呼应，将整部作品推向高潮。

　　为了保持符号过程中意义（发送者/意图意义—符号信息/文本意义—接受者/解释意义）传达的一致性（赵毅衡，2016，p. 49），该作品除指示性标题外还在总谱中附有详细的作品介绍。作曲家通过文字说明的方式向表演者阐明自己的创作意图和构思，而表演作为二度创作，就必须把一度创作作为自己的出发点和归结点（张前，王次炤，1998，p. 183）。这样做的目的就是在发送者和符号信息之间保持意图意义与文本意义的一致性。在解释意义环节，听众通过标题的符号指示性和聆听体验努力向作者的创作意图靠近。列维-斯特劳斯（Claude Levi-Strauss）在索绪尔的"能指"与"所指"理论基础上把此单元（词语）分为两层，即能指（声音）和所指（感受），也就是说听众通过感受来向音乐灌输意义（塔拉斯蒂，2015，p. 15）。这种感受的获得体现为音乐的"能指优势"和"所指优势"。"能指优势"是符号行为在表意过程中的主导环节，它强调的是音乐的美感，甚至听众没有理解音乐意义却记住了旋律；"所指优势"就必须明确音乐所要传达的意义（赵毅衡，2016，p. 89）。不难发现，这与作曲家希望普通观众和音乐专家都能满意的艺术诉求不谋而合。其中的可听性要求这部作品和社会公认之美取向一致并高于生活，而技术性不仅仅是指音乐创作的技巧和造诣，也体现在如何将音乐的意义准确地传达给听众。因此，作曲家通过音乐标题与文字说明将祖国概念的新时代意义贯穿于整部作品，也是符号过程中为保持意义传达一致性的特殊安排。

二、双轴操作与双层结构

　　双轴的概念最早由索绪尔提出，他认为语言各项要素之间的关系沿着两个平面展开，分别是"组合面"和"联想面"，对应的是两种心理活动。这个概念之后被延伸到符号学研究领域。罗兰·巴尔特（Roland Barthes）在他的《符号学原理》（*Éléments de sémiologie*，1985）中写道，"今日我们不再说联想面，而是说聚合面"（2008，p. 43）。这是因为"联想面"更接近语言结构。实际上，当双轴概念进入符号学领域后，研究对象就远远超出了语言学范畴。雅各布森（Roman Jakobson）提出邻接与比较是人类思考方式的两个基本维度，这种二元关系构成了双轴的系统功能，即"组合轴"起连接与黏合作用；"聚合轴"起比较与选择作用。赵毅衡（2016，p. 156）认为："任何符号表意活动，小至一个梦，大至整个文化，必然在这个双轴关系中展开。"

音乐创作是组合轴与聚合轴同时操作的过程。作曲家在选择与比较题材的同时也在考虑如何将这些乐章有序地组合并连接在一起。在张千一《我的祖国》这部作品中，解释项的"无限衍义"构成了有可能作为音乐内容而出现的成分，作曲家通过不断地排除，将有可能被聚合的成分组合起来实现音乐的表意。比如，第三、四、五乐章分别用西藏、云南、贵州、新疆地区少数民族音乐来描绘祖国的多元一体格局，同时在地理上呈现出祖国大好河山的象征意义。

音乐体验同样是双轴操作的过程。人们除了通过听觉感知，还需要依靠标题的指示性作用去了解作曲家如何通过内容的挑选与组合来实现表意目的。卓菲亚·丽萨（Zofia Lissa）（2003，pp. 62–63）认为："在欣赏标题音乐时，由于作品的标题、文学解释、题词或献词，使我们在想象中得到某种特定的表象范围，同时还要把注意力集中在音乐结构上。一边听音乐，同时也就在检验着这些音结构的综合是否真的同事先就通过标题或题词预示过的'客体'相吻合。"杨燕迪（2020）在对该作品的评论文章中写道：

> 中国版的《我的祖国》的七个乐章间则有意形成对称性的呼应结构。第一乐章《光荣与梦想》和第七乐章《我的祖国》形成首尾两端的外框结构；第二乐章《东方诗韵》（钢琴与乐队）和第六乐章《大地之歌》（女高音与乐队）则是内框"衬里"，用华美、炫技性的个人独奏（唱）与乐队的协奏相抗衡。在精心编织的这个框型结构之中，是三个色彩性的中间乐章，描画祖国边疆最具代表的三个少数民族地区：第三乐章《雪域抒怀》（西藏），第四乐章《春到边塞》（云贵），第五乐章《丝路音画》（新疆，巴扬与乐队）。

通过上述文字可以看出，杨燕迪的这次叙述框架分析就是双轴操作的过程，即作曲家选择了解释项的哪些成分作为乐章的内容，又如何将这些内容有机而统一地编排在一起。因此，双轴操作既是作曲家创作与编排的思考方式，也是听众欣赏与理解的过程体验。

当一部音乐作品完成后，显现在外面的是已经组合好的文本，虽然聚合的功能被隐藏起来，但是聚合范围的宽窄会对作品的风格产生直接影响。"宽幅"与"窄幅"的实质区别就在于内容的多样性上，即便是面对相同的创作题材，不同作曲家也会因聚合内容选择的差异而形成截然不同的音乐风格。捷克作曲家斯美塔那（Bedrich Smetana）创作的著名交响诗《我的祖国》

早在 1879 年就已完成，六个乐章取材自捷克的民间故事、壮丽风景和历史事件。将这两部同名、同题材的作品相比较，正如杨燕迪所说，"中国版的《我的祖国》在整体的统合性上要比捷克版的《我的祖国》有过之而无不及"。这里的"整体的统合性"正是新时代祖国形象的丰富内涵带来的"宽幅"效果，可见两部作品的风格差异来自文本外部语境对作曲家创作意图的影响。也正是因为这点，音乐才有了被赋予更多意义的可能。

所谓双层结构指的就是底本与述本（赵毅衡，2013，p. 121）。我们经常可以看到一些由故事改编而成的交响音乐作品。例如小提琴协奏曲《梁山伯与祝英台》，其底本取材于中国的经典民间爱情故事。作曲家将独奏小提琴作为人格引入述本，并化其为"祝英台"的角色代理人，以此增强音乐叙事的情节效果。得益于该作品底本的家喻户晓，听众不难分辨出音乐中蕴含的情节性乐思（如"楼台会"中大提琴与小提琴的缠绵哭诉）。而另外一种情况是，底本并非一个完整的故事。张千一《我的祖国》就是如此，它的底本紧紧围绕"祖国"这一抽象的概念。黑格尔在《美学》第二卷"象征性艺术"中指出"内容的抽象意义可以用无穷无尽的其他事物和形象来表达"（1979，p. 12）。如果对"祖国"概念进行百科式的解码延伸，就会得出祖国象征着国家主权、大好河山、灿烂文化、骨肉同胞的情感，等等。赵毅衡（2013，p. 129）从符号叙述学的角度给底本和述本做了一个很好的解释，即述本为叙述的组合关系，底本为叙述的聚合关系。这么看来就不难得出，在《我的祖国》中每个乐章都是祖国形象的聚合因素，或者说祖国形象的聚合因素包含了每个乐章要表达的内容，而述本则是将这些聚合因素进行组合。因此，作曲家的创作就是将底本的组合因素进行组合的过程。当文本完成后，组合段显露，聚合段隐藏，听众则通过述本窥见底本，依靠历史与文化等条件的共同作用，来把握作品的精神特征并与之共鸣。值得注意的是，《我的祖国》聚合内容包含了大量的少数民族音乐元素和经典歌曲来表达祖国形象的丰富内涵。因此，互文性创作就成为该作品最大的亮点。

三、音乐互文与情感言说

克里斯蒂娃（Julia Kristeva）（2016，p. 150）研究巴赫金的文学理论后做出了一个深度的凝练："任何文本的构建都是引言的镶嵌组合；任何文本都是对其他文本的吸收与转化。"她将某一文本与此前文本乃至此后文本的对话性称为"文本间性/互文性"（intertextualité）。克里斯蒂娃的"互文性"

概念拓展了文本对文本历史的作用关系，并将语言及所有类型的意义实践，包括文学、艺术与影像，都纳入文本的历史当中，也就是将它们置于社会、政治、宗教的历史当中（p.16）。虽然"互文性"的概念来源于文学领域，但是这种文学理论依然可以将广泛意义上的美学实践作为"对话性"和"多声部"行为来研究。因此，在艺术理论研究中"互文性"是艺术作品在历史上相互关联、影响的事实，每件艺术作品都是对艺术历史上所有作品的一种回应。人们在解释音乐时，同样是将先前的聆听经验带入当前所听到的音乐内容中，并将其概念化。比如很多人就把张千一《我的祖国》和斯美塔那《我的祖国》相比较，并且张千一也不避讳斯美塔那对自己的启发，甚至鼓励听众以斯美塔那的尺度来衡量自己的新作（杨燕迪，2020）。不仅如此，该作品在诸如体裁、类型、风格因素上同样受到先前文化所带来的影响，例如标题音乐、中国交响音乐、祖国题材等。可见该作品的产生和全部文化语境所带来的压力有着密不可分的关联。

芬兰音乐符号学家塔拉斯蒂（Eero Tarasti）在其著作《音乐符号》（*Sign of Music: A Guide to Musical Semiotics*，2002）中写道，"音乐中的互文本指的是永远循环利用的先前的音乐材料、体裁等等"（2015，p.79）。他认为音乐情景既是历时的，也是共时的，每个文本或文本的部分都指向其他文本，而互文指涉已经是标准技巧，古代"戏仿"弥撒就是如此（p.79）。在早期的古典音乐中，互文本隐藏在音乐文本中，需要靠听众的音乐能力进行分辨，音乐的叙述才能得以成立。例如亨德尔的清唱剧《耶弗他》，其中《主啊，您的旨意多么难以揣摩》的赋格主题来自哈伯曼的一首弥撒曲主题；巴赫的《众赞歌前奏曲》的音调来源于1562年法国《格律诗篇集》第136诗篇（黄汉华，2018，pp.109 - 110）。在欧洲浪漫主义时期，随着标题音乐的兴起，大量音乐与文学的互文性创作出现。例如里姆斯基 - 科萨科夫的交响组曲《天方夜谭》取材于古代阿拉伯民间故事集《一千零一夜》。在后现代音乐中，以"拼贴"（collages）技术为代表的作品中出现了大量的互文。比如美国作曲家艾夫斯在他的《第二弦乐四重奏》（1913）中运用了柴可夫斯基的《第六交响曲》、勃拉姆斯的《第二交响曲》、贝多芬的《第九交响曲》以及一些流行歌曲和圣歌为素材（钱仁平，1996）；另外一个例子是作曲家卢恰诺·贝里奥为八位独唱和管弦乐队创作的《交响曲》（1968），其中第三乐章的基本材料选自马勒《第二交响曲》的谐谑曲，并且他还调用贝克特的小说《无名的人》作为独白文本参与音乐（Morgan，1991，p.413）。

中国交响音乐的互文性更具中国特色。吕其明的交响诗《红旗颂》通过与《义勇军进行曲》互文的动机来暗示主题。此时，国歌作为被标出（Marked）的强符号与音乐标题的符号指示性功能一起发挥作用，听众很容易就能辨认出标题中的"红旗"所指，明白作曲家歌颂新中国成立的创作意图。再比如，钢琴协奏曲《黄河》的第四乐章与歌曲《东方红》与《国际歌》互文，分别象征中国抗日战争和世界反法西斯战争的胜利。除此以外，传统戏曲与民歌旋律也经常作为互文本出现在中国交响音乐中。例如小提琴协奏曲《梁山伯与祝英台》中的越剧曲调素材；交响组曲《大宅门》主题动机中的京剧曲牌和锣鼓乐；《森吉德玛》中的内蒙古民歌音响；《春节序曲》中的陕北民间秧歌音响；等等。由此可见，中华文化的深厚底蕴给中国交响音乐创作带来了丰富的资源，这些音乐素材的使用让音乐文本与互文本在文化语境上产生了历时与共时的关联，因而产生耐人寻味的艺术效果。

《我的祖国》互文材料极为丰富，包括民歌、民间曲调、原生态音乐、经典歌曲等。这些感性材料作为意义载体将听众带进了音乐情感的想象空间。苏珊·朗格（Susanne K. Langer）认为音乐是作曲家的"情感想象"而非他自身的"情感状态"，"因为音乐对于他来说是一种符号形式，通过音乐，他可以了解并表现人类的情感概念"（1986，p. 38）。美国作曲家艾伦·科普兰（Aaron Copland）（2017，p. 14）认为所有的音符背后都有某种意义，这些意义构成了作品想要的言说，以及作品所关涉的内容。虽然纯音乐具有抽象性和非语义性，但是人们依然可以通过对音乐的聆听体验来言说意义。正如美国钢琴家查尔斯·罗森（Charles Rosen）（2017，p. 17）所说，"要想感受到一部音乐作品是哀愁的、肃穆的、恢宏的、滑稽的、激动的、狂暴的、抒情的、甜腻的、静谧的、令人不安的，还是凶狠的，所需要的只是一种对音乐风格的熟悉"。比如在欣赏西贝柳斯的《芬兰颂》时，引子部分半音化的动机让人仿佛觉得祖国在危难中，民族在动荡着（张前，王次炤，1998，p. 78）。而这部《我的祖国》同样是祖国题材，却较少出现悲壮的历史描述，听众在欣赏该作品时受标题与互文本的启发，通过聆听体验来感受音乐的基本情感，并从中获得对作品精神特征的整体把握。因此，音乐情感的言说既不能"陶醉在文字中的自我幻想"，也不应该是"一种纯形式研究"，而要通过研究音乐与文学的像似关系来探讨音乐（柯克，1984，p. 18）。

第一乐章《光荣与梦想》为整部作品拉开序幕。乐曲开始的号角齐鸣引出"光荣"主题，铜管声部在复调织体上交替演奏出歌曲《我的祖国》旋律成分，此处作曲家并没有用完整的歌曲旋律，而是以提喻式的修辞暗示作品主题，给末乐章的精彩呈现埋下伏笔。紧接着，音乐在富有律动的 8/9 拍与

4/4 拍之间交替转换，在经过卡农式的过渡后便来到了整章乐曲最吸引人的"梦想"主题。弦乐声部在优美的和声织体烘托下仿佛在深情地诉说着心中的梦想，管乐与其交织辉映，把听众的思绪带入无尽的美好遐想。最后，音乐在辉煌的号角声中结束，呈现出一往无前的奋斗姿态。

第二乐章《东方诗韵》是钢琴与乐队的协奏曲。弦乐在开始部分用半音递进的方式营造出一种神秘的氛围感。钢琴进入后，六连音组成的分解和声织体绵延起伏，富有浪漫色彩的五声调式旋律让音乐略带一丝忧伤，为整章乐曲的意境定下了主基调。钢琴独奏在作曲家的笔下时而舒缓，时而激越，不停歇的律动如同行云流水般一气呵成，正如总谱中的介绍："乐章运用单一主题的变奏手法而写成，其音乐语言及风格清纯而又浪漫，诗一般地表达了青年人勇于探索、敢于追求、充满理想的那份真诚。"

第三乐章《雪域抒怀》描绘出一幅美丽的人文画卷。互文本调用紧扣"雪域"主题，木管声部以卡农形式将日喀则藏族民歌《在那草地上》的旋律呈现给观众，使人陷入聚合段次情境的无限回忆当中。接下来的音乐在弦乐声部的齐奏、重奏与独奏之间来回转换。独奏小提琴的优美旋律将标题中的"抒怀"二字展现得淋漓尽致，仿佛置人于辽阔的雪域高原，圣洁雪山映入眼帘。此乐章让人不禁联想起张千一创作的《青藏高原》《走进西藏》等脍炙人口的歌曲，可见作曲家对雪域高原的深切情怀。

第四乐章《春到边寨》，作曲家借鉴贵州黔东南苗族和云南西盟佤族原生态音乐展开创作，给作品增添了少数民族音乐的"原始艺术"美感。乐曲的不协和音响与节奏动态凸显出音乐的标出性（Markedness）特征，极具现代性的创作手法体现了作曲家拒绝凡俗平庸的艺术诉求。乐曲一开始，E^b 单簧管用明亮的音色演奏出原生态的节奏动机，拍子从 6/8 转到 7/8 再到 4/4 拍，从听觉上给人一种富有变化且充满活力的感受。作曲家在该乐章中使用了多种器乐演奏法，比如弦乐的弓杆打弦、拨弦，小号频繁地使用弱音器，长号的滑音等。这些特殊的演奏技法与不协和音淡化了旋律功能，转而强调由节奏和音响带来的听觉冲击，热闹缤纷，宛如春天到来，生机勃勃，万物复苏。乐章中部是西盟佤族的舞蹈，音乐沉稳而庄重，与前后形成鲜明对比。乐章结尾再现主题，不断重复原生态音乐动机，小号奏出的小二度音响虽然极不协和，但在动感的节奏衬托下却并不显得突兀，反而将乐曲的结尾推向了高潮。

第五乐章《丝路音画》是巴扬与乐队的一首协奏曲，原名为《北疆南疆》。该乐章与哈萨克族民歌《燕子》的旋律互文，并将它略带伤感的音乐素材带入"北疆"情境，乐队的复调织体营造出空灵的背景底色，让巴扬的旋律流淌在天山山脉间，描绘出辽阔秀丽的精神之美（毛俊澔，2020）。乐章中部的华彩段落形成了从"北疆"跨入"南疆"的分界与过渡，作曲家特意在此段落乐谱中标注"律动十分活跃的中板"，并将巴扬的演奏技巧用到了极致。青年巴扬演奏家毛俊澔在他的分析文章中写道："在这一段落的巴扬声部技巧华丽、技术多样，左右手的快速跑动、复调织体的音色对置、震音与抖风箱等特殊演奏法均得到了淋漓尽致的展示，既与第一部分的歌唱性旋律相得益彰，也对第二部分的舞蹈性律动形成预示。"在"南疆"主题，作曲家借鉴了塔吉克族舞曲的动感节奏，描绘出热情奔放、载歌载舞的欢乐场景。该乐章前后两个主题形成鲜明对比且相互辉映，完美地将大美新疆的不同人文风貌呈现给听众。

第六乐章《大地之歌》（女高音与乐队）是一首无词的声乐作品，这很容易让人联想到拉赫玛尼诺夫那首著名的《练声曲》，此类体裁相较于一般艺术歌曲更加要求诠释者能够充分展示作品旋律的艺术魅力（龚叶，2009）。歌唱家只用一个元音来完成整首乐曲的演唱，这对其歌唱的技巧性和抒情性都提出了很高的要求。作曲家在这里有意去除歌词的文学表达，转而强调歌唱艺术的"音由心生"，大大丰富了表演者与听众的情感想象。该乐章辅以"憧憬的梦/优美如歌地、青春的梦/充满活力地、壮丽的梦/灿烂辉煌地"三个段落性标题，表达了对祖国大好山河的赞美和对美好未来的憧憬。值得注意的是，该乐章的标题与作曲家早期创作的一首歌曲同名，但在形式和内容上却完全不同。作曲家在相同的题材创作中都选用了女性角色来抒发对祖国的赞美之情，契合了中华文化语境中"坤"为大地的母亲形象，时隔多年同名再现，也可视为对先前作品的回应。该乐章在整部作品中最为抒情，将散发出去的感情逐渐收拢，为末乐章的精彩演绎做了铺垫。

第七乐章，作曲家直接调用了电影《上甘岭》中的经典歌曲《我的祖国》，通过庞大的混声合唱把对祖国的挚爱之情抒发到了极致。歌曲《我的祖国》作为一个年代久远的符号反复传唱，早已家喻户晓，它在文化社群中的重复出现使其意义的积累形成一种象征。正如黑格尔在《美学》（1979，p. 14）中写的，"熟悉某一象征的约定俗成的观念联想的人们固然凭习惯就能清楚地看出它所表示的意义"，作曲家在新时代语境下通过与经典互文，使得祖国形象意义增殖，此处应当说是妙笔。值得一提的是，该乐章作为整首作品最为精彩的部分，还有一个纯器乐的版本。这个没有合唱参与的纯音乐版本更加强调了音乐的能指优势，同时也为乐团的巡演带来了一定的便利。

在该版本中，乐章起始段落很容易让人联想到德沃夏克的《自新大陆》中最为有名的第二乐章。两个作品都是以庄严的号角声作为开场，紧接着在弦乐宁静的和声铺垫下引出具有浓郁田园音色的英国管展开叙述。中外两部作品在此形成了音响上的互文，这种极其相似的配器手法烘托出同样浓烈的思乡情。虽然两位作曲家身处不同的国度和文化语境，但在音乐段落的处理上确有异曲同工之妙。

结　语

大型交响套曲《我的祖国》以丰富的文化内涵和庞大的管弦乐编排将新时代的祖国形象完美地呈现给听众，无疑是近年来中国交响音乐的又一力作。该作品的成功上演对中国交响音乐的祖国形象构建具有一定的启示作用。其一，作曲家跳脱出以往同类题材的表达范式，较少采用悲壮的历史描绘，同时充分发挥文本聚合段的"宽幅"优势，将中华民族共同体特征和多姿多彩的人文风貌有机地组合在一起，用大好河山和秀美音画描绘出新时代的祖国形象。其二，作曲家在保证音乐"可听性"和听众接受度的同时将现代创作技法运用得恰到好处，这不仅丰富了艺术的表达方式，还将音乐的"技术性"特点展现得淋漓尽致。其三，作曲家调用了大量耳熟能详的音乐素材进行互文创作，通过交响化思维使祖国形象的内涵外延、放大、加浓。值得称赞的是，作品尾声与歌曲《我的祖国》互文并有升华，用经典的音乐符号回应了新时代的祖国命题，以此向新中国一路走来的光辉历程致以了最崇高的敬意。

引用文献：

巴尔特，罗兰（2008）．符号学原理（李幼蒸，译）．北京：中国人民大学出版社．

龚叶（2009）．旋律"绵延性"与演唱"抒情性"的高度融合——论拉赫玛尼诺夫《音乐会练声曲》的创作和演唱．黄钟（武汉音乐学院学报），2，175－181．

黑格尔（1979）．美学（第二卷）（朱光潜，译）．北京：商务印书馆．

黄汉华（2018）．音乐符号意义生成之行为模式及互文性研究．上海：上海音乐学院出版社．

康德（1963）．判断力批判（上卷）（宗白华，译）．北京：商务印书馆．

柯克，戴里克（1984）．音乐语言（茅于润，译）．北京：人民音乐出版社．

科普兰，艾伦（2017）．如何听懂音乐（曹利群，译）．天津：百花文艺出版社．

克里斯蒂娃，茱莉娅（2016）．主体·互文·精神分析：克里斯蒂娃复旦大学演讲集（祝克懿，黄蓓，译）．北京：生活·读书·新知三联书店．

朗格，苏珊（1986）. 情感与形式（刘大基，傅志强，周发祥，译）. 北京：中国社会科学出版社.

丽萨，卓菲娅（2003）. 音乐美学译著新稿（于润祥，译）. 北京：中央音乐学院出版社.

梁茂春（2008）. 中国的第一首管弦乐——萧友梅的《哀悼进行曲》及其他. 音乐研究，2，73 - 77.

罗森，查尔斯（2017）. 音乐与情感（罗逍然，译）. 杭州：浙江大学出版社.

毛俊澔（2020）. 丝路留音，天山南北——张千一巴扬协奏曲《北疆南疆》作品与演奏解析. 人民音乐，5，101 - 108.

钱仁平（1996）. 纵横拼贴新旧"交响"——贝里奥的《交响曲》. 音乐爱好者，6，24 - 25.

塔拉斯蒂，埃罗（2015）. 音乐符号（陆正兰，译）. 南京：译林出版社.

杨燕迪（2020）. 以乐声回应时代——评张千一的大型交响套曲《我的祖国》. 人民音乐，7，4 - 9.

殷遐（2021）. 交响音乐的源流、浪潮与回想. 北京：文化艺术出版社.

张前，王次炤（1998）. 音乐美学基础. 北京：人民音乐出版社.

赵毅衡（2013）. 广义叙述学. 成都：四川大学出版社.

赵毅衡（2016）. 符号学：原理与推演. 南京：南京大学出版社.

Morgan, R. P. (1991). *Twentieth-century Music: A History of Musical Style in Modern Europe and America*. New York and London：Norton.

作者简介：

张兆麟，四川大学文学与新闻学院博士研究生，西北民族大学音乐学院讲师，研究方向为艺术理论、艺术符号学。

Author:

Zhang Zhaolin, Ph. D. candidate of School of Literature and Journalism, Sichuan University; Lecturer of School of Music, Northwest Minzu University. His research interests include art theory and art semiotics.

Email: hornplayer@ 163. com

理论与应用 ● ● ● ● ●

主体符号学的发展：理论、实践与展望*

李 双

摘 要：巴黎学派是世界符号学研究的重要力量，该学派早期以叙述研究为中心，将语言看成自给自足、逻辑自洽的系统，探索文本的话语表现形式和深层语义结构以及二者之间的关系。一直以来，在符号学的众多研究对象中，"主体"这个关键且复杂的问题都被悬置。通过借鉴陈述语言学和现象学的理论和方法，科凯对传统符号学采取批判性继承的办法，从现实性原则出发，探讨了主体符号学理论的认识论基础，并创造性地将主体二分（主体/非主体）从而建立陈述机体模型，用于分析实践。主体符号学是后格雷马斯时代最具原创性的理论之一，为研究人的感知和身体等问题提供了有效的工具。主体不再是模糊、抽象、难以捉摸的概念，它变得可以理解和分析，能为人们进一步认识意义世界和自身提供帮助。

关键词：主体符号学，科凯，巴黎学派，现实性，陈述机体

The Development of Subjective Semiotics: Theory, Practices and Prospects

Li Shuang

Abstract: The Paris School is an important force in global semiotic research. In

* 本文为教育部人文社会科学研究青年基金项目"巴黎符号学学派研究的最新进展及其应用"（21YJC740028）阶段性成果。

its early days, the school focused on narrative research, viewed language as a self-sufficient, logically self-consistent system, and explored the expression and form of discourse, the deep semantic structure of text, and the relationship between them. For a long time, among the many research objects of semiotics, the key and complex issue of the subject has been neglected. By drawing on the theories and methods of enunciation and phenomenology, Jean-Claude Coquet adopts a critical inheritance approach to traditional semiotics. Starting from the principle of reality, he explores the epistemological basis of subjective semiotic theory and creatively divides the subject into two（subject/non-subject）to establish a model of enunciating instances for analytical practice. Subjective semiotics is one of the most original theories in the post-Greimas era, providing an effective tool for studying issues such as human perception and the body. The subject is no longer a vague, abstract, and elusive concept; now, it can be understood and analysed to help people further understand the world of meaning and themselves.

Keywords: subjective semiotics, Jean-Claude Coquet, the Paris School, reality, enunciating instances

DOI: 10. 13760/b. cnki. sam. 202402017

如果以索绪尔《普通语言学教程》（1916）的出版为发端，欧洲符号学发展至今已有一百多年，索绪尔所预计的"一门研究社会生活中符号生命的科学"（1980，p. 36）经过几代人的努力已然成为人文领域重要的理论和方法论遗产。以格雷马斯（1917—1992）为代表的巴黎学派继承索绪尔和叶尔姆斯列夫的语言学思想，将叙述结构和语义分析作为研究路径，形成了一系列研究文本和话语的理论模型，广泛应用于文学、绘画、音乐、电影等学科。格雷马斯去世之后，学派内表面上分崩离析，实际却发展出多条不同的符号学研究路径，如激情符号学、张力符号学、主体符号学等，大大促进了该学派理论的拓展和对不同话语进行分析的可能性。它们的核心和共同点是将被传统符号学排除在外的主体和情感纳入考察范围，在认识论和方法论上找寻探索这些主题的途径。

近年来，随着人们对认知科学和话语研究的不断深化，主体、身体和经验等概念的探讨越来越多，主体问题自然成为国内符号学者们共同关注的话题。考虑其在符号学体系中的奠基性作用，学者唐小林（2012，p. 100）就强调"建立主体符号学不仅迫在眉睫，而且关涉到这门学科（符号学）的现在和未来"。然而，探讨主体并不是件容易的事，因为它牵扯到很多方面，赵毅衡（2012，p. 131）甚至认为"主体问题是符号学领域中最困难的课题"。而在符号学诸流派中，巴黎学派较早关注主体的研究，主体符号学的设想在 20 世纪 80 年代就已经开始，科凯（1928—2023）更是对该理论的系统建构起到了关键作用。科凯的学生、旅法学者王论跃曾撰文《主体符义学》（1993），简要阐述了该理论的背景、基本原理和影响。科凯本人于 1996 年在北京大学演讲，讲座内容由王东亮整理并翻译，出版为《话语符号学》。遗憾的是，这些尝试和努力并没有得到国内符号学界的足够重视，或者说，主体问题此时尚未成为学界的关注点。加之科凯主体符号学理论融入大量现象学和陈述语言学的知识，为其传播带来困难。以 1984—1985 年科凯两部《话语及其主体》（*Le Discours et Son Sujet* I，II）出版为开始到 2022 年《言语行为现象学》（*Phénoménologie du Langage*）出版结束，科凯用近四十年的学术生涯为巴黎学派主体研究开辟了道路。本文尝试就主体符号学的原则模型、理论内涵、分析实践以及待解决问题等方面进行梳理研究，厘清该复杂理论的主要观点，希望为我国主体符号学的构建提供思路。

一、主体符号学的原则、模型与内涵

主体符号学（sémiotique subjectale 或 sémiotique du sujet）区别于格雷马斯的叙述符号学（sémiotique narrative），是后格雷马斯时期巴黎学派最具原创性的理论贡献之一。科凯将格雷马斯的符号学理论称作陈述体符号学（sémiotique de l'énoncé），或为客体符号学（sémiotique objectale），因为格雷马斯的模型更重视陈述结果，忽视陈述活动，而陈述体必然是陈述活动的产物，没有陈述活动就无法谈及陈述体。因此，科凯另辟蹊径，研究陈述体的产生机制。

我们知道，经典符号学的基础是语言的内在性原则（immanence），即语言有其系统性，是自给自足、逻辑自洽的整体，从索绪尔到叶尔姆斯列夫再到格雷马斯，内在性原则始终是语言学和符号学理论和实践的黄金法则。索绪尔（1980，p. 41）开创性地提出语言/言语二项式对立，认为要将言语的语言学与固有意义的语言学区分开，"后者是以语言为唯一对象的"。格雷马斯（Greimas，2015，pp. 153 - 154）虽然也认识到任何话语都存在非语言状况的前提，但为了使文本客观化，就要将主体性的参数全部去除，包括人称、时间、指示和寒暄功能的范畴。而语言的内在性原则带来的问题是语义逻辑的客观封闭，一切文本好像都被事先存在的模型限定，如语义矩阵所展现的那样，失去了生命和灵魂。主体符号学不同，它以现实性（réalité）为根据，认为意指行为与话语主体的个人经验息息相关，而话语主体扎根于现实之中，通过陈述（énoncer）、自述（s'énoncer）并且自我确认（s'affirmer）产生意义，因此意义围绕着主体而存在。这一观点当然也有其语言学基础，主要代表人物是布隆代尔、雅各布森：虽然他们同样是 20 世纪结构主义浪潮中的代表人物，但他们都强调动态研究，关注语言结构之外的"具体材料""主体间性"等。最为重要的是，在"布拉格雅各布森和哥本哈根布隆代尔为代表的动态结构主义过去几十年后，1970 年前后陈述活动语言学继续这方面的探索"（Coquet，1997，p. 240），即语言学家本维尼斯特的主要贡献，以论文《陈述的形式配置》（L'appareil formel de l'énonciation）为代表。科凯正是在本维尼斯特的基础上发展出了主体符号学的理论构架。科凯（Coquet，1997，p. 243）认为，"现实性是无法被排除在外的实体；它也不能概括为与世界对应的参照物或意向对象。它是嵌入在言语行为中的实体。换句话说，言语行为分析只有在与现实性被认为是互相渗透的实体时才会恰到好处"。现实性原则是主体符号学区别于叙述符号学的重要标志。

主体事实上一直都是符号学模型中的构成要件，但是一般行为者模式中主体与客体是作为一组对立项而存在的。主体对客体的获得和失去构成叙述转换程式，衔接后形成序列，此时的主体是逻辑主体，主体与客体之间从分离到合取是语义逻辑默认的，也是叙事得以进行的前提条件。主体一般从发送者那里领取任务，为了达到与客体合取的目的，主体需要经受"三重考验"，即资格考验、核心考验与荣誉考验。考验过程中会有协助者和阻碍者的出现（格雷马斯后期将协助者和阻碍者都看成主体获得能力模态的形象化表现），最终主体根据任务完成与否获得荣耀或接受惩罚。因此，内在性原则主导下的主体虽然也是文本中的主要行为者，但它为叙述图示所限制，它们只是完成重复性的程式（programmes répétitifs）（Coquet，1997，p. 41）。主体符号学为了区别于叙述符号学，在具体操作层面也构建了自己的行为者模式，称作陈述机体模型（instance énonçante，又译"陈述时位"），其中主体（sujet/non-sujet）为第一行为者，客体（objet）为第二行为者，具备指令功能的发送者为第三行为者。主体占据核心地位但并不是孤立的，而是包含主体和非主体两个身份。客体是围绕主体而存在的世界，与传统叙述符号学视角下的客体一致，而指令体类似于发送者，是主体无法控制且会对主体施加影响的力量，可以是来自主体身体内在（destinateur immanent）的激情与冲动，也可以是诸如社会规范的外部超验元素（destinateur transcendant）。

主体与非主体的二分是科凯最具里程碑式的贡献，它不仅解决了主体复杂性的难题，也为主体性的研究找到了着力点，因为我们可以划分出主体理性存在和其功能性和激情存在的不同身份，它们的区分标准在于是否具备判断能力。要想理解主体符号学，就必须厘清主体和非主体的区别和联系：从话语符号学的角度来看，与非主体相关的是"说谓"（prédication），属于主体特性的是"说论"（assertion）。科凯对此的解释是："非主体说谓但不说论，这是声音建筑的表意方式。主体合并这两项功能，这是人重述并估价他自己身体经验的表意方式。"（p.6）说谓与身体息息相关，这是非主体最明显的表现，说论却与人的认知不可分割，话语主体此时表现为话语行为的承担者。非主体因此也是身体述体，它通过身体来显露内心情感，并不做出判断，也无需对论述和行为负责，而主体是理性的，具有判断能力，是思考主体。非主体和主体融汇归一，在时间上展开。以激情的体验为例，非主体能够感受却无法控制激情，而主体作为理性存在，能够保持判断，不被身体体验完全占据。对于非主体和主体的观察和确定必须从身体和理性的角度出发，而这也并非一件容易的事，因为"主体从本质上讲拥有对'感官的控制'，但它并不总是时时刻刻、在任何地方都能够让人知道它是（感官的）主人"（p.8）。

需要厘清的是，虽然主体具备判断能力，是理性的代表，但在与非主体的关系中，后者是居于第一位的。因为，作为身体陈述的非主体的体验在前，而主体的判断在后，身体展示（présenter）体验，主体再现（représenter）体验。体验因此在陈述活动中至关重要，"'人在言语行为中陈述自己的体验'或是陈述感知到的他人的体验。因此陈述活动第一个相关特征就绘出了：通过言语行为，我们（'我们'是有待确定的陈述机体）使自身体验被知晓，同时还有我们的身份，个人的和社会的，身体体验在前，认知体验在后"（Coquet，2016，pp.131-132）。作为陈述机体，非主体感受激情，主体承担判断，这决定了话语的顺序是意义的侵入（invasion）在前，意义的控制（maîtrise）在后。科凯进一步明确："'侵入'证实着一个话语陈述体的出现，该陈述体具有一种力量，其表现形式是双重的：外部与内部、超验与内在；所说的控制证实着具判断力的第二个话语陈述体即'主体'的存在。"（高概，1996，p.6）借用梅洛-庞蒂的话说："身体的'我能'先于人格的

'我思'，它位置在先并且也自然而然地成为意义的物质构架。"（高概，1996，p. 6）主体只有在非主体让位时，才会体现出来，展现出对意义的把控，即"主体陈述体只有在经验时间以后的一刻才以准时判断行为的方式亲身参与进来"（p. 9）。激情结构的示例告诉我们，"话语陈述体是双重而不是单一的。它听命于内在力，其次才是超验力。最后，它还可以在时间上展开，首先是非主体，然后是主体"（p. 8）。

主体符号学中占据第三位的指令体（tiers actant）也与格雷马斯行为者模式中的发送者有区分，如前所述，它包括内在和外在两种类型，是主体无法抗拒的力量。科凯（Coquet，2022，p. 44）在解释的时候表示："为什么被称为'第三位'呢？因为它是作为对话双方'我'和'你'之外的。为什么是'内在的'？因为它在对话双方身上施加了内在力量，既不可逆转也抑制不住。"内在指令体（tiers immanent）以激情、冲动为代表，它虽然源自我们自身，却是身体无法控制的力量，科凯认为在法语中其典型代表就是代词ça（这个、那个），它调节言语身体（corps parlant）的行为，正是这个 ça 言说着真。这与心理学的观点一致，因为 ça 也是弗洛伊德无意识下的本我，是被压抑的人的本能和欲望。同样的，与内在指令体对应的是超验指令体（tiers transcendant），之所以"超验"，是因为"它对对话双方施加了外在力量，既不可逆转也抑制不住"，其典型代表有宗教话语、律法、规范等。科凯举了加缪笔下的加里古拉（Caligula）为例，当他只是王的时候，只不过是统治者，他的权力是可逆的，他的话语是可以被质疑的，但当他宣称进入超验的世界"我主宰命运"（Je me suis fait destin），他就摆脱或如同摆脱了人类历史年轮的限制。（Coquet，2022，p. 45）从作为王的世界进入成为神的世界，因而其权力的性质改变了（2007，p. 179）。

从 20 世纪 60 年代起，巴黎符号学派建构了以叙述语法和语义分析为核心的研究方法，叙述性（narrativité）成为符号学最为有效的切入点，描述和呈现抽象的"叙述结构"成为理解意指行为的主要方式，并在人文学科中被广泛采用。而科凯认为欧洲符号学传统中，与作为范式的叙述性一起的还有话语性（discursivité），主体符号学即以此为基础建立起来。他指出，在索绪尔的一系列二项式对立中，如语言/言语、社会/个人、陈述句段/陈述活动等，第二项总是被忽略的，可以用"话语"统称这些术语。"话语并不是语言（或系统、纯图示），而是为其提供实质的支撑和形式模型（话语赋予语言以形式）；话语不是言语，因为它并不与某个个人相关，而是与任意个体呈现自己的特殊行为有关系。"（Coquet，2007，p. 175）将研究的对象确定为话语，有效的研究方法就是现象学的方法，因此主体符号学将重点放在了"陈述机体"这个概念上，即话语和陈述机体的关系，后者是话语的生成、组织和调节中心。陈述机体研究的重点不是形式而是实质，它回归到了那个"生产意义却不一定非要采取行动的机体。其中心就是身体：言说的身体、忍受的身体、激情的身体、行动的身体，体验的身体，等等"（p. 176）。

在科凯（p. 178）看来，传统符号学脱离了现实性原则，也没有区分说谓和说论的关系，其"目的是依赖'第三人称纯粹且单薄的形式'即'他'（il），因此抛弃了主体性和主体间性的形式即'我、你、我们'（je, tu, nous）"。当文本以第三人称"他"为核心，就构成了一个"欧几里得般的、同质的、无穷的空间"。话语符号学则不同，文本空间不是欧几里得的，而是拓扑学的，"它并非一个纯粹的汇集处，而是一个'以我为起始的空间，就像空间的起点或零度空间'，是以陈述机体为中心的空间"。在时间方面，每个机体有自己的时间性，主体嵌入现在时中去感受和体验，并以此为中心参照构建过去时和将来时。传统符号学中的第三人称（il）此时也让位于第一、二人称（je/tu），因为 il 是投射述体，是被客观化的时位，而本源述体是 je/tu，文学作品是本源述体通过投射述体构建逻辑学范式中的叙事，而本源述体是现象学范式的，"逻辑学的范式是现象学范式的一个外射"（高概，1997，p. 29）。通过探讨话语中投射出的陈述主体和非主体以及作为话语的产出者和接收者的本源体和接收体，主体符号学走出内在性的支配，主体也得到了真正的解放。

在今天看来，科凯的主体符号学理论其实是一门"言语行为现象学"，这个名称也是他所青睐的核心术语，是其语言学家和符号学家之后又一身份即现象学家的最好体现：如果说 1997 年结集出版的《意义的探寻：言语行为问题》（*La Quête du Sens: Le Langage en Question*）依旧将意义作为关键词，而"言语行为问题"只是副标题的话，那《自然与逻各斯：言语行为现象学》（*Phusis et Logos: Phénoménologie du Langage*，2007）和《言语行为现象学》（*Phénoménologie du Langage*，2022）就逐步以现象学的姿态展开，并将 logos 和 phusis 作为一种新的范式。从言语行为的角度来看，logos 的作用和重要性被人们普遍接受，而 phusis 却并非如此，作者试图向读者厘清 phusis 与 logos 的关系，并强调 phusis 的基础作用。"只重视思维或作为它语言支撑的 logos，就是将 phusis（亦即'自然'）的基础作用排除在外，也就是梅洛－庞蒂所说的'基石'。言语行为现象学中 logos 是 phusis 的终点。按照这一观点，两个层面的接合是最为重要的。"（Coquet，2007，p. 5）接合意味着 logos 不是孤立的，它反映 phusis 的世界。既然二者都属于言语行为的内容，那如何去辨别它们呢？科凯发现，谓词的使用能够帮助我们观察和区分 logos 与 phusis 这两个不同的领域。认知谓词属于 logos，涉及思维再现，而身体谓词属于 phusis，涉及知觉和身体体验。在二者的关系中，"身体谓词（或现实谓词）言说感觉，而认知谓词描述世界。'言说'（dire）并不是'描述'（décrire）"（2022，p. 42）。如果放在时间链上，身体谓词在前，认知谓词在后，因为 phusis 层面存在于 logos 层面之下，处于基础地位，一切思维都依赖于身体，之后再借助语言组织成为形式（即 logos），描述对于现实（即 phusis）的体验。"如梅洛-庞蒂所说，'存在首先是 phusis，先具备出现并显露的能力；然后它才再现出来'。言语行为现象学家的任务就此绘制：他的分析应该依赖我们称之为'身体'的谓词和认知的谓词，前者使他能够进入 phusis，后者使他进入 logos。"（p. 85）

二、主体符号学实践

我们知道，叙述符号学之所以能够在结构主义浪潮中占据重要地位并影响巨大，源于其实效性、可操作性，其模型能够广泛应用于不同类型的话语和文本，如格雷马斯对莫泊桑小说的经典案例分析，弗洛什（Jean-Marie Floch）对广告等视觉艺术的分析，麦茨（Christian Metz）对电影符号的分析，里昂符号学小组（Groupe d'Entrevernes）对《圣经》的分析，等等。主体符号学亦不例外，其理论的合理与否需要通过具体实践来检验。科凯是语言和文学专业出身，文学符号学是其理论最主要的试验场，杜拉斯、瓦莱里、普鲁斯特、兰波是其最为青睐的作家。

《话语符号学》中科凯对杜拉斯作品的经典分析让我们看到，该理论能够帮助我们更好地理解杜拉斯的创作手法以及作家独有的意义世界。科凯（高概，1997，pp. 32 - 33）认为"符号学的研究目标是理解表达意义的不同方式，即我们如何给我们周围的世界及我们自己以意义"。为了认识世界和我们自身，需要"符号学所依据的文本"，并"尽力收集能让我们准确理解意义的所有材料"，而最先出现在我们面前的就是身体，它是表意的关键因素，"身体、我们的身体是登录、嵌入于空间之中并与时间发生关系的"。科凯认为，一般文学创作的虚构与真实世界没有很大区别，虚构说明"在我们所生活的世界与我们称作虚构的投射世界之间有一种差异"，而杜拉斯认为"没有虚构世界。她愿意留在真实世界之中，不与真实世界即身体切断联系。"（p.35）具体来看，作家在创作中是本源体，先投射一个叙述者，后者又作为本源体投射出小说人物，最后到达作为接受体的读者。作家创作时是将一个经验通过书写的方式记录下来，在本源体和文本之间，有着"现实的关联"（p.37）。科凯将《副领事》中人称代词的使用作为例子，主人公查理·罗塞是意义产生体，指代他的人称代词不断变化，"on，nous，ils，je"，它们都是罗塞在确定的世界中表达自己的方式：法语中，代词 nous 是"我们"，ils 是"他/它们"，je 是"我"；代词 on 比较复杂，既可以表达泛指的"人们、大家"，也可以表达明确的"我、你、他/她、我们、你们、他/她们等"，其灵活的语义恰恰反映了一种不确定性。

作品中，仆人为了叫醒睡梦中的罗塞，说道"先生该起来了"，这里是第三人称，突出对客体的感受，其附着的并非自己的感觉，而是他人的。紧接着罗塞在半睡半醒中"睁开眼睛，忘记了，就像每天下午一样，忘记了是在加尔各答"（on ouvre les yeux，on a oublié，comme chaque après-midi，on a oublié Calcutta），人称代词是 on，并非指称自己的第一人称（je），如科凯所言，它的使用"反映了一种非确定的感受、一种对尚未确定的世界的感受"（p.45）。这种方式表明一个人在半睡半醒的模糊状态中，光线还没有进入房屋，主人公被尚未得到辨识的世界笼罩着。然而，等到"'房间里进入了令人眩目的反射的光线，随着光线而来的是恶心'"，此时主人公给大使打电话，"大使先生，我请求换个地方，我不能，我不能适应加尔各答"（p.47），这里使用的是明确的第一人称"我"，叙述由此进入日常生活，进入罗塞个人的主体世界，它是主体的感觉。整段叙述都在人称的变换中进行，我们跟随身体进入意义世界，在主人公睡与醒的状态中，我们看到意义世界怎样通过人称建构起来，因为每个代词都属于不同的维度，有时是主体世界，有时又是客体世界，而有时界限又很模糊不清。科凯这里的分析可以看作对本维尼斯特人称代词分析的接受和承继，因为在《普通语言学问题》中，作者强调第一人称（je）与其他代词的不同，它不仅是语法上的一个形式和功能范畴，它和第二人称（tu）构成与现实相关的"人"（personne），本维尼斯特（2008，pp.293-294）如此解释："言说的'自我'即存在的'自我'（Est 'ego' qui *dit* 'ego'）。我们由此可以发现'主体性'的根本所在，它是由'人称'的语言学地位确定的。……语言之所以成为可能，正是因为每个说话人都自立为主体并同时在言语中将其自身称为'我'。"

主体符号学另一个较为成功的实践领域是行为心理学，代表人物是伊万·达罗-哈里斯（Ivan Darrault-Harris）。达罗-哈里斯从20世纪80年代即开始倡议建立心理符号学，主要利用格雷马斯的叙述语法对心理语言进行分析，但诚如他承认的，"在心理符号学领域，其研究主要依赖治疗过程中关系方的话语分析，而仅仅依赖客体符号学即陈述语段，遇到了瓶颈（障碍）"（Costantini & Darrault-Harris, 1996, p. 21）主体符号学能有什么样的贡献呢？达罗－哈里斯指出，在临床上，通过对病人语言和非语言行为的分析来确认其主体和非主体身份能否正常转换，可以确认心理诊断的合理性。在治疗方面，陈述机体理论不仅能在治疗过程中评估病人话语的可能变化，对于治疗关系双方即治疗师和病人的研究也有助于提出真正有治疗效果的陈述行为原则，同时更好地对治疗人员进行培训。具体实践上，达罗－哈里斯与心理学家克莱因（Jean-Pierre Klein）在《构建一种椭圆精神病学——基于创作主体的探索》（*Pour une Psychiatrie de l'Ellipse: les Aventures du Sujet en Création*, 2007）中结合主体符号学的学理基础提出了"椭圆理论"① 用于心理治疗。

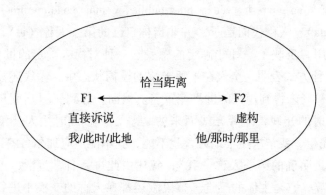

图 1　用于心理治疗的椭圆理论示意图（**Darrault & Klein, 2007, p. 251**）

椭圆理论来自几何学现象：当我们将一个圆投射到一个斜面上，原本的圆心会分裂成两个中心（分别用 F1 和 F2 表示），圆周轮廓也由原来的圆形变成椭圆形。患者作为痛苦主体，需要在 F1 上直接说出自己的问题所在，在 F2 上，主体在保持"恰当距离"（bonne distance）和不知情的情况下，将问题转移到虚构之中。在第一个中心 F1，病人通过直接诉说（diction）的方式进行话语呈现：主体在陈述模式上处于"我/此时/此地"的位置，诉说自己的问题、痛苦和病症，这是必不可少的阶段，如定期举行的心理咨询，以此调整治疗方式。在第二个中心 F2，主体在医疗人员的指示下将自己 F1 的问

① 关于这一理论的核心观点，可参考达罗－哈里斯为安娜·埃诺主编的《符号学问题》所撰写的《行为表现符号学》一章（2019, pp. 285－299）。

题转移到虚构（fiction）的模式上，创造出适当的距离并动员"他/那时/那里"的陈述模式。通过这种方式，患者的问题通过不在场的方式表达出来，缓解了第一人称表述时医生与患者间的紧张关系。虚构模式下，主体行为是一种创造性行为，目标是等待患者通过虚构的投射辨认出自己。换言之，通过确认，找到自己作为创作主体的身份。之后，主体无需虚构模式的帮助，就可以回到"自己"独立主体的地位，对自己的问题、症状进行把控，并与其分离，从而起到治疗效果，此时，治疗者也就可以退出了。值得注意的是，两种不同的模式即诉说和虚构的转换，尤其在治疗过程中，完全是主体性的。两种模式分别属于主体分化的两种身份即主体和非主体，二者是话语中心，通过二者关系的调整，医生对患者进行治疗。此时，需要关注的并不是病人陈述语段的实质内容和表达，那是客体符号学所关注的内容，陈述语段只是判断陈述机体属于何种身份（主体/非主体）的参照。因此，我们看到，用于心理治疗的椭圆理论充分借鉴主体符号学的陈述机体模型，其新颖之处在于它并非直接对文本或话语（语言的和非语言的）进行研究和分析，而是在操作上直接对人的行为和实践进行修复和影响，超越了一般符号学所应用的范围。

三、展望

得益于主体符号学的发展，我们看到，主体不再是模糊、抽象、难以捉摸的概念，主体和主体性研究的大门向我们敞开。一直以来人们往往更加注重思考和认知在建构主体时的作用，身体一直被忽略，主体符号学强调身体的重要性，它在表意过程中起到了基础性作用，身体先于思考，先有身体的体验才有理性的判断，所以从现实性出发，从处于话语中心的身体出发，才能够更加贴近真实的语言行为和语言现象。叙述论符号学关注陈述结果，以封闭和客观化的文本符号为对象，而主体符号学研究的是陈述活动，具有连续性和拓扑学的特征，这些现象与生产和阐释它的具体陈述机体不可分割。因此，主体符号学无论作为一种方法论还是认识论，都具有广泛的应用和发展空间，可以对叙述论符号学进行有效的补充，探究主体和主体性等传统符号学难以处理的棘手问题。对于主体符号学的发展，我们可以从以下方面入手并深化：

第一，借鉴消化，普及应用。主体符号学作为陈述理论和现象学下发展起来的分析手段，对于文学分析的有效性是毋庸置疑的，尤其对于语言现象复杂的现当代文学来说，陈述结构往往相互缠绕，单纯的内在性分析无法窥探文本建构的全貌，而陈述机体模型以及主体的二分作为独创的理论贡献，丰富了我们理解和剖析文艺作品的工具箱。主体符号学在心理治疗等方面的应用让我们看到符号学能够跨出人文学科的领域，在跨学科综合研究方面发挥功效。然而，相较于叙述符号学广阔的实践领域，主体符号学亟须进一步证明其一般性并扩大应用范围，因此必须将普及该理论的知识作为重中之重。我们只有充分吸收和掌握了主体符号学的理论和方法，才能尝试和推广其在更多领域内的应用，诸如探讨当今复杂背景下人与自然的关系，分析新出现的文化现象以及面对人的发展问题。当然，随着互联网和人工智能的迅猛发展，主体身份渐渐被削弱甚至消解，如何借助主体符号学来强化人的主体性和独立性也应是当下人文科学研究的重要课题。

第二，融会贯通，方法互补。主体符号学的建立基础可以说是对客体符号学即格雷马斯理论的质疑和否定。从内在性到现实性，从逻辑语义到现象学，从不连续性到连续性，从陈述语段到陈述活动，等等，主体符号学每一次的迈步都是对原有的叙述符号学的挑战和颠覆。这种有"侵略性"的理论建构也对科凯的学术生涯产生重要的影响，科凯不止一次地提到自己被冷落和被巴黎学派质疑"背叛"的艰难岁月。主体符号学与客体符号学的确存在认识论上的距离，但是，是否有必要将二者对立起来？二者真的是水火不容甚至相克的范式吗？如果说主体符号学的陈述机体类型和现象学分析手段更加突出陈述活动即主体性问题，那不正是对格雷马斯传统叙述论符号学的有益补充吗？二者可以放在平等的基础上，相互汲取营养，各自对复杂的语言活动进行考察和研究，从而加深我们对世界的认识、对意义活动的理解。科凯晚期也试图将自己的符号学构想重新纳入经典符号学的理论框架之中，至少让二者可以共生共荣，诚如丰塔尼耶（Fontanille，2023 - 01 - 30）注意到的，"科凯符号学理论变成了陈述机体符号学，其'主体'的特点退居次要地位，以便重新回归到结构论符号学来"。因此，如何将主体符号学与传统符号学融会贯通将会是未来符号学家们的重要工作。

第三，对比研究，发现自我。科凯虽开创了主体符号学理论研究的先河，但他的理论带有明显的欧陆色彩，它植根于亚里士多德、梅洛 - 庞蒂、本维尼斯特等人的哲学、现象学和陈述语言学理论，对于中国符号学发展的启发意义还有待进一步探究，因此既要从中探寻其一般符号学的意义，也要区分其在典型文化中的应用性。当下符号学发展如火如荼，新理论、新方法层出不穷，主体研究的路径也应该是多种多样的。例如，与巴黎学派主体研究从

20世纪80年代才起步不同，美国学者皮尔斯从一开始就把人的因素纳入符号学的框架，在"符号－对象－解释项"三元关系中突出解释者对符号意义建构的作用，因此，对欧美两种符号学传统进行比较研究（刘艳茹，2016）有助于我们在认识论的基础上把握主体符号学的研究方向和路径，从而推动主体符号学研究的本土化。当然，想要构建我们本土的主体符号学，还需要结合我国自古以来的符号学思想，从前人先贤那里理出一条主体研究的发展脉络，从而为符号学的发展提供中国视角。这自然而然是摆在我国符号学研究者面前的任务和挑战。

引用文献：

本维尼斯特，埃米尔（2008）．普通语言学问题（王东亮等，译）．北京：生活·读书·新知三联书店．

达罗德－哈里斯，伊万（2019）．行为符号学，心理符号学．载于安娜·埃诺（主编）．符号学问题（怀宇，译），272－299．北京：中国人民大学出版社．

高概，让－克罗德（1996）．现象学的力量——激情的话语分析（王东亮，译）．国外文学，3，3－12．

高概，让－克罗德（1997）．话语符号学（王东亮，编译）．北京：北京大学出版社．

刘艳茹（2016）．主体符号学的认知维度．学习与探索，9，33－36．

索绪尔，费尔迪南·德（1980）．普通语言学教程（高名凯，译）．北京：商务印书馆．

唐小林（2012）．寻找灵魂：建立一种主体符号学．学术月刊，4，100－103．

王论跃（1993）．主体符义学．解放军外语学院学报，4，8－13．

赵毅衡（2012）．符号学与主体问题．学习与探索，3，131－134．

Coquet, J. -C. (1997). *La Quête du Sens: Le Langage en Question*. Paris：Presses Universitaires de France.

Coquet, J. -C. (2007). *Phusis et Logos: Une Phénoménologie du Langage*. Saint-Denis：Presses Universitaires de Vincennes.

Coquet, J. -C. (2016). Quelques Repères Historiques pour une Analyse de l'Énonciation (d'Aristote à Benveniste). *Littérature*, 3, 129－137.

Coquet, J. -C. (2022). *Phénoménologie du Langage* (Costantini, M., & Kharbouch, A., Eds.). Limoges：Éditions Lambert-Lucas.

Costantini, M., & Darrault-Harris, I. (Eds.) (1996). *Sémiotique*, *Phénoménologie*, *Discours: Du Corps Présent au Sujet Énonçant*. Paris：L'Harmattan.

Darrault-Harris, I. & Klein, J. -P. (2007). *Pour une Psychiatrie de l'Ellipse: Les Aventures du Sujet en Création*. Limoges：Presses Universitaires de Limoges.

Fontanille, J. (2023－01－30). Jean-Claude Coquet, le Subjectal et l'Objectal. Retrieved from https：//www. unilim. fr/actes − semiotiques/7968.

Greimas，A. J. （2015）. *Sémantique Structurale*. Paris：Presses Universitaires de France.

作者简介：

李双，博士，天津外国语大学欧洲语言文化学院讲师，主要研究方向为法国语言学与符号学。

Author:

Li Shuang, Ph. D. , lecturer in the School of European Studies, Tianjin Foreign Studies University, whose research interests include French linguistics and semiotics.

Email: alain0629@ 126. com

论科幻小说元叙述及其后现代意义建构*

聂　韬　敬琼尧

摘　要：元叙述是后现代文学的重要书写策略，能够揭示叙述的自我意识，呈现文本虚构性与经验真实再现之间的认知张力。然而，元叙述在现代科幻小说中的特性与特征却鲜有研究与总结。本文探讨 20 世纪 60 年代科幻小说创作与批评实践在元叙述模式中的幽微互动，通过参与文体规则的符码游戏，以形成鲜明的"批评性"与"交流性"特征，并在作品中展现"露迹式"与"多叙述合一式"元叙述的具体建构。本文认为，在元叙述为读者提供未来世的文本空间并渗透作者私人意志的同时，现实经验与传统惯习中割裂与间隔的碎片、拼贴、反传统等后现代表达所面临的阻碍，通过元叙述的表达模式，也能于科幻这一逐渐流行的现代文学体裁中得以消解。

关键词：科幻小说，元叙述，批评性与交流性，露迹与多叙述合一

On Science Fiction's Meta-narrative and the Construction of Postmodern Significance

Nie Tao　Jing Qiongyao

Abstract: Meta-narrative is an important writing strategy in postmodern literature, which reveals the self-consciousness of narrative and presents the cognitive tension between the fiction of the text and the reality of experience. However, the characteristics and representation of meta-narrative in modern science fiction are rarely studied. This

---

* 本文为国家社科基金重大项目"《美国非裔文学史》翻译与研究"（13&ZD127）的中期成果。

paper explores the subtle interaction between science fiction writing and its criticism practice in the meta-narrative mode in the 1960s. It analyses how a science fiction piece presents a distinct representation of "criticism" and "communication" by considering symbolic stylistic rules. These two characteristics are integrated in the meta-narrative construction of "narrative exposure" and "multi-narrative integration". Thus, this paper argues that while meta-narrative provides readers with a textual space for the future and integrates authors' personal intentions, the expression mode of meta-narrative allows the obstacles faced by postmodern expressions between reality and traditional standards such as fragments, collage, and anti-tradition to be dissolved in science fiction, an increasingly popular literary genre.

Keywords: science fiction, meta-narrative, criticism and communication, narrative exposure and multi-narrative integration

DOI: 10. 13760/ b. cnki. sam. 202402018

元叙述是"关于叙述的叙述"，当元叙述暴露自身为虚构时，对于文本阐释界限的"犯框"会同时将作者与读者引向关涉区隔框架的意义生成问题，推动文本中真实与虚构的区隔讨论转换为文本与批评、作者与读者的交流性反思。因而，当具有强虚构特质的科幻文学颠覆自然主义的叙事逻辑而采用元叙述书写策略时，其对主体意识与现实反思的关注会呈现与传统文类不同的阐释效能。美国非裔科幻作家塞缪尔·R. 德拉尼（Samuel R. Delany）率先窥视到20世纪60年代科幻文学创作与批评实践在元叙述中的幽微互动，在1967年出版的科幻小说《爱因斯坦交集》（*The Einstein Intersection*）中，以"露迹式"与"多叙述合一式"的元叙述模式营造出科幻之"虚构"与文化历史之"真实"的交涉。以此小说为楔，本文试图论证：与典型的硬科幻相较，科幻元叙述模式通过参与文体规则的符码游戏，形成了鲜明的"批评性"与"交流性"特征；在多种文化语义实践中，科幻元叙述关注创作主体的自我意识与文本批评空间的开放性与交流性，由此，反叛现实与传统经验的后现代表达所面临的阻碍，也能在科幻这一逐渐流行的现代文学体裁中被消解。

一、科幻元叙述的"批评性"与"交流性"特征

作为新兴的文学类型，科幻构筑的不可能世界的虚构性稍显复杂，在 20 世纪科幻理论家的观点中[①]，科幻的"虚构"不论在多大程度上反映现实世界的"真实"，都始终以在场的姿态存于文本的叙述逻辑中，并以迥异于传统叙事惯例的隐喻，更改人与经验环境、符号再现的叙事关系。

20 世纪 70 年代，科幻理论家斯科尔斯（Robert Scholes）从小说的形式、思想与本质三方面回应了加斯（William H. Gass）所提出的"元小说"或"元虚构"（metafiction）概念，并将其归入与科幻小说并列的实验性虚构范畴。斯科尔斯敏锐觉察到科幻小说与元小说对"虚构"有共同的关注与认知，因而把二者分视为"虚构文学传统的不同维度"（Briggs，2012，p. 8）。这不仅是彼时文学对自我历史地位认知的转变，从叙述角度来看，更是试图在"虚构的现实与现实的虚构"二者之间找寻微妙平衡的实验性尝试（Scholes，1979，p. 8）。

对于以虚构评论虚构，抑或以虚构建立虚构的科幻作品而言，迂回地隐射、描摹与讨论现实的过程所传递的认知疏离，实质上将科幻置入了后现代主义的艺术中——对自我指涉与自我批评的元小说式强调。[②] 这说明，元小说中"关于小说的小说"的自我指涉性，与科幻通过揭露故事虚构过程体现出的元叙述表现模式颇为相似。事实上，元小说"在所有小说中的内在倾向与功能"（Waugh，1984，p. 5），极大推动了其叙述模式与科幻融合的良性反应。麦卡弗里、勒古恩、拉斯等人更是颇为认可二者的"后现代主义表亲"

[①] 达科·苏文（Darko Suvin，1979，pp. 7–8）指出，科幻的"充要条件是陌生化与认知的出场和互动，并以拟换作者经验环境的想象框架为主要策略"。卡尔·弗里德曼（Carl Freedman，2020，p. 21）则继承苏文的思想并认为由于再现的不透明，虚构作品必然涉及再现与"指称对象"之间的殊异，他异性与陌生化无可避免。

[②] 拉里·麦卡弗里（Larry McCaffery，1990，p. 6）指出，元小说迹象在迪什（Thomas M. Disch）的《特拉的小狗》（*Puppies of Terra*，1979），拉斯（Joanna Russ）的《非凡（普通）人》[*Extra (Ordinary) People*，1984] 以及德拉尼的众多作品中有着鲜明的表征。在《特拉的小狗》中，迪什拟构了人类转变为小狗并被一群视作"主人"的生物所奴役的故事。文中的元小说意味表现于叙述者以作者的口吻向读者发出的真诚宣告，小说以动物寓言形式暴露并向读者即时传递关于作品虚构生成与自我指涉的张力。勒古恩（Ursula K. le Guin）的《天堂的车床》（*The Lathe of Heaven*，1971）同样构建了如此清晰叙述自身乌托邦构筑过程的元小说图景，在充斥暴力、贫困与环境异变的未来世界，奥尔能够改变现实的做梦能力与无法履行的乌托邦幻想共同存在于自相矛盾的阐释过程里。

关系。学者弗鲁德尼克（Monika Fludernik，2003，p. 28）将元叙述标记为所有涉及话语及其建构性的自我指涉性陈述。哈琴（Linda Hutcheon，1980，p. 1）则认为，对自身叙述与语言特性的评价也是元叙述文本中自我反涉意识与自恋性的强烈表现。因此，元叙述在科幻中展现的表达模式，能被视为元小说的叙述逻辑之一，即便无法将二者全然等同，依然能通过对自我指涉、元虚构方法的相似关切锚定其合理性。此外，在认知逻辑的主导下，倘若叙述者想以科幻中冷峻的科学理性构建虚构的新奇性，并期望受述者准确接收故事语境在符码层次上的变动和更改，那么，元叙述特性的有意或无意应用，更能区分叙述者对于该体裁的理解与使用程度。

詹明信（Fredric Jameson，1982，p. 156）将科幻文学的元小说性视为文化文本对于自我指涉话语的改变，即随着文学现代主义的推动与乌托邦叙事的浮现转向更为具体的自我指涉，在自我对文本困境的质询中找出最为深刻的主题。布里格（Robert Briggs，2012，p. 9）进一步认为科幻小说中的元叙述维度从未减少，只是更需强调其存在的必然性。那么，采用元叙述的科幻往往会进入一种关涉小说批评的语义场，即在文本基于科学知识的逻辑建构中，主动揭露叙述编造或虚构的过程，形成对叙述生成的自我认知，凸显作者暴露文本虚构过程并融入文本批评意识的意图。

遗憾的是，在西方部分流行的科幻书写里，元叙述的痕迹并不明显。如阿西莫夫（Isaac Asimov）在"机器人系列"与"基地系列"中暴露机器人文明和基地庞大架构生成过程的意图并不明显，而是竭力维持两种文明在各自叙述进程中的自然化状态，尽量避免引发读者对虚构的注意与猜疑。同样，卡德（Orson Scott Card）在《安德的游戏》（*Ender's Game*）三部曲以及弗洛·文奇（Vernor Vinge）在《深渊上的火》（*A Fire upon the Deep*）中各自维护外星虫族入侵与三界种族冲突故事逻辑的合理意义。此类科幻小说缺少向读者解释故事逻辑生成过程的自我指涉环节，以强烈的"真实感"使接收者跨越技术符号的可能想象而在情感意识的投入下漠视区隔。

这说明，元叙述的自我指涉性要求科幻书写必须具有浓厚的作者批评意识以及有意与读者沟通的企图。一方面，与诸如黄金时代以来关注物理科学细节的典型硬科幻相比，采用元叙述的科幻往往呈现出鲜明的"批评性"特征。这种"批评寓于叙述"的文本特性具体表现为作者意志在叙述中的有意流露，使小说的生成过程同时成为作者或叙述者的文本批评副本。赵毅衡（2013，p. 310）指出："元叙述的主要意义，就是'用叙述讨论理论'，实际上是一种批评演出，是叙述者或人物替代批评家与理论家，从故事内部批评叙述规则。"这既是元叙述与科幻本身虚构性与自我指涉性的共同使命，也契合了如斯科尔斯与詹明信等人对文学发展规律与社会文化条件转变的判定。

相比之下，当元叙述在科幻中占据主导地位，作者有意开展的持续、开放、自我反思式的对话，则会重新定义叙事行为与叙事认知。吉布森（William Gibson）在"旧金山三部曲"（San Francisco Trilogy）中通过对世界前景的虚构想象，呈现了预测未来以及"预测关于未来的预测"的模式，这既是他将自我指涉与未来图景联系的元叙述实践，也是其对"科幻预言未来的书写"是否依然可行的深切思索与批评。同样，菲利普·迪克（Philip K. Dick）的《高堡奇人》（*The Man in the High Castle*，1962）通过嵌套的故事结构，以《易经》的卜筮与名为《蝗虫成灾》的小说创作过程，评判了实然历史与或然时空的缠绕，达成了寓真实历史于虚构的叙事结构，并由此生成可供批评的科幻元叙述空间。科幻元叙述在传统科幻将当下社会现实投射至未来的基础上，进一步将作者所处的真实经验世界与其所构筑的意识世界之间的阐释关系呈现于文本表层。

另一方面，若以区隔框架的差异区分科学性与艺术性的编码活动，作者对元叙述文本阐释规则和界限的"冒犯"便会自然而然邀请接收者进入虚构与真实的批评语境。这在传统科幻书写中稍显模糊，因为即便作者意志并不显露于文本，此类作品的叙述惯例依然可能促使读者自主设定并接受书写中的"真实性"而进入理想的阅读状态。[①] 因而，当作者将超出故事范围的叙述如书写意图、叙述假设、文本走向等融入故事并以此呈现批评性特征时，读者进入开放性叙述空间的过程也会引发科幻元叙述作品中作用于意义建构的"交流性"特征。如果说"批评性"是作者在科幻文本中依旧在场的鲜明标志，是元叙述的注脚，那么"交流性"则更为强调读者与作者互动的主动性，乃至在由元叙述决定的文本开放性中，读者有权选择多样化信息进行解读。

元叙述是为了对虚构和现实的关系提出疑问，探寻小说外部世界虚构存在的条件（Waugh，1984，p. 2）。因此，当读者接受元叙述体裁规定的"议定书"时，便潜在地与作者签下了关于"虚构"的契约（艾柯，2005，123－125），作者寓于文本的批评性意向也在体裁的规约下与读者一同建构了新的符号表意方式，元叙述的交流性就此成立。

---

① 例如在小说《三体》中，刘慈欣建构的三体文明或许并不真正存在于宇宙文明之中，但其建构的符号世界却"真实地"基于当下科学理论技术实然存在于文本叙述里。

于具有元叙述特征的科幻文本而言，契约关系的存在绝非禁锢，而是强调作者、读者乃至小说主人公的交流关系。冯内古特（Kurt Vonnegut）的《五号屠宰场》（*Slaughterhouse-Five*，1969）开篇便为读者释放了文本的虚构信号，将德累斯顿大轰炸的史实通过碎片化的元叙述模式，融入作者与主人公的共同经历，形成"虚实难辨"的阐释界限，同时也激发了读者拷问历史的冲动。被视为科幻元叙述著作的《索拉里斯星》（*Solaris*，1961）则通过人类探索胶质海洋覆盖的星系的过程，使读者在科学、神话、寓言、文学等多样性话语中重新思考科学对于地外文明的有效性、自我与他者的哲理意义。

更为重要的是，科幻虚构性的体裁特征决定了其存有引导接收者解释文本中元叙述痕迹的可能。有别于典型科幻作品对于叙述自然化以及呈现文本叙述真实的坚守，在科幻元叙述作品中，当文本的元叙述特征占据相当比例，则可能通过体裁期待向读者赋予片段性与发散性的阐释效力，在多种叙述融合的情况下，读者进入文本批评空间也变得更为开放与自由。

美国非裔科幻作家德拉尼（Delany，1994，p. 27）也曾提出颠覆性的科幻定义，将科幻视为复杂的"代码集合"与"阅读性策略"，这与哈琴将元叙述的关注点置于叙述结构和读者角色不谋而合，前者认为故事的可能性条件与现实世界不同，因而无论文本满足抑或颠覆文学期望，读者阅读文本的体验仍会受到这种期望的影响（McCaffery，1990，p. 82）。

值得注意的是，科幻的表述模式也可能以背离常识、脱离认知语境的反科学寓言呈现，此时的叙述以非自然的形式切入，依然隐含着元叙述的特征，因为陌生化的语义场也同是元叙述对文本体裁规范发起的挑战，如若延伸至元叙述的作者意图，则是在文本中融入的科幻批评的力度。那么，对于科幻元叙述而言，究竟应将其视为"真实的虚构"还是"虚构的真实"？其特性如何在文本中揭露叙述再现痕迹与破坏文本叙述自然性的"犯框"共性，同时讨论经验环境拟换下可能世界的逻辑认知问题，思索作者意志与读者参与的互动意义？笔者将以元叙述科幻小说的先驱《爱因斯坦交集》为例，进一步阐发元叙述"批评性"与"交流性"的具体表征。

二、科幻元叙述在文本中的具体特性

始终致力在科幻写作中探寻科幻批评力度的德拉尼，在其界定的"科幻代码游戏"这一概念中，暗示再现体、对象与解释象三者的不同排列关涉的"科幻"与"科幻批评"的语符殊异（Delany，1994，p. 187）。德拉尼认可指称关系与叙述意图的差异存在于科幻奇幻或超现实主义等小说体裁里。但他同时觉察到，即便使用相同的寓言、修辞，不同文类对现实的模仿叙述也有较大的差异，读者进入文本的阐释方向更不尽相同。鉴于此，他理性、自觉地摆脱传统文类为作者与读者设定的解码规则，执着于将科幻的"代码游戏"融入对实际写作与阅读策略的双重考量之中。因而，德拉尼对于传统文类选材与语言结构的叛逆，便体现为其文学创作中多元素合一的拼贴式、互文叙述。

20世纪60年代，在传统硬科幻写作模式式微，而西方文学批评也开始由结构主义转向后结构主义之际，德拉尼大胆采用"寓批评于叙述"的自我指涉性书写模式，创作出带有浓郁后现代戏仿意蕴的科幻元叙述著作《爱因斯坦交集》。

小说以外星人洛贝（Lobey）的俄耳甫斯式寻妻之旅为故事框架，勾勒未来地球遭遇大屠杀后的"后世界末日"景象。在被人类遗弃的地球上，基因畸形的外星生物繁衍生息并不断尝试让自己的身体和思维适应地球的等级规范与神话文明。整部作品除奇异的科技想象与神话故事之外，作者意识以及与读者交流的元叙述表征也极为鲜明，前者具象化为附着于文内的露迹式叙述，而后者则强调多叙述合一的建构。

在小说中，德拉尼把自身游历欧洲的见闻以四段"作者日志"的形式摆在小说之中。在日志里，他依靠露迹式元叙述，向读者抛出关于"科学神话悖论性"的探讨。如斯科尔斯（Scholes，1979，p. 114）所言，元叙述将所有批评的观点融入小说的创作过程，那么，于德拉尼而言，露迹式元叙述的运用则串联起其书写建构过程中身为作者徜徉于小说内部的流动状态，从思考如何化用经验环境所提供的各种技术符码，明确小说以俄耳甫斯神话为主题、探寻死亡的意义，到决心为文本赋予不确定的结局，德拉尼有意漠视虚构叙述中"可能世界"的逻辑在"实在世界"中要面临的阻力，以露迹的元叙述方式率先声明故事的"虚构"，之后又暴露了自身对纯粹科学技术走向人类未来世的消极态度。

事实上，超出叙事边界，是后现代叙事实验的突出标志，在引导读者解读小说虚构过程的同时，作者对叙述的掌控、身为叙述者的意志也无处隐藏。当德拉尼以"作者日志"将叙事变为一种解释与评论元叙事的活动时，他不仅实现了作品对不同幻想叙事门类边界的跨越，即俄耳甫斯神话叙事、后世界末日科幻叙事、20世纪60年代的社会历史叙事，也让"作者日志"本身成了故事不可剥离的有机组成部分，元叙述自然成为其以神话解码科幻宇宙的批评式注脚。

德拉尼认可作者与文本之间开放、持续的结构关系（McCaffery，1990，p. 93），这与传统意义上将小说视为封闭、完成的状态不同，其观点更接近元叙述文本中自我反射的特性所呈现的批评意识。在比《爱因斯坦交集》更为广阔的科幻创作实验中，德拉尼也始终以元叙述的方式借用神话符号，构建作为"边缘文学"的科幻与西方传统经典的内在关联。但要做到这点，单凭批评式露迹与故事逻辑的强意志解读远远不够，因此，德拉尼着力在拼贴、互文的叙述中打造出文本信息更为多元的交流空间，生成作者意志与读者参与共同作用的意义世界，呈现多义的主题探索与科幻元叙述的独特叙事机制。

多样化的读者群体如何共同参与科幻书写的元叙事世界？罗伯－格里耶（Alain Robbe-Grillet，1965，p. 156）认为："读者的任务并非接受一个已完成的、充盈的、自我封闭的世界，相反，他需要提供一种积极的、有意识的、创造性的协助，自行参与作品创造并由此构筑自己的生活。"这是科幻元叙述对其交流性特征的要求，即无论作者意志如何控制故事生成过程，也要尽量创造能让读者进入文本世界的开放性释读空间。因为即使作者清楚如何讲述故事，其叙事依然可能在自我意识、自觉与反讽式的自我疏离中回到叙事行为本身（Currie，1998，p. 62）。采用了元叙述的科幻往往在双层区隔的不透明性中打破接收者的预先期待，更新读者在阅读初始对于故事逻辑预设的合理性与真实性，因而，作为为自身提供解释线索的书写策略，元叙述在德拉尼等众多科幻作家笔下能够自然表现出作者与读者所建立的显露于文本的社会契约关系。

在小说中，德拉尼则通过多叙述合一式的元叙述模式，向读者呈现多种故事线索与文本信息，引导读者参与故事意义的建构活动。在元叙述中，多叙述合一是一种较为普遍的叙述模式，它意味着文本中涵盖与一个或多个文本的互文性，通过引用、置换、裁切、转喻等方式形成文本乃至文化之间的共同体关系。与奥维德（Publius Ovidius Naso）《变形记》（*Metamorphoses*）中对于俄耳甫斯神话"故事中讲故事"的元叙述模式相似，小说中洛贝开启的追寻之旅源于复活心爱之人弗里扎（Friza）的期望，但这一叙事逻辑还同时交涉出智者迪赫（Dire）讲述的关于披头士乐队成员林戈视"摇滚乐"为欧律狄克的现代版俄耳甫斯的"故事中的故事"（Delany，1998，p. 10）。

此外，德拉尼在太空歌剧式的故事架构中也涵盖了骑士追寻母题、耶稣受难等宗教主题，以及比利小子等真实人物。虚实难辨的嵌套故事写作在文本之外既满足了以俄耳甫斯为核心作为艺术创作象征人物的作者意识反馈，使文本成为具有交融意义的互文编织物，也表现出德拉尼所建构的符号空间绝非单一、封闭的语言集合。这意味着读者有权从任何一种原型母题出发进行解读，并且都能抵达德拉尼以此叙述方式回应的 20 世纪 60 年代新浪潮运动对科幻创作内容与形式的关注。

因为元叙述的痕迹既揭示了"叙述与社会、存在、主体的关系"，也存有"利用叙述的逼真性以制造意识形态神话的可能"（赵毅衡，2013，p. 310）。元叙述的开放性提供了解读文本意义的自由权利，读者依靠多叙述中的各类原型分流进入该小说内部，再通过剧情的合一达成"交流"，至此，德拉尼露迹式的"批评性"才能够成立。总而言之，通过以多叙述合一式元叙述的模式，德拉尼探讨了碎片化的跨层级、跨语境的文化交往空间。

当文本被固化为一种符号叠加与组合的编织物时，毫无疑问，元叙述的书写模式彻底改变了科幻作品中的符码运作规则，使科幻文本的符号生成成为更具主体意识与历史反思的艺术生产性活动。德拉尼的科幻实验化用可能世界的虚构去探寻实在世界，这种"坐虚探实"的科幻创作模式已初见雏形。以此，德拉尼科幻元叙述所蕴含的"批评性"与"交流性"在其暴露自身与拼贴互文的叙述策略中得以彰显，作家与批评家身份的互动似乎超越了传统的阐释界限，进入更为广阔的后现代批评语境。

三、科幻元叙述的后现代建构

20 世纪巴赫金（Mikhail Bakhtin）的理论在西方世界产生重要影响，也启发了包括元叙述理论在内的多种文论的进一步发展。其对于狂欢化诗学的阐发在某种程度上也佐证了元叙述的底层逻辑，即一切封闭的符号壁垒都可能面临来自外部力量的强力摧毁，元叙述所达到的目的也正是跨越阻隔，提供符号文本多义阐释的批评性可能。因而，为打破共识与约定俗成的努力实际上是元叙述的后现代意指，从文本叙述体系内部引发异质性观念变革的可能由此生成。

20 世纪 60 年代，在元小说迎来爆炸式增长之际，科幻作家强烈的社会参与意识，在文学创作与各类社会文化运动之中相互交织，也在"真实"与"虚拟"的交错之中相互呼应，在构成对抗性文化的同时，又糅杂各类思潮中不同要素的源与流，展现出其"深刻的文类自我意识与自我批判"（黎婵，石坚，2013，p. 71）。因此，自彼时而勃发的科幻与元叙述的融合生成于对现实的矛盾与突兀的观照之中。

与此同时，沉浸于解构主义的后现代理论家们清晰地认知到，在解构理论自身的悖论与矛盾中，与元叙事与虚构共谋是一切知识都无法逃脱的命运（哈琴，2009，p. 17）。科幻中的元叙述首先打破了文本意义生成的完整性，使得任何真理、真值的输出都可能面临作者、读者或文本互文拼贴碎片的质疑，形成众声喧哗的狂欢宇宙。

德拉尼身为美国非裔科幻的先驱，身处区隔，跨越区隔，在真实与虚构模糊不清的边界里营造作者意识表达的广阔区域，主动形塑读者阐释空间，对于科幻元叙述理论的发展和验证具有重大意义。他通过打破古希腊神话人物与科幻外星人的叙述隔膜，将个体的批评视野与读者的释读空间从传统科幻文本的科学性、虚构性讨论，拓展至历史、文化层面的整体性考量。因此，当触及科幻文本元叙述的特质时，作者不再执着于呈现文本故事的绝对真实，其建立于自我指涉意义上的文化借鉴意义相较而言具有更为显著的批评效力。

进言之，鉴于德拉尼本身的种族与文化身份，其科幻创作欲求绝非单纯源于对科幻语言符码游戏的热衷，元叙述的表达自由使其更能摸索出作为跨种族知识分子，在彼时固化的社会体系中，将虚构文本建构为表达少数族群中个人意志的有效性。基于元小说自我指涉的本质，元叙述着意在非自然叙事空间中建构既能逻辑自洽，又能通达叙事之外的现实、经验世界并与之进行对话的文本，使具象的科幻要素与抽象的科幻批评形成交往互动的机制，从而跳脱单一、固定的区隔框架，其中，也可窥见元叙述多元且开放的后现代意义。

德拉尼的科幻书写有力验证了这一点——在元叙述为读者提供未来世的文本空间并渗透作者个人意志的同时，现实中割裂的碎片、拼贴、反传统等后现代表达所面临的阻碍，也通过元叙述的表达模式，在科幻这一逐渐流行的现代文学体裁中消解。科幻的"虚构"接纳了后现代的特性而变得"真实"，现实的"真实"则在科幻叙事中成为读者不确信的"虚构"。这也从侧面反映出，当元叙述进入科幻作为虚构体裁的语义场，二者相辅相成的互动性促使符号系统接受后现代多元文化的检验，在既分散又整合，既解构又执着于意义建构的矛盾体之中，生发科幻元叙述的诗学可能。

这是因为，当元叙述并非单纯作为叙述类别而是文类批评的手段被讨论时，读者需要跨越表层意义，审视内置于元叙述文本之中看似整合却无比开放的意义。采用元叙述进行创作的作家们也往往会在文本中设立引导读者阐释文本外世界的信号，创作的封闭性就可能转变为意义持续生成的"熵增"过程。这一抽象的逻辑论证源自将元叙述用于科幻体裁之时所引生的与文类、读者乃至作者自身的对话原则。

继 20 世纪 60 年代元小说创作的爆炸期之后，科幻作品或多或少呼应了此类元叙述书写策略。[①] 必须要指出的是，具有科幻元叙述特征的科幻小说虽能实现以虚探实、虚实相生的艺术效果，但始终经历着双层虚构叙事的中转，而非如自然主义小说或传统科幻小说那样直截了当地反映现实。因此，对于叙述的实在"真实"例如对当代科技的表现，元叙述科幻作品比传统的科幻书写确实显得迂回、曲折。然而，当知觉大过物理、科学幻想难以全然被理性解释时，若想要未来多元的虚构世界在引入读者的探索趣味之时依旧合理，"虚构情节的文学价值"可能就更需要依靠元叙述作为后现代书写策略的助力，因为元叙述对于故事虚构的强化契合了新的科幻书写在"体裁之中建构体裁"的需要（梅亚苏，2017，p.4）。

正如德拉尼以未来世界的外星生物探索人类神话文明来实现其"人性化"的反讽叙述一般，叙说未来之虚构故事的"真实"与"可能性"不再重要，德拉尼真正关注且希望引发读者注意的，是神话以拼贴互文的方式强势替代科学预言未来世界行为的意义。将中世纪哥白尼的宇宙革命论放置于未来语境以引发人类（读者）对于自身的反思，于德拉尼的科幻叙事中同样成立。这既是作者对于黄金时代众多科幻小说一味崇尚科学理性的质疑，也能够在神话非理性意识的基础上，重塑爱因斯坦科学理论的人文价值。

对于期望从特权式的书写中挣脱出来的"弱质身份"作家而言，元叙述为建构自身文本意义的独立性，提供了反讽与解构的先锋性书写模式，也展开了在"他者"的文学地基之上建构"边缘文学"的未来图景。德拉尼无疑属于其中的一员。正如哈琴（2009，p.174）指出的，后现代主义通过互文或戏仿的方式，"以使用正典表明自己依赖正典，但又通过反讽式的误用来揭示对其的反抗"。因此，只有在具有科幻元叙述特征的作品中，才能有既"解构经典"又饱含"叙述评论叙述"的双重可能。

如在区隔框架内的文本具有意义生成的可能性一样，德拉尼科幻元叙述书写实验有力验证了文化符号学家洛特曼（Juri Lotman）提出的"符号域"的启发意义及适用性。这一概念提供了文化研究与文化生产机制的方法论

① 除上文提及的科幻作品以外，约翰·克劳利（John Crowley）的《引擎之夏》（*Engine Summer*，1979）与勒古恩的《时时归家》（*Always Coming Home*，1985）有异曲同工之妙，罗伯茨（Adam Roberts）曾借用沃伦·罗切尔（Warren Rochelle）的观点点评后者，称其虽未热衷于追求元文本的表意形式，却也深刻展现了勒古恩着意于从社会文化层面探寻有价值、有尊严的人类社群意识的书写意图（罗伯茨，2010，p.261）。

（特洛普，2013，p. 159），唯有在符号域的空间内，意义阐释才可能存在，这对于元叙述在区隔框架内探讨意义生成，具有转向关注整体性的借鉴意义。倘若将科幻元叙述的文本理解为符号域，其封闭独立的边界仍然存有与外部元素对话的可能。在这一层面，科幻元叙述着重展现自身的语义修复、整合、重构能力。德拉尼（Delany，1994，p. 190）曾提出与之相似的观点，他认为科幻给予读者的"体裁感"，来源于科幻元素的向外传播与传统元素（通俗文学）向内渗透的互动交往。正如他在小说《爱因斯坦交集》中与神话、诗歌、小说的对话实践一般，经历后现代语义环境的渲染，科幻元叙述更能传达出文本与文化结合的双层结构，即小说为主人公创作的"真实世界"与元叙述形塑的反思式"审美世界"。

总而言之，无论是借助巴赫金的"狂欢诗学"，还是文化符号学中"符号域"概念，包括德拉尼自身对科幻元叙述特质的理解，科幻元叙述在"叙述自身叙述"的高维视角中始终保持着看似矛盾，却清晰指向后现代特征的解构与重构的二元辩证统一。即使面对约翰·巴斯（John Barth）提出的"枯竭的文学"抑或罗兰·巴特（Roland Barthes）言明的"作者已死"的危告，如德拉尼般的后现代文学创作者仍能孜孜不倦地开展一场文学之于形式与精神的自救运动。元叙述在科幻中的回响映射出鲜明的后现代意指，其科幻的技术性描绘与文本映射现实的力度在每一个具有元叙述特质的科幻书写中被重新估算：破除纯粹的"科技迷信"，以元叙述指向科幻中"寓批评于科幻"的可能，更有利于打破科幻批评与科幻创作的现实等级框架，彰显未来元科幻更为多元的人文启迪微光。

引用文献：

艾柯，安贝托（2005）. 悠游小说林（俞冰夏，译）. 北京：生活·读书·新知三联书店.

哈琴，琳达（2009）. 后现代主义诗学：历史·理论·小说（李杨，李锋，译）. 南京：南京大学出版社.

黎婵，石坚（2013）. 西方马克思主义科幻批评流派的乌托邦视野. 四川大学学报（哲学社会科学版），5，65-72.

罗伯茨，亚当（2010）. 科幻小说史（马小悟，译）. 北京：北京大学出版社.

梅亚苏，甘丹（2017）. 形而上学与科学外世界的虚构（马莎，译）. 郑州：河南大学出版社.

特洛普，皮特（2013）. 符号域：作为文化符号学的研究对象（赵星植，译）. 符号与传媒，6，157-166.

赵毅衡（2013）. 广义叙述学. 成都：四川大学出版社.

Briggs, R. (2012). The Future of Prediction: Speculating on William Gibson's Meta-science-fiction. *Textual Practice*, 4, 1-23.

Currie, M. (1998). *Postmodern Narrative Theory*. New York: St. Martin's Press.

Delany, S. R. (1994). *Silent Interviews on Language, Race, Sex, Science Fiction, and Some Comics: A Collection of Written Interviews*. Connecticut: Wesleyan University Press.

Delany, S. R. (1998). *The Einstein Intersection*. Connecticut: Wesleyan University Press.

Fludernik, M. (2003). Meta-narrative and Metafictional Commentary: From Metadiscursivity to Metanarration and Metafiction. *Poetica*, 1, 1-39.

Freedman, C. (2000). *Critical Theory and Science Fiction*. Connecticut: Wesleyan University Press.

Hutcheon, L. (1980). *Narcissistic Narrative: The Metafictional Paradox*. Waterloo: Wilfrid Laurier University Press.

Jameson, F. (1982). Progress Versus Utopia: or, Can We Imagine the Future? *Science Fiction Studies*, 2, 147-158.

McCaffery, L. (1990). *Across the Wounded Galaxies: Interviews with Contemporary American Science Fiction Writers*. Urbana and Chicago: University of Illinois Press.

Robbe-Grillet, A. (1965). *For a New Novel*. New York: Grove.

Scholes, R. (1979). *Fabulation and Metafiction*. Urbana, Chicago and London: University of Illinois Press.

Suvin, D. (1979). *Metamorphoses of Science Fiction: On the Poetics and History of Literary Genre*. New Maven and London: Yale University Press.

Waugh, P. (1984). *Metafiction: The Theory and Practice of Self-Conscious Fiction*. London and New York: Routledge.

作者简介：
聂韬，文学博士，电子科技大学外国语学院副教授，研究方向为美国非裔科幻文学。
敬琼尧，电子科技大学外国语学院硕士研究生，研究方向为美国非裔科幻文学。
Author:
Nie Tao, Ph. D., associate professor of the College of Foreign Languages, University of Electronic Science and Technology of China. His research field is African-American science fiction.
Email: nietao2023@163. com
Jing Qiongyao, master student at the College of Foreign Languages, University of Electronic Science and Technology of China. Her research field is African-American science fiction.
Email: halsey202311@163. com

书　评 ●●●●●

从符号美学看艺术与产业的融合：
评赵毅衡《符号美学与艺术产业》

李　政

书名： 符号美学与艺术产业

作者： 赵毅衡

出版社： 四川大学出版社

出版时间： 2023 年

ISBN： 9787569061611

DOI： 10. 13760/ b. cnki. sam. 202402019

　　艺术与工业、商品、经济的关系一直是艺术理论界备受关注的问题。早在 19 世纪 40 年代，马克思便通过强调作家、演员等艺术从业者的"生产劳动者"身份，揭示艺术必然会卷入经济活动的社会现实。一个世纪之后，霍克海默（Max Horkheimer）和阿多诺（Theodor Adorno）站在批判立场提出"文化工业"概念，否定资本家在艺术商业化、产业化中对大众意识的操纵和个性趣味的抹杀。而经过英国伯明翰学派、法国社会学家米亚基（Bernard Miège）等学者在理论上为文化产业的正名和各国政府部门对产业实践的政策支持，文化艺术与产业融合的社会价值才逐渐得到肯定。在后工业社会，在当下这个文化经济、美学经济时代，以非物质性生产和消费为导向的艺术产业在国民经济发展中的作用日益受到重视，可以说几乎每一件产品都需要艺术符号价值无形的加持。在艺术与产业大规模融合的背景下，我们应该如何理解艺术与商品看似矛盾的联结，如何发现艺术产业这条光谱上不同艺术活动的共性与特质，如何解释它们的社会功能和美学价值？这些都是艺术产业研究必须要回答的问题。

赵毅衡在其著作《符号美学与艺术产业》中呼吁建立一种新的美学——符号美学，以此应对当代文化中庞杂的社会化艺术实践的讨论。相较于作者在另一本著作《艺术符号学：艺术形式的意义分析》中立足于纯艺术文本分析的艺术符号学，符号美学虽然也是对符号学理论的辩护与拓展，但却沿用了"美学"这一较"艺术学"更宽泛的术语，符号美学关心艺术，也关心产业化的艺术变体。从其目标来看，符号美学的建立旨在考察各类艺术，尤其是艺术产业的意义方式和功能问题。从章节布局来看，全书分成当代艺术产业、艺术产业文本的意义方式和艺术产业的文本间关系三部分。从具体内容来看，有对艺术产业发展和符号美学研究趋势的精妙判断，也有对艺术产业符号美学总体特征与规律的明晰归纳，还有对具体艺术体裁样式的详实分析，做到了理论与实践的互证。该书从符号美学角度研究艺术产业的创新尝试，不仅提供了理解艺术产业本质特征的新视角、新思路，也进一步推进了符号学理论在艺术、经济和社会生活中的应用，让我们清楚地看到符号学在意义分析和社会文化观照上的显著优势。

一、回向感性与泛艺术化：符号美学研究与艺术产业发展的重要趋势

《符号美学与艺术产业》一书在导论中谈及为何要使用"美学"（aesthetics）一词时，指出了两方面的原因，一是该词"不仅讨论艺术，而且讨论感性与'审美'"（赵毅衡，2023，p. 4），二是在于"当代艺术及艺术产业出现了重要的'回向感性'的趋势"（p. 5）这一现实基础。感性本就是根植于美和艺术中的一种认知方式，处在当代艺术实践不断转向感性凸显的节点，符号美学的研究也需要回溯感性，在艺术与艺术产业符号文本的解释中探清感性。

从鲍姆加登最初创立 aesthetics 这门学科时，美学研究的重点即为一切感觉和知觉活动，以感性为基础的美和艺术也被包含在内，可以说鲍姆加登意义上的美学是一种"感性学"。到了古典美学阶段，康德将 aesthetics 发展成一门研究"美"的学问，"美"与"真"（认识）、"善"（道德）共同构成了康德哲学的三大主题。他认为"美的艺术本身是合目的性的，虽然没有目的"（2002，p. 147），艺术能够引发感性愉悦，但必须服从真和善的规定。尽管现代社会由理性主导，但作为感性活动的艺术依然能够在有限的生存空

间中大放异彩，对此，从艺术哲学的角度来看，康德对感性的辩护功不可没。

而该书正是从康德哲学出发，回到现代美学的源头来理解艺术产业这一不同于纯艺术的对象。作者从康德的"无目的的合目的性"讨论到霍克海默、阿多诺（2003，p.149）的"市场所宣告的有目的的无目的性"，表示我们应该暂时放下霍克海默和阿多诺这句话的消极面，将其用于描述当前欣欣向荣、势不可挡的艺术产业局面。当今社会中的艺术已经大不相同，无一例外都会转化为商品。艺术和艺术产业对社会经济的发展起着不容小觑的作用，而艺术产业中的艺术也并不会成为非艺术，它依然能为消费者带来一定的美感体验。当前这种感性的审美愉悦或艺术性越来越受到产业资本的青睐，产品的设计制作、包装展示、品牌营销各个环节都不遗余力地突出感性元素。对此，作者也提醒道，艺术固然有益，但我们应该警惕，在艺术产业的发展中要拒绝艺术滥用，避免走向媚俗、恶俗。

在该书的结语部分，作者再次重申"感性"的重要性，并从符号美学的视角重新阐释了当代艺术实践所强调的区别于传统审美经验的"新感性"。何为新感性？不同理论家从不同侧重点给予了各自的回答。桑塔格（Susan Sontag）将其界定为"新感受力"，强调"实验性艺术对媒介、风格拓展的'语法'支撑"；马尔库塞（Herbert Marcuse）的"新感性"本质上是以政治为本体的"解放人性的工具"；朗西埃（Jacques Rancière）则提出"可感性的重新分配"，以打破统治阶级对感性的划分与区隔，建立平等的审美秩序。三者相同的是，都期望在当代艺术的新感性中实现审美解放。（金影村，2021）

作者则在书中引入皮尔斯的"感觉质"和"呈符"两个概念，指出当代艺术及艺术产业中的新感性即呈符化效应。感觉质是一切符号活动最初的起点，是停留在心灵层面的知觉，尚未携带意义的感知，具有不可言喻性，所以还不是符号。当感觉质被符号载体媒介化，携带某些可能的意义时，便成为呈符。艺术符号文本表意可以是"呈符式""申符式"或"论符式"，但其"基础（形态呈现）依然是呈符，而且当代艺术越来越向'呈符'偏移"（赵毅衡，2023，p.278）。另外，作者也进一步借助皮尔斯的十分类，分析了美术、音乐、舞蹈和诗歌四种常见艺术体裁的十进阶过程，再次直观地验证了此前对于当代艺术及艺术产业呈符化趋势的敏锐判断。

谈及感性，我们还无法忽略韦尔施（Wolfgang Welsch）的观点。他在《重构美学》第一编"美学的新图景"中多次论述感性学对于消除当代美学合法性危机的关键意义，但他对当今社会中的"泛艺术化"现象却持有反对态度。在他看来，现实的审美装饰、节庆文化和娱乐以及审美经济是一种

"浅层审美化"，这只是将艺术中最肤浅的成分带入了现实，让美变成了漂亮，崇高变成了滑稽（2002，pp. 4 - 8）。提出"日常生活审美化"的迈克·费瑟斯通（Mike Featherstone）、拥护审美纯粹性的皮埃尔·布迪厄（Piere Bourdieu）一样对审美进入生活持批判立场，而且后来的绝大多数中国学者也和他们同一阵营。从根本上说，这些"泛艺术化"的反对者有一个共通点，那就是将"泛艺术化"等同于"去感性化"，更进一步说，他们都没有意识到"泛艺术化"中的艺术产品仍然保留着艺术中的感性，这种艺术感性意味着一种人之为人的本质力量，甚至具有改造社会现实的解放力量。

不同于"泛审美化"指向大众欣赏美的需求的泛化和审美水平的提高，"泛艺术化"强调艺术与日常生活的普遍结合，"艺术的生活化"和"生活的艺术化"是"泛艺术化"的两个基本面相。一方面，大量先锋艺术直接将庸常的生活材料、现成物作为艺术文本的载体，比如现成品装置、大地艺术、生物艺术等。这些由日常物构成的艺术之所以成为艺术，很大程度上依赖于"展示"提供的伴随文本所赋予的意义解释。另一方面，普通百姓的日常生活场景和用品广泛地走向艺术化，并进一步形成生活方式本身的艺术化。以公共空间艺术为例，现代城市建设越来越注重空间美化，各式各样的建筑、雕塑、壁画和环境景观集中出现，旅游目的地和商业空间的打造也愈发离不开艺术装点，艺术空间氛围的营造已经成为丰富消费体验、刺激消费热情的有效手段。并且，当前这股潮流已经冲出城市，蔓延到乡村，"艺术乡建"正在中国大地上如火如荼地展开。

在书中，作者直言"泛艺术化"是人类文化不可逆转的行进方向，但他并没有否认"泛艺术化"中存在的不足，而是以一种更为积极的姿态去发掘和解释其中的发展逻辑。他从符号美学的角度指出，"泛艺术化"发生和不可逆的根本原因在于"当今社会大规模符号意义满溢，社会文化向艺术表意一端倾斜"（2023，p. 48）。于是原本平庸的日常物开始超出基本的使用性和实际社会意义，向艺术意义诉诸更多可能。当充满设计感的一只酒杯、一副刀叉摆在面前时，我们甚至会暂时搁置它的实际功用，沉浸在艺术性所带来的满足感、幸福感里。

艺术是一种具有"超脱庸常意味的形式"（2022，p. 69），"泛艺术化"运动对于普罗大众而言，最直接、最当下的意义就是在庸常中获得了超脱之感，人们的感性生活得到了重塑和彰显。同时，艺术符号学或符号美学也启示我们，对于艺术符号意义的解释最终还是要回到感性维度，艺术永远以感性为基础。

二、三联滑动与三性共存：艺术产业符号美学研究的理论基点

赵毅衡（2023，p. 68）指出："物的意义的三联滑动是符号美学研究之出发点。"所谓"三联滑动"，即所有物都是使用物－实际表意符号－艺术表意符号的三联体，其意义会游移于物意义、实际符号意义、艺术符号意义三者之间。当物的使用功能和符号的实际表意功能被悬置时，物就变成了无用物或垃圾，当它进入特定的文化环境中时，又有可能获得艺术的身份。这一基本原理的提出，不仅回应了分析美学关于从"何为艺术"转向"何时为艺术"的呼吁，也为审视当代艺术产业的发展、艺术与产业的关联提供了理论基础。

用实例来解释"三联滑动"，博物馆中的很多器物类藏品都适合拿出来讨论。有一些古代的生产生活用具在当时只是被制造出来发挥特定的实际功用，而在今人看来，这些文物已经成为携带一定历史意义的文化符号。当然，也有一些器物从一开始被制造出来就表达着明确的意义，生来就是一种文化符号产品。在此情况下，器物本身的物价值空间被压缩，实际的文化意义占据上风，最具代表性的是用于仪式活动的礼器，这类器物因为承载着重要的身份、等级和权力意义，往往形制独特、造型精美。以乾隆金嵌宝金瓯永固杯为例，这件器物是清代皇帝每年在新春开笔仪式上的御用酒杯，酒杯的专时专地专人专用，使其物的功用发挥受到限制，从本质上来说，它是一件寓意江山永固、天下太平的祈福圣器。如今，当我们走进故宫博物院，欣赏这件工艺考究、庄重奢华的御制酒杯时，它便成为一个艺术符号。

值得注意的是，在当代艺术产业文本中，"物－实用符号－艺术符号"的三联滑动只是部分的。三联部分滑动的结果是"三性共存"，这是理解艺术产业的核心原则。所谓三联部分滑动，即"'部分使用物－部分实用符号文本－部分艺术文本'之间的滑动"（2023，p. 78），这就意味着，在同一物中，既保留了物本身的使用性和实际的符号意义，又部分地获得了看似无用的艺术性。实际上，三联部分滑动比整体滑动更多，尤其在当下这个艺术与产业交融的时代。

艺术与产业共生作为当下最突出的文化现象之一，是艺术学、设计学、营销学、经济学等领域无法避开的话题。可以说，此前的研究均未说清产业实现艺术化、艺术实现产业化的意义机制问题。而符号美学三联部分滑动原理的提出，无疑为解决这一疑难问题提供了一条有效的理论路径。在当今社

会，艺术需要产业化运作与迎合大众需求以获得生存发展的机会，实用商品需要凭借外形包装的设计实现艺术增值。艺术与产业关系的发展呈现出艺术不断向营销实践端靠拢、产业不断向艺术设计端靠拢的趋势。不管是艺术产业，还是产业艺术，都建基于三联部分滑动原则之上，产出三性共存的"部分艺术化"产品。

在艺术 - 产业综合体这条光谱上，最显著的"三性共存"例子莫过于商品的艺术化生产。商品设计无一不是在使用性、实际符号意义和艺术性三种意义的搭配上做文章。使用性是商品意义结构中最基础的一层，商品必须依靠特定的物质属性满足消费者的使用需求；实际意义则关涉商品的品牌、风格、时尚、个性、阶层等维度，已经超出了对物本身功能的消费；艺术意义对商品而言，是借助创造性的形式设计而获得的一种超脱庸常的符号文本品格。对现代商品来说，功能创新、符号价值凸显和艺术形式更新都是产品升级改造的着力点。要平衡使用性、实际意义和艺术性，确定三者各自占比多少，产品设计师需要考虑目标客群的需求，顺应社会潮流和审美标准的变化，基于品牌调性做出合理配置，也就是说，这种三性共存体内部的意义构成会随符用语境的不同而产生流动。

从三联体的"部分滑动 - 三性共存"来看，商品的艺术化是消费者悬置商品的使用性和实际意义，在形式直观中感知到的"非功利"的超脱庸常品格。在"三联滑动"和作者提出的又一概念"呈符中停"（2023，p. 289）的启发下，饶广祥、陈艳杰（2023）进一步从商品设计的角度指出，商品艺术化是"商品借呈符的修改突破消费者固有庸常认知，实现'呈符中停'的过程"，"庸常回归"是其呈符中停机制最独特的品质。商品的呈符化设计让消费者的意向暂时离开商品的实际功用和符号意义，滑动到艺术形式的意义解释之上。但商品不管如何艺术化，其核心身份依旧是商品，而不是艺术，商品最终还是要从艺术性中跳脱出来，面向日常使用和营利，回归庸常。

对于艺术产业中的"纯艺术"而言，又何尝不是如此。绘画、雕塑、文学、音乐、电影一样要在展览、拍卖、收藏、出版发行中回归庸常，不同的是，庸常不是其文本意义的本相，而是在产业经济背景下必须要做出的选择。艺术需要回到产业之中，同时尽可能保持自身的纯粹性；产业需要拥抱艺术，向艺术借力，继而再回到产业中落脚。

三、设计与人工智能艺术：艺术产业文本的符号美学再阐释

艺术产业是一个庞大的文化经济范畴；一端是"纯艺术"的产业营销活

动，即狭义的"艺术产业"，一端是卷入艺术的商品经济活动，即狭义的"产业艺术"。书中，作者以艺术产业主导的艺术意义配置为标准，将当代艺术产业划分成四个圈层，分别为专业艺术、群众艺术、环境艺术和商品艺术，并从典型体裁、典型产业、文本的生成与传播方式以及符形、符义、符用六个分区，对每一圈层的意义形式做了具体分析。在整体性的讨论之外，该书还在某些章节中对一些重要体裁的符号美学特征展开了专门讨论，比如书法、设计、建筑、音乐、坎普艺术、人工智能艺术等。以下将聚焦于距离我们生活最近的设计以及时下的热门话题人工智能艺术，来看作者如何从符号美学的角度阐发对这些艺术产业文本的新解。

（一）设计与符号美学

设计是一种旨在解决问题与满足需求、兼具技术性与审美表达的造物活动，它不仅建构着我们的物质世界，也深刻地形塑着我们的生活方式、思维模式乃至社会结构。设计与人类生产生活在实践层面的紧密联系，总是让我们容易忽略对设计抽象本质的检视。作者指出，事实上，"设计是有关人的主体性的复杂的理论问题"（2023，p. 107），而这也是他就设计的符号美学试图回应的问题。

"有计划地改变事物"（p. 108）是设计的核心任务，作为一种符号意义活动，设计对事物的改变本质上是对事物意义状态的改变。这种改变体现在设计主体在特定目标和要求下对对象的符形、符义、符用所进行的优化。而设计的计划性也指明，设计充满了对预期可能性的想象。即使是尚不存在的事物也可以在设计中被赋予意义，如此一来，设计就迈向了自身的高级阶段——发明创新。作者此处将设计视作符号活动，除了揭示设计的符号意义构成与变动，还特别指出了"意向性"在设计活动中的作用。从意向性出发，我们便能发现设计为何对人类生存如此重要。在意向性的支配下，人总是本能地向外探寻意义，也不可避免地走向设计这种意向性活动之中，去寻找生存的意义。"意向性"概念从源头回答了设计与人的主体性如何相关这一问题。

对于符号美学来说，设计物如何获得艺术品格是其研究的重点。当今社会讨论的设计主要是"艺术设计"，广义上包括纯艺术的创作，但在艺术席卷经济活动的时代浪潮下，艺术设计一般默认为实用性与艺术性共存的设计实践活动，比如产品设计、服装设计、工艺设计、建筑设计等。三联部分滑动形成三性共存，是艺术产业文本普遍遵循的意义规律。从设计的期盼目的，也即设计的意义追求出发，作者又提出了"设计三观"（效用观、价值观、艺术观）（p. 111）这一新的设计标准，并继续向设计更深的理念维度开掘，在全球化与民族化的语境背景下，重新阐释了"元设计"（p. 118）这一关键概念，并强调了"元设计"观念对于维护世界文化多样性、凸显现代设计民族独特性的深刻意义。

此外，作者还关注到艺术设计常用抽象艺术形式的特殊现象。此前似乎大家对此已经司空见惯，不愿多谈，但这却是设计美学极其重要的一个问题。抽象艺术在大众层面并未达成真正意义上的普及，但抽象艺术风格的现代产品设计却得到了广泛的接受。从符号美学来看，这是因为抽象艺术文本趋于"无意义"，大众却需要有"单一意义"的文本。而抽象艺术跳跃具体再现对象、简约概括的几何形式，又使其"比较容易与器物其他意义结合，形成文本定义要求的'意义合一'"（p. 139）。与之相反，传统工艺设计对于故事画面、具象图案的偏爱，却容易造成装饰文本与器物文本的意义分离。

设计不仅需要深入生产生活实际，进行实践创新，也需要理论和思想的不断创新。设计的符号美学研究对设计本质的透视，以及"设计三观""元设计""设计与器物意义合一"等独特见解的提出，对重新理解当代设计艺术、思考如何推动创意设计产业发展都有着很好的启发性和指导意义。

（二）人工智能艺术与符号美学

宽泛地说，人工智能创作也属于设计的范畴，但与一般意义上的设计不同，以人工智能为媒介的人工智能艺术，并不具备艺术实践作为符号意义活动所要求的意向性。作者在关于人工智能艺术的符号美学研究中反复申述的观点是：人工智能艺术首先缺乏的是艺术的主体性，并且人工智能无法对艺术做出真正的鉴赏和判断。

作者认为，人工智能对于艺术创作来说，算是一种"技法"或"媒介"。"一切艺术存在于符号媒介中，在这个意义上可以说：艺术即媒介。"（唐小林，2015）媒介的突破引发艺术形式翻天覆地的变化，让人们惊叹于人工智能创作的无限潜力，沉浸于技术的想象力和表现力当中。但人工智能只是基于大量数据学习和训练来模拟、延伸、拓展人的智能的工具，是没有意识和情感的冰冷机器，由其背后的设计者所控制，无法获得同人类一样的自由意志。在主体性缺失前提下，人工智能与艺术在表意方式上存在天然的矛盾对立，作者正是在此基础上表达了对人工智能艺术的质疑。

有学者将人类智能的特征归纳为四点，包括：可以进行自主推理或本能地做出反应；善于动用常识性知识；具有主观性；以及最重要的，具有想象力和意识活动（江怡，董化文，2023）。这其中既包括理性部分，又包括感性部分，而人工智能对人类智能的重现依然只能以理性的逻辑展开，虽然可以表现情感，甚至可以引发观众的情感反应，但其表意过程始终由理性的算法程序主导。而艺术完全不同，艺术意义的表达主要以感性的方式运行，具有真实的情感基础。所以，作为人类智能模拟的人工智能技术应用在艺术领域，可以说是对人类艺术创作行为的模仿。但从文本接收者的角度来看，人工智能艺术又确实具备艺术的形式感、对话性和互动性，在创作者不明的情况下，观众可能感知不到作品中主体情感的缺失，而将其等同于一般艺术家的作品来解释。人工智能艺术之所以被视为艺术，从根本上来说是因为被"展示"为艺术，在这一艺术体制之下，观众被诱导着对其做出艺术解读。

在艺术鉴赏方面，人工智能也因为人的主体性的缺席而显得异常吃力。如果只是对海量的艺术史材料进行数据分析与模式识别，人工智能做起来简直易如反掌。但是艺术批评往往还需要在特定的文艺理论方法下对艺术作品或现象做出敏锐的洞察，并要求批评主体具备丰富的想象力、细腻的感知力和强烈的情感体验。而这正是人工智能所没有的，即使靠机器学习掌握了一些技巧和材料，它对作品的判断也只能流于平庸的表面阐释。

最后还必须指出的是，从根本上来说，在人工智能艺术的主体性缺失问题中，最紧迫的不是判断它是不是艺术，或者其中有没有人的意识和情感，而是人工智能本身构成了对艺术和主体的冲击，以及隐藏在此问题背后的技术工具对艺术和人的操纵。

从1990年《文学符号学》出版开始，作者一直没有停止对艺术形式问题的关注。从纯艺术到泛艺术，作者以符号学原理为视域，整合融通古今中外的哲学、美学和艺术理论，提出并总结了众多创新性概念与艺术形式规律，不仅推动了符号学理论与艺术论域的全面贯通，逐步建立起自己的一套艺术符号学和符号美学体系，同时也拓展了学界对艺术和艺术产业的认知。这些思想理论影响着一群以符号学为方法研究各类艺术的后辈，从其对艺术文化现象的符号学洞见中，我们总能发现一些有益的启示和不一样的视角。

就《符号美学与艺术产业》这本书而言，对艺术产业进行符号美学研究，不仅是符号学、美学和艺术理论发展的需要，也是当代社会文化经济发展的需要。艺术与产业的互渗是我们不得不面对的社会现实，只有正视它，全面理解它，我们才能更加自如地面对和解决艺术产业发展中出现的问题与难题。符号美学对艺术产业本质特征与社会功能的透视将引导我们从意义维度了解——艺术产业从何而来又去向哪里。

引用文献：

霍克海默，马克斯；阿多诺，西奥多（2003）．启蒙辩证法（渠敬东，曹卫东，译）．上
　　海：上海人民出版社．

江怡，董化文（2023）．论人工智能与人类智能的双向互动．自然辩证法通讯，11，
　　14－25．

金影村（2021）．当代美学与艺术中的新感性．美术研究，5，118－123．

康德（2002）．判断力批判（邓晓芒，译）．北京：人民出版社．

饶广祥，陈艳杰（2023）．从"呈符中停"到"庸常回归"：商品设计艺术化的意义机制．
　　符号与传媒，2，60－73．

唐小林（2015）．符号媒介论．符号与传媒，2，139－154．

韦尔施，沃尔夫冈（2002）．重构美学（陆扬，张岩冰，译）．上海：上海译文出版社．

赵毅衡（2022）．艺术符号学：艺术形式的意义分析．成都：四川大学出版社．

赵毅衡（2023）．符号美学与艺术产业．成都：四川大学出版社．

作者简介：

　　李政，四川大学文学与新闻学院博士研究生，四川大学符号学－传媒学研究所成员，
主要研究领域为艺术学理论、符号叙述学。

Author:

　　Li Zheng, Ph. D. candidate of College of Literature and Journalism, Sichuan University,
member of the ISMS research team. His research fields mainly cover art theory and semio-
narratology.

　　Email: lizhengscu2014@ foxmail. com

从"意义"之维构筑文化传播元理论：评胡易容《文化传播符号学论纲》*

康亚飞

书名：《文化传播符号学论纲》

作者：胡易容

出版社：科学出版社

出版时间：2024 年

ISBN：9787030789075

DOI：10. 13760/ b. cnki. sam. 202402020

　　自牛顿以后，经典的科学观一直占据主流。"科学被界定为对于超越时空、永远正确的普遍自然法则的追寻"（华勒斯坦等，1997，p. 4），相应的，人文学科则成为贬抑的对象。传播学中的二元论对立来自批判与实证的简单二分，一些学者如约翰·费斯克（John Fisk）、詹姆斯·凯瑞（James W. Carey）等对"意义"进行打捞，试图抵抗行政研究对人类复杂传播行为的一刀切。他们的努力有目共睹，但遗憾的是，他们止步于传播范式的划分，继续悬搁二元对立的问题。相比此前的研究成果，胡易容教授新作《文化传播符号学论纲》放弃了对二元对立框架进行修补的做法，而是以符号学为方法论，通过发掘中华文化符号思想，在底层逻辑上融通自然和人文，以建构当代传播符号学的研究框架。其另辟蹊径的研究视野，一则为传播学理论的在地化提供更多想象力，二则对中国符号学理论在数字时代的延展提出了不少创见，洞鉴古今，极具价值。

　　《文化传播符号学论纲》全书共六章，由宏观视野到具体问题，由普遍理论到中国实践，由传播学与符号学两个学科脉络的联结进而切入具体的文

---

　　* 本文为重庆市教委人文社会科学研究重点项目"'文化强市'背景下重庆数字文化产业高质量发展路径研究"（22SKGH553）阶段性成果。

化编码，致力解决两大问题：其一，为什么当前需要文化传播符号学理论的出场？其二，缘何该理论对于中华文化新形态具有适应性和解释力？从而在学理上反思囿于舶来理论之不足的传播学在当下如何破题，也从一代学人的历史使命思考中华文化遗产的深厚涵养，为当代符号学研究提供可资借鉴的样本。具体而言，本文将从以下三个方面对其理论和实践贡献加以探讨。

一、确立传播研究的"意义论"转向

以往的传播研究大多立足于具体传播对象，将传播切分为无数个案研究的"块"，对其深处的理论共相缺乏发现和整合。这导致虽然理论工具越来越多元，但传播学仍被诟病为"因缺乏足够的基础理论而无法成为一门独立学科"（赵曙光，2021-11-23）。该书开篇就注意到了这一问题。于是，作者从意义形式论出发，对传播术语进行重勘，进而一步步追问中国传播学的理论突破与自主知识体系建构的路径。事实证明，这种看似笨拙的"垒土"，对于形成传播研究的"九尺高台"确是必要的。

首先，作者通过考据"传播"一词的符用理据和译名争议，有的放矢地将传播定着在"意义"层面，给处在杂芜理论丛中的传播研究理清了方向。从当前学术界的使用来看，存在三种对"传播"的窄化现象：一是把传播等同于大众传播；二是将传播预设为现代媒介的传播；三是排除非人的传播形式，在对象上仅包含人类传播。这种对于传播的片面理解，并不符合当今的技术语境，更不能触及人机共生时代人们所面临的生存困境——对"意义交流"更迫切的需求。比起古代的"日出而作日入而息"，今天的人们对内心的关注比以往更加凸显，这也构成了学术发展的根本问题导向（胡易容，2024，p.39）。作者从认识论层面思考"传播"的价值，为传播理论的现实适用性打下第一层地基。

其次，将作为"点"的传播延展为理论的"线"，锚定传播符号学的基本理论立场——意义形式论，构建传播符号学理论入射角。在这一前提下，"意义论"成为所有人文社会科学领域的一般理论，而传播符号学也将成为整合其他学科的最有潜力的学科之一。"符号学当今所涉猎的跨度极大的文本折射出作为一种'世界观式'的传播意义本体论色彩，并为传播学基础概念提供了再审视方案。这种意义本体论的理论探索及其在对象文本中的检验，是当代研究者在传播学与符号学融合发展理论的重要探索方向。"（p.28）"意义论"的引入作为第二层地基，为我们开辟了一条理解传播学的新路径。

最后，阐明意义世界的起点和边界，以"线"织"面"，敞开传播符号学的论域。在具体论述时，作者以"信息"和"符号"的区别为切入点，驳斥了香农（Shannon，1948，pp. 379 - 380）对于传播是信息从 A 到 B 的传输过程的线性界定，将信息视作传播过程中的"待在"——等待着被感知。同理，符号也并非传播的过程性要素，而是贯穿始终，从而巧妙回应了符号学看似基础却绕不开的符号/信息划分争议。赵毅衡（2017，p. 23）用"物 - 符号二联体"卓有建树地回答了事物感知的接收者的解释意向性问题。胡易容受此启发，将意义世界看作全域的自在世界中的一个气泡，信息则是事物秩序的待知觉显现，它充斥在全域之内，不以人的意志为转移。人通过一次次的意义实践与信息界面进行接触，继而与世界建立联结，扩大气泡，同时，信息本身的秩序也反过来影响着人的意义实践，这种双向过程综合构成了人类的意义世界（2024，p. 88）。此种立体而富有创见的对意义世界边界的解释，恰恰契合了今天为互联网所包裹的人们的生存境况，也因此，建立在意义论基础上的文化传播符号学具备了对当下文化实践的解释力。

作者由点及面为理论建构所做的努力，看似缓慢，实则夯实了传播符号学的三层地基，体现了作者固守学术之根本的态度。理论之创新，亦为后续的现实观照提供参考。

二、搭建文化传播符号学的论证框架

在确立了传播符号学的理论视域后，作者继续搭建"文化传播符号学"框架，以解析当今新媒介技术革命引发的文化巨变。"文化"是被引述最广泛的热词之一，作者对其处理的方式展现了他在学术热潮下的一种"冷思考"。

（一）何为"文化"："文化"和"文明"之辩

要回答什么是文化，并不容易，根本难点在于："文化"是一个非常复杂的词，据说其复杂程度在英语中排前三（伊格尔顿，2018，p. 1）。泰勒、马林诺夫斯基、格尔茨等无数学者对"文化"进行过较为深刻的讨论，因而试图在纷繁复杂、陈陈相因的定义中穷尽"文化"的释义，犹如大海捞针。面对这样的学术困境，一些学者会选择含糊其词或避免直面"文化"一词。令人意外的是，该书作者迎难而上，偏偏以"文化传播符号学"为题，将这一难题置于不得不处理的境地。作者的破题之道充满巧思：对比一对相近的概念——"文化"和"文明",从差异中确立"文化"的内涵。卡西尔(Ernst Cassirer)将人定义为"符号的动物",这就预设了人的文化性。在此基础上,作者(胡易容,2024,p.42)提出"文化作为一种意义生活的差异"之说,在学理逻辑上将文化置于人文层面,与卡西尔巧妙呼应。

从表面上看,这似乎是明知故问:文化难道不是人文性的吗?假设我们处在前现代时期,这确实不是一个问题。可当现代性席卷全球,在技术衍生的物质文明成为全人类共同追求的普遍真理的今天,对这个"明知故问"却不得不做理论层面的重新审视,而它也实实在在成为我们理解文化传播符号学的壁垒。胡易容敏锐地发现,当人们追问文化是否有助于科学进步的时候,其出发点即是将"文化"与"文明"等同。实际上,"文化"指示的是意义世界的差异,而"文明"则包含了技术进步的矢量指标,二者并不处于同一个层面。

然而在现实生活中,这种混淆和误用比比皆是。西方发达国家以"文明优劣观"来贬抑其他民族的文化,致力锻造西方中心主义的神话,便是这一逻辑的实证。在百年未有之大变局下,深入探索中华文化,不难发现,西方现代文明的演化模式和物质技术至上的社会达尔文主义,在解释中国问题时并不能逻辑自洽。其他如技术发展所带来的意义缺失引发的主体性危机,也并不能寄望于"文明进步"给予很好的回答。于是,胡易容(p.41)极具人文关怀地呼吁:"恢复'文化'的意义本位,而不是使其服务于'现代科技'为优先选项的'文明'。"也只有廓清"文化"与"文明"的不同,以"意义论"为原点,发现文化的差异性——正如费孝通先生提出的"各美其美",而非以技术为标杆进行一刀切,才能基于从中华文化土壤生发出来的具有深厚涵养的中国符号学,对世界符号学做出应有的贡献。这个容易被忽视的常见概念,实则是处理一切文化问题的关键钥匙,庆幸的是,该书并未含混地处理这个看似普通的"常识"。从这个角度,文化传播符号学在理论层面的包容性和准确性,以及在实践层面的实用性,也得以彰显。

(二)何为"传播符号学":符号–语用范畴下的"元传播"

在对关键词"文化"进行厘定后,本书开启了对"传播符号学"的具体阐释,以回答为何是"文化传播符号学"而非"文化符号学"或"文化传播学"的深层次逻辑问题。通过回溯"元传播"思想谱系,胡易容发现,"元传播"所反映的理论背景即"神经控制论"是认知传播的早期研究形态。20世纪40年代,帕洛·阿尔托学派(Palo Alto Group)创始人贝特森(Gregory

Bateson）受神经控制研究的启发，发现大脑的信息接收和处理机制与人类语言交流模型颇为相似，由此他提出"元传播"（metacommunication）概念——关于传播的传播。遗憾的是，许多学者对"元传播"并未有进一步的发现，而是止步于神经控制论和语言学的讨论。即便后来延伸出的"元媒介"，也未越出贝特森的框架。胡易容在理论承继的基础上进行了突破（这也是他一贯的学术态度），他发现，"元传播"的提出还有第二个重要背景，即"符号－语用论"（pragmatics）。换句话说，"元传播"思想谱系是在结构主义思潮下"神经控制论"与"符号－语用论"的结合（2024，p. 52）。前者以身体的神经控制为对象探索信号的反馈，后者则让交流进入意义范畴。至于元传播的意义机制如何以符用为线索进行过渡，胡易容（p. 57）进一步提出："元传播包含三层潜在意义机制：一是元传播相对层级差，从具体传播节点动态构成社会网络的复杂系统；二是符号语用的释义开放性，元传播通过另一次传播表意提供开放的解释线索，并在动态中无限趋近社会文化总体；三是自反性表征，元传播中所呈现的符号表意不仅提供外在解释线索，也呈现传播者的自我认知。"

其中的区别在于，单一的神经控制论解释让元传播停留在文本或符码层面，其传播呈现出更多机械化和平面化的特征，但加入符号－语用论后，由于"一千个读者可能有一千个哈姆雷特"的解读可能性，元传播的符号释义走向了开放衍义。以信息论为追求的传播学行政学派将传播固定在单向的过程中，与社会动态割裂开来，但胡易容却邀请我们从全新的、多维的"元"角度思考传播与文化之间的关系。这种对符号传播的关注，无疑为符号学理论在当下的转化提供了思路，反过来，传播符号学与文化的接轨，也为其研究对象的敞开注入新鲜的现实滋养。

以符号－语用范畴来理解元传播视角下的元媒介，则麦克卢汉所提出的"媒介是人的延伸"便可以修正为"媒介延展的是人类具身认知和生活意义的体认；它不是外在时空的延展，也超越了物理维度的时空内爆，而是意义的宏富、是人的主体性和自反性的符号衍义"（p. 59）。这一具有预见性的与麦氏的"跨世纪对话"，可谓振聋发聩。

三、挖掘中华文化思想对传播符号学的理论贡献

全书后三章由理论建构转入符号的传播实现环节，充分论证了中华文化思想对传播符号学的理论贡献。其创新性体现在并非庸常地以理论去"套"

现实案例，而是反其道而行之，确立中华文化为传播符号学不可或缺的理论资源，为中华文化在全球视野传播中建立"主体自我"探索方向与可能路径。

卡西尔（2013，p. 22）说，语言是个体步入的第一个共同世界。胡易容以对文字的讨论开启了他与卡西尔的"对话"。如前所述，"文化"是意义生活的差异，则文字符号系统即是"中华民族精神文化生活区别于其他文明的独特展现方式"（胡易容，2024，p. 42）。然而，包括黑格尔在内的一些学者将中文书写视为科学发展的阻碍，于是在19、20世纪当西方的字母打字机出现后，中文打字机作为巨型的"他者"，成了西欧和美国技术语言想象力坍缩的产物（墨磊宁，2023，p. 66）。这也从侧面说明了中文深深植根于中华文化土壤中，并不能简单套用西方理论来解释。以文字符号为切入点，结合中国本土语境，胡易容（2024，p. 227）发现，"从汉字经历的历史演变和人类文明的见证来看，它甚至远远超越皮尔斯仅从符号形式上所定义的完美符号"。东西方文字具有符号向度的差别，汉字的连续性恰恰展现出其符号介质或感知方式都不能脱离历史文化规约，它是蕴含中华基因的文明构成。更让人自豪的是，汉字符号体系并没有随着新技术的出现而失去价值，反而是极具生命力地与图像时代的视觉文化和新媒体文化融汇成了一道新的传媒符号景观（p. 227）。作为文化的重要构成，汉字成为文化传播符号学显在而重要的理论资源之一。

除了显性的汉字，该书也论及潜藏在人们日常生活中的"避讳"文化。在古代，"避讳"一度成为权力制度的秩序化体现渗透进人们生活的方方面面，如书写、交流、科考、从政、衣食用度等；在现代，"避讳"的政治属性不再，却依然作为一种思维方式指导着人们的文化实践。作者通过符用论和对格雷马斯符号矩阵的改进，对"避讳"的名-实符号关系做出考察，发现避讳虽然缘起于古代，但对当今新媒体语境下的符号传播分析依然具有启示作用，作者将这一传播机制开创性地命名为"'沉默'传播"。赵毅衡（2018，p. 146）在对符号学发展四十年进行总结时提到"符号学在中国繁荣，一个重要原因是中国有着丰富的符号思想遗产"。胡易容对"避讳"的讨论，做到了理论基础和实践应用的耦合，是对中国符号思想的一次有意义的探索。

更可贵的是，该书在"向内探索"的同时也不忘"放眼全球"。关乎人类共同命运的核问题，向来被看作自然科学的研究领域，人文学者的跨学科尝试少之又少。作者大胆地用思想实验开启人文学科对于自然科学问题的独特阐释视角，展开与西比奥克（Thomas A. Sebeok）的对话，将"核符号学"引入国内。"核符号学在时间尺度、传播对象等诸多方面的独特性，使得它在理论范式思考维度方面对传播符号学有较大拓展，有益于开启关于媒介、艺术与文明关系的更深远的思考。"（胡易容，2024，p. 139）当然，对这一看似离题的符号对象的关注，也体现了作者的人文关怀——数字技术带来的时间加速，让人们跨越空间距离变得越来越容易，却忽视了回到时间的深处进行反思，而这种思考在今天尤为重要。

其他诸如"符印""镜像符号""空符号""口罩"等极具价值的思考，分别从不同角度给予文化传播符号学理论涵养。作者以文化传播符号学为框架，回溯中华文化的历史长河，其贡献不止于学科边界和研究对象的拓展，更深层次的是对于中华文化的丰富意蕴富有创见的挖掘，促进了传统思想在当代的价值实现。这样来看，该书无疑是一本既呈现世界符号学理论共相问题，也反映中国符号学发展特殊问题的佳作。

结　语

20 世纪中后期，传播学和符号学作为西方舶来理论走入中国，并在中国本土展开了基于不同范式的研究。今天，随着越来越多学者在此领域深耕，"非西方人文科学传统，特别是内容丰富和历史悠久的中国人文学术传统，将在全球人文科学交流中扮演越来越重要的和独立批评的角色"（李幼蒸，2001，pp. 47－53）。在这个关键节点，中国符号学者的根本任务，恐怕是"勇于用中国传统的符号学遗产补充符号学理论体系，在符号学发展前沿上提出新的体系"（王铭玉，2018，p. 15）。胡易容以"文化"和"传播"为关键词，构建"文化传播符号学"理论体系，即是对这一学术任务的认真响应。

反过来，符号学的"意义形式论"使得传播学在当下的发展亦大有可为。《文化传播符号学论纲》以意义论为立足点，跨越哲学、传播学、符号学、认知科学等多学科，致力建构既有理论基础又不乏当代实践的文化传播符号学，不仅为打破自然学科和人文学科长久的分裂状态提供了可能的尝试，也以实际行动证明了人文性对当下生存的重要意义。"面对当代文化迅速冲进以数字技术为推动力的'高速符号化时代'，社会经济演变之快，远超学术能够跟上的速度，但中国是一个有责任的大国，中国学界有义务跟上局势。"（赵毅衡，2018）在数字技术引发的学科发展和人之生存的双重问题面前，胡易容以该书发出了一名学者应有的独特声音。

引用文献:

胡易容 (2024). 文化传播符号学论纲. 北京:科学出版社.

华勒斯坦等 (1997). 开放社会科学 (刘锋,译). 北京:生活·读书·新知三联书店.

卡西尔,恩斯特 (2013). 人文科学的逻辑:五项研究 (关子尹,译). 上海:上海译文出版社.

李幼蒸 (2001). 略论中国符号学的意义. 哲学研究, 3, 47-53.

墨磊宁 (2023). 中文打字机:一个世纪的汉字突围史 (张朋亮,译). 南宁:广西师范大学出版社.

伊格尔顿,特里 (2018). 论文化 (张舒语,译). 北京:中信出版社.

赵曙光 (2021-11-23). 促进传播学知识生产与理论创新. 获取自 http://www.cssn.cn/skgz/bwyc/202208/t20220803_5465280.shtml.

赵毅衡 (2017). 哲学符号学:意义世界的形成. 成都:四川大学出版社.

赵毅衡 (2018). 符号学作为一种形式文化理论:四十年发展回顾. 文学评论, 6, 146-155.

Shannon, C. E. (1948). A Mathematical Theory of Communication. *The Bell System Technical Journal*, 27, 379-380.

作者简介:

康亚飞,西南政法大学新闻传播学院讲师,研究方向为传播符号学、媒介学等。

Author:

Kang Yafei, lecturer of School of Journalism and Communication at Southwest University of Political Science and Law. Her research fields are communication semiotics and mediology.

Email: 294926750@qq.com

　　本书出版得到了四川大学人文社科期刊资助项目，以及新华文轩－四川大学出版学院共建专项资助，特此致谢！